KB042372

연대 현상의 이해

김재한 저

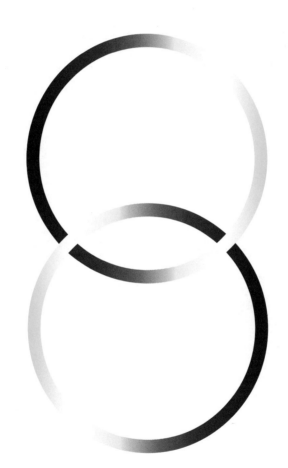

An Analysis of Coalitions

박영사

마카로니웨스턴 계열 미국 서부 영화 속 비열한 악당은 일대일의 정면 대결 대신, 몰래 무리를 지어 혈혈단신의 주인공을 괴롭힌다. 고초를 겪던 주인공이 혼자서 악당 무리를 물리치는 장면에 관객들은 환호한다. 선한 자가 악한 자에게 이겼다는 상황뿐 아니라 혼자가 여럿에게 이긴 드문 상황에도 반응하는 것이다.

집단적 습성은 매우 부정적인 뉘앙스로 받아들여지기도 한다. 국내외 인사가 한국인을 무리 습성의 나그네쥐(lemming) 같다고 말했을 때 다수의 한국인은 분개하기도 했다. 현행 형법은 여러 사람이 한 사람을 폭행해서 다치게 했다면 직접 상해를 가한 가해자뿐 아니라 가해 정도가 미미한 가담자도 상해죄로 함께 처벌한다. 그만큼 소수에 대한 무리의 만행을 나쁘게 보고 있다.

연대의 뉘앙스가 좋을 때도 있다. 오히려 분열, 분파, 쪼개기, 관종(관심종자) 등의 표현이 더 부정적이다. 한국인 다수는 한국인이 단결하지 못한다는 관념을 일제의 왜곡으로 받아들인다. 남에게 피해를 주는 연대는 담합으로 불리지만, 남에게 피해를 주지 않는 연대는 협력으로 불린다. 무리에서 물리적인 의지뿐 아니라 정신적인 안식처를 얻는 무리 구성원들은 서로의 행위를 합리화하는 경향이 있다. 즉, 무리의 효과에는 힘의 증대뿐 아니라 도덕성이나 대의명분 또는 그것의 착시도 포함된다.

　기원전 44년 로마 원로원 의원들 수십 명은 가이우스 율리우스 카이사르를 기습적으로 난도질하여 죽였다. 이는 로마 원로원 의원의 반(反) 1인자 연대였다. 카이사르 시해의 두 주역 카시우스(가이우스 카시우스 롱기누스)와 브루투스(마르쿠스 유니우스 브루투스)는 본래 카이사르의 경쟁자인 폼페이우스의 사람이었다. 내전 후 카이사르는 그들을 사면하고 포용했다. 원로원의 암살 주모자들은 자신들이 카이사르를 배신했다기보다 오히려 카이사르가 로마 공화정을 배신했다고 생각했다. 카이사르를 암살한 행위는 로마의 발전과 정의에 부합한 일이라고 생각했을 것이다. 그러나 암살 사건 이후 주모자들은 정권을 잡기는커녕 살해 위협에 시달렸고 결국 자살이나 타살로 생을 마감했다. 카이사르 암살이 원로원이라는 엘리트 연대로 실행된 것이라면, 반(反)엘리트라는 대중과의 연대로 로마 황제정이 등장했다고 설명할 수 있다. 이처럼 무리 짓기, 즉 연대 현상은 도덕적 가치와 별개로 현실세계의 변곡점마다 등장하여 왔다.

　연대 현상은 진화로 설명될 수 있다. 혼자 힘으로 되지 않으니 무리에 기대서라도 자신보다 강한 자에게 살아남으려는 행위이기 때문이다. 동물 세계에서 무리 짓기는 일상화되어 있다. 무리를 뜻하는 한자어 군(群)의 부수가 양(羊)이듯이, 포식자들의 먹이가 되는 동물들은 대체로 무리를 지어 생존을 모색한다. 큰 무리에 포함되어 있을 때에는 포식자에게 노출되기 쉬워도 잡혀 먹힐 가능성이 홀로 지낼 때보다 작다. 왜냐하면 큰 무리에 있으면 공격받을 동종의 다른 개체들이 주변에 많아 개별 개체의 입장에서는 자신이 직접 희생될 가능성이 작아지기 때문이다.

　포식동물 역시 무리 활동의 개체군이 생존 경쟁에서 앞서 나갔다. 백수의 왕으로 군림하는 수사자는 일대일로 싸워 이기지 못하는 동물이 있어도 군집 생활을 하기 때문에 다른 종과의 경쟁에서 이기는 것이다. 사자 간의 경쟁에서도 다수의 수사자가 연대한 무리가 그렇지 않은 무리를 물리치고 좋은 영역을 차지한다. 또 수사자와 암사자 간의 관계에서도 수사자가 암사자들과 함께 먹이 사냥에 참여하는 무리가 그렇지 않는 무리보다 더 오래 유지되는 경향을 보인다.

군집 생활로 생물계를 최종 지배하게 된 종은 바로 인간이다. 쉽면(Pat Shipman)은 현생 인류인 호모사피엔스가 우월한 신체조건의 네안데르탈인에게 이긴 것은 개와 연대했기 때문이라고 주장한 바 있다. 호모사피엔스 간의 경쟁에서도 연대 또는 협력하는 개체가 살아남는 경향이 있었다. 그래서 사람 또는 인간을 의미하는 한자어 인(人)이 서로 기대는 모습으로 표기된 것으로 말해진다.

대체로 다수에 편승(bandwagon)하려는 사람들은 그렇지 않은 사람들보다 오래 존속한다. 심지어 지배자에 붙어 앞잡이질을 한 사람은 지배자가 바뀐 후에도 살아남는 경우가 많다. 이들은 다수로 구성된 큰 무리에서 소외될까봐 두려워하기 때문에 무리에 끼려고 늘 노력한다. 자기 개인이 아닌, 자신이 속한 집단의 위상으로 남에게 우월감을 드러내는 것도 일종의 무리 현상이다. 자신이 소속 집단을 선택했든 하지 않았든 그런 인식을 갖는 사람들이 있다.

이러한 편승 행위가 모든 인간에게 보편적인 것은 아니다. 무리를 이뤄 지내는 군계(群鷄)의 삶보다 혼자 지내는 일학(一鶴)의 삶을 선호하는 개체도 존속하여 왔다. 특히 야만에서 문명으로 접어들면서 정정당당함이 중시되었고 또 무리 짓기가 생존에 필수적인 요소는 아니게 되었다.

그렇더라도 연대 현상은 실제로 결코 줄어들지 않았다. 우리 주변에서 투서까지 할 정도로 미워하고 이질적이던 견원지간이 잇속 투합으로 협력하는 모습도 관찰할 수 있고, 또 조지 오웰『동물농장』의 나폴레옹처럼 끊임없는 이간질로 연대를 유지하면서 잇속을 챙기는 야비한 돼지도 볼 수 있다.

특히 한국의 정치사회에서 무리 짓기 또는 연대 행위는 매우 흔하다. 특정 가치로 조직화된 연대가 다른 가치를 탄압하여 공공 가치에 위배되는 경우도 있다. 공공기관 내에 존재하는 사조직의 폐해가 그런 예다. 지역 연합, 세대 카르텔처럼 선거 때에는 말할 것도 없고 정치가 교착되어 돌파구를 마련해야 할 시점에는 어김없이 연대가 논의된다. 어떤 정치인은 연대 가능성에 대해 질문을 받을 때 "연대만 말하면 고대는 어떻게 되냐"는 농담을 하곤 했지만, 거의 모든 정치인은 연대를 염두에 두고 정치를 행한다고 말할 수 있다.

권력은 그 속성상 남의 것을 빼앗거나 되찾는 것일 때가 많다. 다수 힘을 획득하는 전략 또는 다수 힘 그 자체가 정치라고 보는 견해도 있다. 부와 마찬가지로 권력도 그 자체가 목적이면서 수단이기도 하다. 정치 또는 권력을 사회적 가치의 권위적 분배로 보는 이스턴(David Easton)식의 접근이 한때 현대 정치학의 주류였지만, 정치를 다수 힘의 결성, 즉 연대 현상으로 보는 정치학 이론이 꾸준하게 지속되어 왔다. 라이커(William Riker)의 규모의 원리(size principle)와 부에노 데 메스키타(Bruce Bueno de Mesquita)의 선출인단 이론(selectorate theory)이 그 대표적인 예이다.

연대 이론은 한비자와 마키아벨리의 권모술수론까지 거슬러 올라갈 수 있다. 사실 한비자와 마키아벨리는 권모술수를 직접 부리지 않았다. 오히려 권무술수가 난무하는 시대와 공간에서 큰 피해를 봤다. 위선적인 권모술수를 노골적으로 글로 드러냈을 뿐이다. 연대에 관한 여러 저명 이론가들이 권모술수적 연대를 직접 행한 것은 아니다. 이 책 역시 실제 무리를 결성한 경험을 정리한 것이 아니라, 무리에 끼지 않고 지적 호기심을 갖고 관찰하여 분석한 결과임을 강조하고 싶다.

이 책은 연대 현상을 해부한다. 여기서 말하는 연대(連帶)는 남과 무리를 짓는 행위인데, 무리란 둘 이상의 구성원이 합치거나 협력하는 상태를 의미한다. 중국어에서 연대(连带)는 관련 또는 연결을 의미하고, 연수(联手) 또는 연합(联合)이 우리가 말하는 연대에 더 가까운 단어다. 손을 잡거나 함께 합하는 현상은 단순히 서로 관련되는 현상보다 더 나아간 것이다.

연대에는 종류가 많다. 수평적 연대와 수직적 연대로 구분할 수도 있고, 의도적으로 기획된 연대와 자연스럽게 발생한 진화적 연대로 구분할 수도 있다. 또 연대는 힘의 기준에 의해서만 결성되고 해체되는 것이 아니라, 규범성에 따라 가치 기준도 중요하게 작동한다. 그렇지만 연대 게임은 기본적으로 수의 경쟁이다. 바둑에서 검은 돌이 많으냐 아니면 흰 돌이 많으냐에 따라 승부가 결정되듯이, 연대 게임의 승패도 얼마나 많은 힘을 규합하느냐에 따라 좌우된다. 물론 같은 한 개의 돌이더라도 위치에 따라 그 영향력은 매우 다르다. 고수의 바둑 기사는 상대에게 여러 개의 돌을 먼저 주고도 자신 돌 간에 띠를 이뤄 이기는 것이다.

이 책의 구성은 다음과 같다. 제1부는 연대의 규모와 혜택이다. 그 첫 번째 장에서는 연대 구성원이 큰 몫을 얻기 위해 연대 규모를 가급적 작게 만드는 경향을 드러내고 있다. 한나라의 유방, 로마의 카이사르 및 옥타비아누스, 조선의 이방원, 소련의 스탈린, 북한의 김일성, 한국의 박정희 및 김영삼 등의 사례로 이를 설명한다.

두 번째 장은 연대의 결성과 유지에서 연대 전리품의 나누기가 매우 중요함을 보여주고 있다. 연대 시에는 파트너가 이탈하지 않을 정도로 전리품 나누기를 잘해야 한다. 연대 파트너가 너무 많아 모두에게 나눠 줄 사유재가 충분하지 않을 때에는 함께 향유할 수 있는 공공재로 연대를 유지할 수 있다. 토목건축이 그런 공공재의 예이다. 만일 연대의 전리품이 너무 공공재적이라 누구나 다 향유할 수 있는 반면 연대 참여에는 큰 대가를 감수해야 한다면 누구나 참여를 주저하게 된다. 이럴 경우엔 연대 참가자만 공유할 수 있는 클럽재로 연대, 즉 집단행동을 유도할 수 있다.

제2부는 연대 파트너와 양태에 대해 논한다. 잘 지내다가도 철천지

원수가 되기도 하고 또 원수처럼 지내다가도 협력하기도 한다. 그래서 영원한 친구도 없고 영원한 적도 없다고들 한다. 세 번째 장인 숙적과의 연대에 관한 논의에서는 서로 앙숙인 오나라 사람과 월나라 사람이 같은 배를 타면 풍랑을 극복하기 위해 서로 손을 잡기도 한다는 오월동주, 메이지 유신을 가능하게 했던 앙숙 사쓰마번과 조슈번 간의 동맹, 19세기와 20세기 전반에 걸쳐 치열하게 서로 싸운 독일과 프랑스 간의 화해 협력 등의 사례를 서술한다.

네 번째 장은 지리적으로 가까운 이웃을 경계하여 지리적으로 멀리 위치한 강자와 연대한다는 원교근공의 차원에서 연대 현상을 다룬다. 고대 삼국시대의 동맹, 19세기 아관파천, 18세기 미국과 프랑스 간의 동맹, 1970년대 중국과 미국 간의 수교, 1990년대 쿠웨이트의 해방 등을 설명한다.

다섯 번째 장은 대중과의 연대를 설명한다. 로마 및 프랑스의 황제, 미국 루스벨트, 프랑스 드골, 독일 히틀러, 중국 마오쩌둥, 아르헨티나 페론 등의 1인자가 보여준 대중과의 연대를 소개한다. 프랑스 공화정 시절의 드레퓌스 사건은 1인자뿐 아니라 정파 세력들 간에도 대중과의 연대를 모색하는 경쟁 양상이 있음을 보여준다.

연대 파트너의 외연 확장에 관한 여섯 번째 장에서는 이질적인 상대와의 제휴, 다른 후보와의 단일화, 중도와의 연대, 개방 등을 다루고 있다. 또 표면적으로 연대가 아닌 것처럼 보이지만 실제적으론 연대의 속성을 지녀 연대의 범주에 포함될 수 있는 현상을 서술한다. 의회 표결에서 상대 정파와 주고받는 식의 협력인 로그롤링, 선거에서 싫어하는 강력한 후보를 견제하여 당선 가능성이 있는 차선의 후보에게 투표하는 전략적 쏠림, 서로 입장이 다른 강경파와 온건파가 적절하게 각자의 역할을 분담하여 나은 결과를 얻는 이면적 협력 등을 예시한다.

제3부는 연대 결속과 와해의 매개에 대해 논한다. 일곱 번째 장에서

연대의 유도 전략으로 되갚기와 내리갚기 그리고 의사소통을 설명한다. 또 연대 결성에 영향을 미치는 유전자적 또는 정서적 요인을 정리해본다. 여덟 번째 장에서는 연대 이탈의 유도 전략으로 내부 고발과 꼭두각시 낙인을 소개한다. 연대의 공고화 전략으로 표준화를, 또 공고화된 연대의 와해 전략으로 판 바꾸기를 제시한다. 이 책 마지막 장에서는 연대의 여러 법칙을 일목요연하게 정리해 보았다.

이 저서는 2014년 정부(교육부)의 재원으로 한국연구재단의 지원을 받아 수행된 연구이다(NRF-2014S1A6A4027683). 연구자들은 대개 마감에 임박해서 벼락치기로 원고를 작성하기도 하는데 저자 또한 그런 습관을 갖고 있다. 그런데 이 책은 한국연구재단에서 부여한 3년의 연구기간 내내 매주 분석하고 작성하여 약간의 숙성 과정을 거친 결과물이다. 그렇게 된 이유는 저자의 자발적인 성실함보다는 언론매체에 정기적으로 연재하는 일종의 강요된 일정 때문이었다. 저자의 게으름이 연구결과물에 미칠 악영향을 배제해준 중앙선데이에 감사를 드린다. 이 책 많은 부분들의 초고는 중앙선데이에 이미 게재된 바 있으며, 그 사실은 본문에서 따로 표기하지 않았다. 또 연구보고서를 읽고 의견을 주신 익명의 한국연구재단 평가위원들께도 감사드린다. 학술적으로 매우 독창적인 연구결과를 담고 있기 때문에 논문 형식의 연구서적으로 출간하는 것이 좋겠다는 의견, 그리고 인간의 보편적 현상에 관한 담론이기 때문에 널리 읽힐 대중서적으로 출간하는 것이 좋겠다는 의견 가운데에서 방황하다 두 가지 목적 다 잡으려는 욕심은 이루지 못하고 이것도 저것도 아닌 구성으로 출간하는 게 아닌가 싶다.

저 자

차 례

Ⅱ. 연대의 파트너와 양태

Ⅲ. 연대의 결속과 와해

Ⅳ. 연대 현상의 20개 법칙

I

연대의 규모와
전리품

1
축소 지향의 승리 연대

연대 행위의 일차 목적은 승리이다. 연대에 참여하는 구성원의 입장에서는 그 연대가 승리해야 자신이 원하는 가치를 실현시킬 가능성이 높다. 승리에서 향유할 전리품은 구성원끼리 경합할(rival) 필요가 없는 공공재(public goods) 또는 클럽재(club goods)일 때도 있지만, 남의 소비가 곧 나의 소비를 줄이는 경합적 성격이고 또 남의 소비를 배제할 수 있는 (excludable) 사유재(private goods)일 때가 더 많다. 연대의 전리품이 주로 사유재적이라면, 이길 수 있는 연대이면서 동시에 가능한 한 작은 연대일 때 개별 구성원의 몫이 가장 크다. 따라서 겨우 이길 정도의 작은 승리 연대가 자주 결성되는 것이다.

특히 권력교체기에는 이합집산이 왕성하게 전개된다. 권력을 장악하기 위해 가급적 많은 인물들을 규합했다가, 권력이 안정된 후에는 경쟁 인물들을 솎아 내는 수순으로 진행된다. 승리에 불필요한 연대 구성원의 존재는 나머지 구성원들의 몫을 줄일 수밖에 없기 때문에 전리품 분배에서 자기 몫을 극대화하려면 승리에 불필요한 구성원을 배제할 필요가 있다.

윌리엄 라이커(Riker 1962)의 '규모의 원리'에 의하면, 전리품 분배에서 자기 몫을 극대화하기 위해 승리에 불필요한 구성원을 배제시키기 때문에 거대연합(grand coalition; coalition of almost everybody against almost nobody) 대신 최소승리연합(minimal winning coalition; MWC)이 형성되기 쉽다는 것이다. 연합은 손·발(능력, 힘)이 많을수록 또 거느린 입(소비)이 적을수록 좋다. 즉, 거대연합 대신 축소 지향의 승리 연대를 지향한다는 것이다.

축소 지향의 승리 연대에 관한 이 장은 먼저 최소승리연합(MWC)의 고사성어인 토사구팽(兎死狗烹)을 소개한다. 권력을 장악하는 단계에서 다수를 규합했다가 권력을 유지하는 단계에서 잠재적 경쟁자들을 제거하는 연대 행태는 로마의 카이사르와 옥타비아누스, 공산주의체제의 스탈린과 김일성, 여말선초(麗末鮮初)의 이방원, 대한민국의 박정희 등의 예로 설명한다. 또 민주화된 대한민국의 정당체계 역시 축소 지향의 승리 연대로 전개됨은 민정·민주·공화의 이른바 3당 합당의 예로 보여준다.

(1) 토사구팽[1]

토끼를 잡은 후엔 사냥개를 잡아먹는다는 토사구팽은 일종의 최소 승리연합의 과정이다. BC 473년 범려는 문종(文種)과 함께 월왕 구천을 도와 오나라를 멸망시켰다. 범려는 구천이 고난을 함께 해도 영화(榮華)는 함께 할 수 없는 위인이라며 월나라를 떠났다. 범려는 "나는 새가 없으면 훌륭한 활을 어디 넣어두고, 재빠른 토끼가 죽으면 사냥개를 삶아먹는다(輩鳥盡 良弓藏, 狡兎死 走狗烹)"며 문종에게 월나라를 떠날 것을 충고했지만, 문종은 월나라를 떠나지 못하고 구천의 탄압을 받아 자결했다고 사마천 『사기』 월왕구천(越王句踐)세가는 기록하고 있다.

사마천 『사기』에 등장하는 다른 토사구팽 당사자는 회음 출신 한신(韓信)이다. 한(漢)나라를 세운 유방(劉邦)은 일등공신 한신을 초(楚)왕으로 봉했으나 자신에게 위협이 된다고 생각하여 BC 201년 회음후로 격하시켰다. 한신은 "재빠른 토끼가 죽으면 쓸 만한 개를 삶아먹고, 나는 새가 사라지면 쓸 만한 활을 어디 넣어두며, 적국이 망하면 훌륭한 신하도 필요 없고, 천하가 평정되었으니 나도 당연히 팽 당한다

토사구팽을 처음 언급한 인물로 문헌에 등장하는 경세가 범려의 초상화.

(狡兔死 良狗烹, 高鳥盡 良弓藏. 敵國破 謀臣亡 天下已定 我固當烹)"고 말했다고 사마천 『사기』 회음후(淮陰侯)열전은 기록하고 있다.

불량배 가랑이 밑을 기는 젊은 한신을 우타가와 쿠리요시(1798~1861)가 그렸다. 유방의 황제 등극에 기여한 한신은 결국 유방에게 토사구팽 당했다.

(2) 로마의 삼두 정치

가이우스 율리우스 카이사르는 공동 통치로 로마 지배를 시작했다. BC 60년 카이사르, 폼페이우스, 크라수스의 제휴 이른바 1차 삼두 정치(First Triumvirate)이다. 1차 삼두 정치 3인의 지지기반은 각각 평민, 퇴역군인, 돈이었다. BC 53년 크라수스의 죽음과 함께 삼두 정치가 붕괴되고 카이사르의 독주가 시작됐다. 이에 폼페이우스는 귀족파와 제휴했는데, BC 49년 1월 카이사르는 군대를 이끌고 루비콘 강을 건너 이탈리아로 진격했다. BC 48년 카이사르를 피해 이집트로 도주한 폼페이우스는 그곳에서 살해되었고, BC 44년 2월 카이사르는 종신독재관에 추대되었다.

BC 44년 3월 15일 카이사르가 암살된 후에는 카이사르 유언에 따라 카이사르 누이의 손자인 18세의 옥타비아누스(가이우스 옥타비우스)가 카이사르의 상속자가 됐고, 그는 가이우스 율리우스 카이사르 옥타비아누

BC 44년 카이사르가 한때 경쟁자였던 폼페이우스의 조각상 아래에서 원로원 의원들에게 암살되는 장면을 빈센조 카무치니(1771~1844)가 그렸다.

스로 개명했다. 카이사르의 실제적인 후계자인 안토니우스의 노련함을
경계하던 키케로는 덜 위협적인 젊은 옥타비아누스를 지원할 수밖에
없었다. BC 43년 원로원은 옥타비아누스를 부관으로 합류시킨 군대로
안토니우스를 처단하려 했다. 이런 원로원의 기대와 달리, 옥타비아누
스는 안토니우스 및 레피두스와 제휴하여 이른바 2차 삼두 정치(Second
Triumvirate)를 결성했고, 삼두 연합은 카이사르 암살과 관련한 살생부를
작성하여 숙청을 실시했다. 특히 안토니우스측에서 키케로를 죽일 때
옥타비아누스는 묵인할 수밖에 없었다. BC 42년 삼두 연합은 원로원파
군대를 격파하고 카이사르 암살 주모자 모두를 제거했다.

BC 40년 옥타비아누스는 여러 원로원 의원들과 기사들을 처형했다.
그 가운데에 안토니우스의 동생도 포함됐다. BC 36년 레피두스의 군대

로렌조 카스트로(1664~1700)가 그린 BC 31년 9월 2일의 악티움 해전 안토니우스와 클레
오파트라의 패퇴로 로마의 삼두 연합은 막을 내리고 옥타비아누스 1인 체제가 등장했다.

를 매수한 옥타비아누스는 레피두스를 연금시키고 삼두 정치를 종식했다. BC 31년 옥타비아누스는 악티움에서 안토니우스를 격파했고, BC 30년 이집트를 침공하여 안토니우스와 클레오파트라를 자살케 했다. 이로써 삼두 정치의 파트너인 안토니우스와 레피두스는 모두 제거됐다. BC 27년 원로원은 옥타비아누스에게 아우구스투스 칭호를 수여했고, 옥타비아누스는 최초의 로마황제(카이사르 아우구스투스)가 되었다.

카이사르와 옥타비아누스 모두 삼두 연합으로 권력을 쟁취한 후 연합 파트너를 제거하여 최고 권력자의 자리에 올랐다. 혼자서도 로마를 지배할 수 있을 때에는 굳이 남과 제휴하여 권력을 나눌 필요가 없기 때문이었다.

(3) 스탈린 1인 지배체제

1917년 11월(러시아가 1918년 초까지 채택한 율리우스력으로는 10월)에 발생한 러시아 볼셰비키 혁명은 세계사에 커다란 족적을 남겼다. 하지만 진화된 모습이 자기모순적이라 세상을 근본적으로 바꾸지는 못했다.

그 진화의 변곡점은 1927년 11월 12일, 소련공산당 중앙위원회가 레프 트로츠키(본명 레프 브론슈타인)와 그리고리 지노비예프 등을 공산당에서 제명한 사건이다. 이는 이오시프 스탈린 1인 지배 체제의 출범이자, 공산주의가 1인 장기 지배 체제로 구현되는 좋지 않은 관례의 시작이었다. 그러다가 1982년 11월 12일, 유리 안드로포프가 새로운 소련 공산당 서기장에 선출됨으로써 스탈린, 니키타 흐루쇼프, 레오니트 브레즈네프 순으로 55년 동안 이어지던 소련의 1인 장기 지배 체제는 막을 내렸다.

1인 장기 지배 체제는 그 와해가 한순간에 일어나더라도, 구축에는 많은 시간과 노력이 필요하다. 스탈린의 1인 지배 체제 구축은 결정적 순간마다 다수를 규합하여 경쟁자를 제거하면서 이뤄졌다. 다수를 동원하더라도 그 출발은 늘 소수에서였다. '평화, 땅, 빵'을 슬로건으로 내세운 볼셰비키 혁명 자체가 그랬다.

1903년 런던에서 열린 러시아 사회민주노동당 2차 대회 때 표결에서 이긴 레닌파는 스스로를 다수파라는 뜻의 볼셰비키로 부르고, 상대 파벌인 마르토프파를 소수파라는 의미의 멘셰비키로 불렀다. 사실 당시 볼셰비키는 다수파로 불릴 정도의 광범위한 지지 기반을 갖지는 못했다. 스탈린이 직접 볼셰비키 근거지를 마련한 그의 고향 조지아에서도 볼셰비키는 소수에 불과했다. 소수 정예의 직업적 혁명가 위주로 중앙집권적 당 구조를 중시한 볼셰비키는 명칭을 통해서 세를 더 확보하려고 했던 것이다.

1912년 레닌은 스탈린을 볼셰비키 중앙위원으로 위촉했다. 소수민족의 지지를 받는 데에 조지아 출신의 스탈린이 낫다고 생각했기 때문이다. 스탈린은 볼셰비키 주간지 즈베즈다(별)를 일간지 프라우다(진실)로 전환하는 임무를 맡았다. 이때 스탈린은 본래 갖고 있던 '이오시프 주가시빌리'라는 이름 대신에 강철인이라는 뜻의 러시아어 필명 '스탈린'을 사용하기 시작했다.

1922년 레닌은 뇌졸중 후 병석에 눕게 되었는데 스탈린의 국정운영 방식을 우려하여 스탈린을 당 서기장에서 해임시켜야 한다는 뜻을 문서로 남겼다. 1923년 레닌이 병석에 있는 동안 스탈린은 지노비예프 및 카메네프와 함께 3두 체제를 형성했다. 지노비예프와 카메네프는 좌파적 성향이라는 점에서 트로츠키와 이념적으로 유사했다. 하지만 지노비예프와 카메네프는 트로츠키의 좌파야권(Left Opposition)을 분파주의적이라고 비판했고, 이에 트로츠키 역시 지노비예프와 카메네프 등의 과오를 지적했다. 1925년 트로츠키는 군사인민위원에서 결국 해임을 당했다. 지노비예프와 카메네프가 트로츠키를 당에서도 제명하려 시도했을 때 스탈린은 이에 반대했다.

트로츠키 세력이 약화된 후 지노비예프와 카메네프는 스탈린과 대립하기 시작했다. 그리하여 지노비예프와 카메네프는 트로츠키와 함께 반(反)스탈린 전선을 구축했다. 1926년 초 트로츠키의 좌파야권 그리고 지노비예프·카메네프의 신야권(New Opposition 또는 Opposition of 1925)이 야권연대(United Opposition 또는 Joint Opposition)를 결성했다. 이 연대에는 레닌

1917년 혁명 직후 소련 공산당 중앙위원 명단. 이 가운데 붉은 색으로 표기된 13인은 스탈린의 명령에 의해 처형(총살, 옥사, 암살)되었다.

의 미망인 나데즈다 크룹스카야가 참가한 적도 있다. 야권연대는 당내 언론자유와 탈(脫)관료주의를 주장했다.

이에 중도적 위치의 스탈린은 부하린의 우파와 연대하여 다수 세력을 확보했고, 1927년 11월 12일 트로츠키와 지노비예프를 공산당에서 제명했다. 트로츠키가 스탈린에게 계속 항거한 반면에, 지노비예프와 카메네프는 스탈린에게 복종하는 태도를 보여 공산당에 다시 입당할 수 있었다. 주요 좌파 지도자들이 제거된 이후인 1929년 스탈린은 자신에게 복종하는 좌파와 연대하여 부하린 등의 우파를 축출하였다.

1인 지배 체제를 구축한 이후 스탈린은 개인숭배에 의한 장기 지배를 모색했다. 1929년 12월 생일을 맞은 스탈린은 출생연도를 1878년에서 1879년으로 바꾸어 탄생 50주년 축하 행사를 풍성하게 가졌다. 이를 시작으로 개인숭배 사업이 줄줄이 이어졌다.

또 스탈린은 공포 정치에 의한 장기 지배의 길로 들어섰다. 독재자일수록 권좌에서 물러났을 때의 상황을 의식하여 무리해서라도 더욱 권력을 유지하려 한다. 스탈린은 경제정책 실패로 나빠진 민심이 권력 교체로 향하는 것을 막기 위해 자신의 대안이 될 만한 잠재적 경쟁자를 모두 제거했다. 1936년 이른바 1차 모스크바 공개 재판에서 지노비예프와 카메네프 등 16인의 볼셰비키 혁명 동지들이 숙청되었다. 1938년 이른바 3차 모스크바 공개 재판에서는 부하린 등 21인의 동지들도 숙청되었다. 모스크바 재판의 증거는 대부분 조작된 것이었다. 심지어 망명 중인 트로츠키마저 1940년 멕시코에서 암살되고 말았다. 부하린, 지노비예프, 카메네프 등은 50년이 지난 1988년에서야 복권되었다.

스탈린이 레닌의 반대에도 불구하고 1인 지배 체제를 구축할 수 있었던 가장 큰 요인은 자신이 다수 승리연합을 이끌 수 있도록 일련의 연대를 지속적으로 도모했기 때문이다. 승리 이후에는 자기 몫을 극대화하기 위해 승리에 더 이상 필요하지 않은 파트너의 숙청을 주저하지 않았다. 이처럼 연대를 쉽게 결성하고 쉽게 깨려면 이념적 입장을 유연하게 가져야 한다.

스탈린의 이념적 유연성은 국내정치뿐 아니라 대외정책에서도 관찰

맨 왼쪽 상단의 사진이 원본이다. 권력 투쟁에서 스탈린 옆의 인물이 하나씩 축출됨에 따라 사진에서도 하나씩 사라져갔다.

된다. 영구혁명론 대신에 일국사회주의를 내세워 서유럽 사회주의 혁명 세력을 지원하지 않았고 그리하여 서유럽 국가들로부터 국가승인을 얻었다. 파시스트들이 소련을 공격하려는 위기 속에서는 독일–소련 불가침조약을 맺어 공격의 우선 대상에서 벗어나기도 했다. 또 중국 공산당에게는 반(反)일본제국 연합전선인 국공합작을 권고하기도 했다. 모두 이념보다 생존을 우선시하는 행보였다. 상황에 따라 적과도 연대할 정도로 스탈린의 이념적 위치는 유동적이었다.

1982년 안드로포프 역시 당내 이념 분포에 있어 중간적인 입장을 갖고 있었고 따라서 연대 파트너의 선택에 제한을 받지 않았기 때문에 공산당 서기장으로 무난히 선출될 수 있었다. 물론 중간적이거나 유동적 위치라고 해서 늘 다수 승리연합을 주도할 수 있는 것은 아니다. 스탈린과 안드로포프 모두 자신의 조직을 확실하게 관리하였다. 사적 혜택을 제공하고 대신에 충성으로 돌려받는 관계가 지속되는 지배연합을 유지했다. 트로츠키, 지노비예프, 카메네프, 부하린 등은 모두 당대 발군의 이론가로 명성을 날렸지만, 권모술수 행동에서 스탈린을 따라가지 못해 경쟁에서 패배한 후 결국 처형되고 말았다.

스탈린의 1인 장기 지배 체제는 중국과 북한에게도 모델이 되어 마오쩌둥(毛澤東)과 김일성의 1인 장기 지배 체제를 가능케 하였다. 심지어 공산주의와 경쟁하는 체제에서도 1인 권력 집중을 가능하게 했다. 아돌프 히틀러의 권력 장악이 그런 예이다.

오늘날 1인 장기 지배 체제는 흔하지 않다. 개방된 체제에서 1인 지배 체제는 오래갈 수가 없기 때문이다. 그렇더라도 1인 장기 지배를 추구하는 지도자가 없는 것은 아니다. 특히 대한민국의 주변국에는 일당 독재에 기반을 둔 1인자들이 있다. 그런 1인자 등극 현상은 서로 맞물려 있기도 하다. 2017년 시진핑(習近平) 중국 국가주석은 유력한 차기 지도자로 꼽혔던 쑨정차이(孫政才)를 부패 혐의로 낙마시킨 후 장기 지배의 가능

ПРИВЕТ ГЕРОЙСКИМ ВОИНАМ СОВЕТСКОГО
СОЮЗА ОТ БРИТАНСКИХ СОЮЗНИКОВ
БОРЮЩИХСА С НИМИ

МЫ ВСЕГДА С ВАМИ В ЧДАЧАХ И НЕЧДАЧАХ ВМЕСТЕ ДОБЬЕМ
РАЗГРОМИМ ЧНИЧТОЖИМ НАЩЕГО ВРАГА

나치를 상징하는 용의 사체 위에서 악수하고 있는 소련군과 영국군. 독일이 불가침조약을
깨고 소련을 공격한 1941년에 제작된 소련 포스터이다. 영국은 공산주의 확산을 우려하여
소련과 동맹을 맺지 않았고, 스탈린은 전쟁 발발 직전 수백만 명의 군대를 독일 국경으로
보내 독일을 견제할 준비가 되어 있었으나 출정시키지 않았다.

성이 점쳐지기도 한다. 2017년 10월 일본 중의원 선거에서 아베 신조 총리의 자민당이 크게 승리한 데에는 분명히 북한 덕도 있다고 아소 다로 부총리가 발언한 바 있는데, 아마 중국까지 포함하여 생각했을 것이다. 북한, 중국, 러시아, 미국, 일본 등의 강한 지도자 등장은 서로 궤를 함께하고 있다.

2017년 100주년을 맞은 볼셰비키 혁명은 오늘날 북한과 중국, 심지어 러시아에서조차 별로 기념되지 않는다. 볼셰비키 혁명뿐 아니라 대한민국의 촛불집회도 잘 보도되지 않는다. 대신에 북한에서는 김일성이, 중국에서는 마오쩌둥이, 러시아에서는 스탈린이 다시 기념되고 있을 뿐이다. 개인숭배가 집권자의 이해관계와 맞아떨어지기 때문이다.

"유럽에 유령이 나타나고 있다 공산주의라는 유령이"(1848년 공산당선언 첫 구절) 대신에 오늘날 동북아시아에는 스탈린 유령이 배회하고 있는지 모르겠다. 동북아시아의 일부 권력자들이 스탈린의 공포 정치를 벤치마킹하려고 하는 것 같은데, 1930년대 소련 사회와 전혀 다른 오늘날에 스탈린식 숙청 방식이 지속적으로 통하기는 어렵다. 물론 다수의 세력을 결집하려는 스탈린 방식은 여전히 유효하다. 다수 승리연합을 주도하기 위해 여러 차원의 연대를 모색하는 과정은 스탈린을 포함한 권력자가 보편적으로 행하는 방식이다.

(4) 김일성 1인 지배체제

1953년 8월 7일, 주요 통신사들은 북한 부수상이자 로동당 공식 서열 2위인 박헌영이 출당되었다는 북한 평양방송의 내용을 타전하였다. 평양방송은 리승엽 일당이 미국에 군사 정보를 제공하였고 북한 정권을 전복시키려 하였으며 박헌영이 이에 관련되어 있다고 보도하였다. 6.25 전쟁과 관련한 북한의 대(對)유엔 외교를 주도한 박헌영이 실각하였을 가능성은 이미 서방세계에 알려졌으나, 이런 사실이 이날 평양방송에 의해 처음으로 확인된 것이다. 실제 박헌영은 전쟁 중이던 1953년 3월에 북한 당국에 의해 체포되었다.

권력 집단의 변화는 크게 두 가지로 구분할 수 있다. 1인자가 바뀌는 권력 교체와 그렇지 않은 권력 숙청이다. 박헌영을 6.25전쟁의 전범, 미국의 간첩, 불운의 혁명가 등 어떻게 부르든, 그의 숙청은 권력 교체의 시도라기보다 북한 정권의 1인자가 2인자를 내친 것에 가깝다. 이 또한 권력을 더 가지려는 축소 지향의 연대로 볼 수 있다.

1953년의 북한 내 권력 변화가 권력 교체가 아닌 권력 숙청으로 진행된 배경에는 김일성이 인민군이라는 물리적 폭력 수단을 이미 장악하고 있었다는 사실뿐 아니라 북한 인민의 전(前)근대적 정치문화도 포함된다. 일제 강점기에서조차 공화정을 겪어보지 못한 북한 주민으로서는 1인자의 교체에 대해 결코 호의적이지 않았다. 더구나 북한에게 영향력

1948년 9월 최고인민회의에서 박헌영(가운데 왼쪽)을 비롯한 대의원들이 김일성(가운데 오른쪽)을 수상으로 선출하고 있다. 이후 박헌영 등 당시 지도자 대부분은 권부에서 축출되었다.

을 행사하던 소련과 중국이 1인자 중심의 권력구조를 채택하고 있었기 때문에 북한에서 1인자 교체는 받아들여지기 어려운 변화였다.

1인자가 2인자를 숙청하는 행위는 어떤 전략적 계산에서 이루어질까? 첫째, 2인자에게 자신의 지위를 뺏길 수 있다는 위기감에서이다. 2인자를 1인자에 대한 잠재적 도전자로 여기고 사전에 제거하는 것이다.

박헌영의 지지자들은 그를 1인자로 밀었다. 예컨대 북한에서 정권이 수립되기 직전인 1947년 평양에서 리현상(지리산 빨치산 부대장)은 국내에서 투쟁한 업적이 별로 없는 김일성 대신에 국내에서 많은 공적을 쌓은 박헌영이 지도자가 되어야 한다고 주장하였다. 1937년 함경남도 갑산군 보천면(현재 북한 행정구역 기준으로 양강도 보천군 보천읍)에서 벌어진 이른바 보천보 전투에 관련된 김일성의 공로를 박헌영 지지자들은 부정하기도 하였다. 김일성은 그런 박헌영을 잠재적 위협으로 생각했을 수 있다.

2인자 지위를 오래 누린 자들은 1인자 자리를 결코 넘보지 않는다고 1인자에게 지속적으로 인지시켰다는 공통점을 갖는다. 조선시대 '일인지하 만인지상'의 2인자이면서 1인자를 대체할 수는 없던 영의정은 정치적 생명이 짧지 않았다. 반면에 스스로 1인자로 등극할 가능성이 높은 세자는 1인자의 친아들이면서도 정치적 생명이 짧았다. 조선시대 세자로 책봉된 왕자 가운데 실제 국왕으로 즉위한 경우는 절반 정도에 불과하다. 태조를 제외한 26인의 조선 국왕 가운데 선대(先代) 임금의 적장자(嫡長子)인 경우를 따져보면 문종, 단종, 연산군, 인종, 현종, 숙종, 순종의 7인뿐이었고, 그나마 정상적인 왕권을 펼친 적장자 조선 국왕은 문종, 현종, 숙종 3인이었다. 대한민국 국무총리 가운데 임기가 길었던 사람도 모두 대권에 뜻이 없음을 권력자가 인지한 경우이다. 2인자는 1인자를 대신하여 온갖 악평과 불명예를 자발적으로 짐으로써 1인자 지위를 결코 원치 않는다는 메시지를 1인자에게 효과적으로 전달하기도 한다. 그런 2인자가 결국에는 1인자 지위를 빼앗는 경우도 있음은 물론이다.

둘째, 권력 분산 주장에 대한 경계심에서이다. 1인자는 권력 집중 구조에 대한 비판을 자신에 대한 반대로 여기고 권력 분산에 대한 요구를 탄압하는 경향이 있다. 예컨대 전제군주는 공화제 주장 자체를 자신에 대한 거역으로 받아들인다. 설사 2인자가 1인자를 해치려는 것이 아니라 반대로 1인자의 성공을 바라고 직언하였더라도, 1인자는 그렇게 잘 생각하지 않는다. 진정성이 전달되고 아니냐에 따라 충언 또는 거역으로 받아들여질 뿐이다.

박헌영과 그의 세력은 대체로 김일성 1인 우상화에 거부감을 갖고 있었다. 소련 정부의 신임을 받던 허가이는 북한 정권 수립 당시 김일성의 집권을 도왔지만 김일성의 개인숭배가 북한 인민들에게 도움이 되지 않는다고 믿고 있었다. 전쟁이 진행되면서 허가이는 박헌영과 가까워졌다. 1953년 7월 허가이의 시신이 발견되었는데 북한 당국은 자살이라고 발표한 바 있다.

권력자는 옳은 주장이더라도 자신의 권위를 훼손한다면 아예 발설히지 못하게 하기도 한다. 일찍이 마키아벨리는 누구나 마음대로 권력자의 뜻을 꺾는 직언을 할 수 있게 하면 권위가 서지 않기 때문에 직언은 특정 현자들에게만, 그것도 묻는 사안에 대해서만 자유롭게 말할 수 있게 해야 한다고 『군주론』에서 설파하였다.

셋째, 자신에 대한 도전을 용서하지 않겠다는 메시지를 전달하기 위해서이다. 1인자는 다수에게 특정 행동을 유도하거나 또는 반대로 억제하기 위해 그 특정 행동에 대해 과도하게 반응하기도 한다. 원숭이가 보는 앞에서 닭을 죽여 원숭이에게 주의를 준다는 살계경후(殺鷄儆猴) 그리고 제갈량이 눈물을 머금고 마속을 참했다는 읍참마속(泣斬馬謖), 모두 일벌백계(一罰百戒)의 효과를 노린 것이다.

김일성은 유일 체제를 통해 정적들을 숙청하였고 또 정적 숙청을 통해 유일 체제를 강화하였다. 박헌영을 숙청한 것도 그런 작업의 시작이었다. 다만, 개인숭배는 권력 공고화 과정의 하나이면서 동시에 어느 정도 권력을 장악한 이후에나 가능하다. 권력을 확고히 장악하지 못한 상황에서의 개인숭배는 오히려 견제 심리를 유발한다. 예컨대 마오쩌둥의 후계자 화궈펑이 자신에 대한 개인숭배를 추진하자 권력 내부뿐 아니라 민중들도 거부감을 느꼈다. 화궈펑은 아직 민심을 장악하지 못한 단계에서 개인숭배를 추진하다가 역풍을 맞은 것이다.

넷째, 1인자의 감정대로 행하는 것이다. 서열 순서를 바꿀 수 없는 관계에서는 1인자가 미워한다는 이유만으로 숙청 대상에 포함되기도 한다.

동일한 행동도 1인자의 마음에 따라 다르게 해석된다. 예컨대, 춘추시대 위(衛)나라 미자하(彌子瑕)는 먹던 복숭아를 영공(靈公)에게 주었다. 영공은 미자하의 행동을 맛있는 걸 혼자 먹지 않고 주군에게 바친 충심으로 해석하였다. 또 미자하가 영공의 수레를 타고 아픈 어머니에게 달려가자, 영공은 이를 효심으로 해석하였다. 그러다가 미자하가 간신임을 영공이 뒤늦게 깨달았는지, 아니면 미자하가 영공의 역린을 건드렸는지, 아니면 누군가가 두 사람을 이간질하였는지 몰라도 영공은 미자하를 밉게 보기 시작하였다. 그 후 영공은 먹다 남은 복숭아를 군주에게 먹인 죄 그리고 몰래 군주의 수레를 탄 죄로 미자하를 내쫓았다.

괘씸죄에 걸리면 권력자가 권력을 잃기 전까지는 그의 탄압에서 벗어나기가 쉽지 않다. 좋아하다가 미워하기는 흔해도, 미워하다가 좋아하기는 흔하지 않기 때문이다. 만일 2인자의 생사여탈이 1인자의 그때그때 기분에 따라 좌우된다면, 2인자는 거짓으로 1인자의 비위를 맞출 수밖에 없고 따라서 그 1인 지배 체제는 지속가능하지 않다.

김일성은 소련과 중국의 압력을 의식하여 유죄 증거가 불충분한 박헌영을 바로 처형하지 못하였다. 그러다가 1955년 12월 박헌영에게 사형을 선고하였고 소련과 중국이 분쟁을 겪어 북한에 대해 일방적인 압력을 행사할 수 없던 때인 1956년에서야 박헌영을 총살하였다.

다섯째, 자신을 대신하여 책임질 희생양을 만들기 위해서이다. 철저한 책임 정치로 운영되는 민주공화정 체제에서 1인자가 결정한 사안은 1인자가 직접 책임진다. 이에 비해 전(前)근대적 왕정 정치문화에서는 1인자가 져야 할 책임을 희생양이 대신하는 경우가 허다하다.

6.25전쟁 실패의 책임은 박헌영 등에게 전가되었다. 박헌영은 전쟁이 나면 남로당 지하당원 수백만 명이 봉기할 것이기 때문에 남한을 바로 평정할 수 있다고 말하였지만 실제로는 그렇지 않은 결과에 대해 책임을 인정하였다. 동시에 박헌영은 인민군 작전과 로동당 정책 등이 전쟁 실패의 주원인이라는 점에서 김일성 책임론을 주장하였다. 북한 내무성 부상을 역임한 강상호는 1993년 『중앙일보』 연재물에서 1951년

1949년 3월 모스크바에서 김일성(앞줄 왼쪽부터), 미코얀, 그로미코, 박헌영, 홍명희 등이 의장대 앞을 지나가고 있다. 6.25전쟁 후 김일성은 박헌영을 제거했다.

출처: NARA 국사편찬위원회 전자사료관

11월 만포진의 임시 소련 대사관에서 김일성과 박헌영 간의 그런 언쟁을 박길용이 목도하였다고 서술한 바 있다. 실제 책임이 누구에게 있었든, 김일성은 심대한 피해를 가져다 준 전쟁 실패의 책임을 박헌영 등에게 물어 자신은 책임지지 않았다. 이런 책임 전가는 전근대적 정치문화에서나 가능한 일이다. 박헌영 등을 제거한 이후에는 6.25전쟁을 '미 제국주의'와 싸워 이긴 전쟁으로 선전하고 있음은 물론이다.

끝으로, 사냥이 끝난 후 불필요해진 사냥개를 잡아먹는 토사구팽(兎死狗烹)에서이다. 이는 최소승리연합을 구성한다는 '규모의 원리'로도 설명된다. 권력을 쟁취할 때 필요했던 파트너가 권력 장악 이후에는 불필요해지자 자기 몫을 극대화하기 위해 그 불필요한 파트너를 제거한다는 것이다.

고용된 관리자가 계속 그 자리를 유지하려면, 여전히 자신은 대체가 불가능하기 때문에 계속 필요한 존재임을 주인에게 각인시켜야 한다. 그런 각인 가운데 하나는 사냥이 아직 끝나지 않았음을 강조하는 것이다. 김일성은 분단된 정전 체제이기 때문에 자신이 대체 불가능한 존재임을 북한 주민들에게 인식시키는 데에 성공한 반면에, 박헌영은 자신이 필요한 존재임을 김일성에게 설득하지 못하였다. 북한 정권을 수립할 때와 6.25전쟁을 수행할 때에 박헌영과 남로당의 도움이 김일성에게 필요하였지만 휴전 후에는 불필요해진 것이다.

사냥개를 잡을 때에도 다른 사냥개가 필요하다. 박헌영을 숙청할 때 방학세 외에 또 다른 4인의 박씨, 즉 박금철(갑산파, 1967년 숙청), 박영빈(소련파, 1950년대 숙청 후 소련으로 망명), 박정애(국내파, 1960년대 말 숙청 추정), 박창옥(소련파, 1956년 숙청) 등이 동원되었다. 이들은 네 명의 박가라는 '사박가'로 불렸는데 특히 박헌영 지지자들은 개를 뜻하는 러시아어 '사바까'로 이들을 불렀다. 훗날 이 사바까도 모두 팽(烹)당했음은 물론이다. 박창옥은 소련파 내에서 허가이와 경쟁하고 있었는데, 김일성은 박헌영과 가까웠던 허가이를 제거한 이후 박창옥의 소련파 도움으로 남로당파를 처단하였다. 하지만 김일성은 소련파 역시 연안파의 도움으로 숙청하였고, 그 이후 연안파 그리고 갑산파 등을 차례로 제거하는 숙청을 단행하였다.

살계경후(공포 정치), 토사구팽(불필요한 파트너 제거), 희생양(책임 전가) 등이 권력을 공고화하는 작은 전략이라면, 큰 전략은 물리적 힘 그리고 무엇보다도 민심을 확보하는 것이다. 이는 동서고금의 크고 작은 모든 조직에 적용된다.

(5) 조선 개국과 5.16 군사정변

1388년 5월 22일(음력), 요동정벌군 좌군도통사 조민수와 우군도통사 이성계는 보름 동안 머물던 위화도에서 정변을 모의하고 회군을 시작했다. 그들은 열흘 후 고려 우왕과 팔도도통사 최영을 추포한 후 정권을 장악했다. 최영은 정권 실세 이인임 일당을 제거할 때 자신이 끌어들인 신흥 무장 이성계에게 죽음을 맞았던 것이다.

이성계는 조민수의 천거에 따라 우왕의 아들을 왕으로 내세웠다. 이듬해 이성계는 창왕과 조민수를 각각 폐위·유배시킨 후, 정몽주·정도전 등과 함께 공양왕을 옹립했다. 1392년 이성계는 5남 이방원이 정몽주 등을 제거하자 공양왕에게서 선위를 받아 조선 왕조를 열었다. 세자에는 정도전 등이 추거한 8남 이방석이 책봉됐다. 1398년 이방원은 처남 민무구·민무질의 도움으로 정도전과 이복동생 이방번·이방석을 죽였으며(제1차 왕자의 난), 이성계의 2남 이방과가 조선 제2대 국왕으로 즉위했다. 1400년 4남 이방간을 물리친(제2차 왕자의 난) 이방원은 이방과로부터 왕위를 넘겨받았다. 1407년 이방원은 민씨 형제 등을 처형하고 왕권을 강화했다.

이처럼 고려 말부터 조선 초에 이르는 정권의 지배연합은 이인임,

최영, 조민수, 정몽주, 정도전, 이성계, 이방간, 민씨 형제 등 주요 인물들이 차례로 제거돼 그 규모를 줄여가는 양상을 보였다.

1961년 5월 16일에 발생한 군사정변도 참여 인사들 일부가 배제되는 과정을 거쳤다. 5.16 당시 육군참모총장이던 장도영은 정변 직후 군사혁명위원회(5월 19일 국가재건최고회의로 개칭) 의장으로 추대됐고 5월 20일에는 내각 수반의 자리에 올랐다. 그러나 7월 3일 장도영은 의장직과 수반직에서 해임되고, 대신에 박정희와 송요찬이 각각 최고회의 의장과 내각 수반에 취임했다. 7월 9일 장도영 등 44명은 반(反)혁명 음모 혐의로 체포됐다. 8월 장도영은 예편했고 1963년 무기징역을 선고 받았다가 형집행 면제와 함께 미국으로 가서 살았다.

4.19혁명 당시 육군참모총장을 지낸 송요찬은 미국에서 5.16정변을 지지한다고 발표했고 귀국 후 국방장관 겸 최고회의 기획위원장, 내각 수반 겸 외무장관 등을 거쳤다. 하지만 1963년 '최고회의 박정희 의장

태조 4년(1395) 공신도감에서 조선개국 일등공신 이지란의 아들 이화상에게 부여한 특전이 기재된 녹권(錄券). 태조 원년에 개국 일등공신으로 책록된 16인 가운데 정도전 등 4인은 정변으로 피살되었고, 이후 이방원 등 3인의 왕자가 일등공신에 추록되었다.

에 보내는 공개장'으로 박정희의 대통령 출마에 반대하다 8월 11일 구속됐다.

5.16군사정변 주도세력 내에는 김종필계, 반(反)김종필계, 경상도파, 함경도파, 민정참여파, 원대복귀파 등 여러 계파가 있었다.[2] 군사정변 후 2년 7개월의 군정이 공식 발표한 반혁명 사건만 해도 20여 건에 이른다.[3] 적지 않은 5.16쿠데타 주역들이 반혁명 쿠데타를 음모했다는 명목으로 권력 집단에서 축출됐다. 장도영 등 평안도파의 축출이 '텍사스 토벌작전'으로 불렸다면, 김동하 등 함경도파 제거는 '알래스카 토벌작전'으로 불렸다. 물론 축출된 인사들 다수는 추후 다시 회유돼 박정희 정권에서 각종 공직을 받기도 했다. 1963년 1월 모든 공직에서 사퇴한다고 발표한 김종필 중앙정보부장은 정치 상황에 따라 사퇴와 복귀를

1961년 5월 20일 계엄사무소 앞의 장도영 국가재건최고회의 의장 겸 내각 수반과 박정희 최고회의 부의장. 44일 후 장도영은 의장직과 수반직에서 해임되었다.

박정희 정권 내내 반복했다.

예나 지금이나 새로운 정권이 들어서면 지배연합의 일부 구성원이
축출되고 또 그 지배연합은 일반 대중을 만족시키려는 노력이 전개된
다. 생사여탈과 같은 야만적 행위가 없다는 점 말고는 오늘날 민주주의
의 권력 섭생 방식도 과거와 크게 다르지 않다. 민주화된 이래 노태우,
김영삼, 김대중, 노무현, 이명박, 박근혜, 문재인 등 새로운 권력은 직전
의 정부를 계승할 때조차 신(新)여권이 구(舊)여권을 축출하려 했고 심지
어 신여권 내에서도 소외된 계파가 있었다.

(6) 1990년 3당 합당

축소 지향의 승리 연대는 민주주의 체제에서도 쉽게 관찰된다. 대통
령 직선제 등 여러 민주적 요소를 포함한 대한민국 제6공화국 헌법의
채택 이래 첫 거대 정당으로 불리는 민주자유당 역시 축소 지향의 연대
속성에서 벗어날 수 없었다. 민주자유당의 1990년 탄생과 이후의 쇠락
은 이미 최소승리연합(MWC) 이론으로 설명된 바 있다(김재한 1994). 이를
소개하면 다음과 같다.

1989년 상반기 당시 민주정의당(민정), 평화민주당(평민), 통일민주당(민
주), 신민주공화당(공화)의 의석비는 각각 43.14%, 23.75%, 20.07%, 11.70%
이었다. 의석 $\frac{2}{3}$ 이상을 확보하는 승리연합은 민정＋평민, 민정＋평민＋
민주, 민정＋평민＋공화, 민정＋민주＋공화, 민정＋평민＋민주＋공화
등 다섯 가지이다. 이 가운데 최소승리연합(MWC)은 민정＋평민 그리고
민정＋민주＋공화의 두 경우뿐이었다. 실제 발생했던 민정＋민주＋공화
의 3당 합당도 최소 $\frac{2}{3}$승리연합이었던 것이다.

정당연합에 있어 의석비뿐 아니라 정당이념도 중요하게 작용한다.
최소연결승리연합(minimal connected winning coalition; MCWC)은 그러한 대표

적 개념 가운데 하나인데, 이에 따르면 연합은 정책이 유사한 정당끼리 구성되고 불필요한 파트너를 제외하면서 형성된다고 한다(Axelrod 1970). 즉, 이념이 유사한 정당끼리 연합하되 승리에 필요한 연합이 될 때까지 차례로 정당을 합류시킨다는 것이다. 좌−우 이념 기준에서 정당 A, B, C, D 순으로 배열할 때 A+C는 연결연합(connected coalition)이 아니다. 만일 A+B+C는 A나 C가 빠지면 승리연합이 되지 않고 B가 빠지면 연결연합이 되지 않는다면 A+B+C는 최소연결승리연합(MCWC)이다.

제13대 국회의원들을 대상으로 실시된 조사에서 보수 : 혁신의 비율이 평민은 25% : 29%, 민주는 58% : 21%, 민정은 83% : 0%, 공화는 89% : 0%로 조사되었으며, 따라서 좌우 이념 축에 4당을 평민−민주−민정−공화의 순으로 배열할 수 있었다. 이러한 4당 체제에서 평민+민주+민

1990년 1월 청와대 대접견실에서 노태우 대통령, 김영삼 민주당 총재, 김종필 공화당 총재가 3당 합당 합의문을 발표하고 있다. 김영삼 정부에서 나머지 2인은 권력의 중심에서 멀어졌다.

출처: 헤럴드

정은 $\frac{2}{3}$ 이상의 최소연결승리연합(MCWC)이다. 평민이나 민정이 빠지면 $\frac{2}{3}$ 승리연합이 되지 않고, 민주가 빠지면 연결연합이 되지 않는다. 따라서 평민+민주+민정 연합은 MCWC가 된다. 민주+민정+공화도 $\frac{2}{3}$ 이상의 최소연결승리연합(MCWC)이다. 민주나 공화가 빠지면 $\frac{2}{3}$ 승리연합이 되지 않고, 민정이 빠지면 $\frac{2}{3}$ 승리연합도 되지 않고 연결연합도 되지 않는다. 따라서 민주+민정+공화 연합도 MCWC가 된다. 최소승리연합(MWC)과 최소연결승리연합(MCWC) 모두에 해당되는 연합은 민정+민주+공화이고, 이는 실제 1990년에 발생한 3당 합당이다. $\frac{2}{3}$ 승리연합에 불필요한 정당을 포함시키지 않으려 하였고 또 연합 내부가 이념적으로 조화되도록 한 연합이었다.

이렇게 하여 결성된 민주자유당은 반드시 $\frac{2}{3}$ 이상의 의석비를 확보해야 한다는 생각을 하지 않게 됨에 따라 더욱 축소하게 되었고, 1995년 결국 단순 과반수를 승리연합으로 여기는 신한국당으로 대체되었다.

이러한 연합이론은 선거 후 이미 의석을 확보한 이후 추진되는 정당 간 협력에 적용될 수 있다. 선거를 의식해서 선거 전에 추진되는 정파 간 연합과 조금 다르지만 큰 틀에서는 유사하다. 승리연합의 크기와 각 정당의 의석비 및 이념 위치가 주어지면, 최소승리연합과 최소연결승리연합이 계산될 수 있다. 그것에 기초하여 어떤 모습의 합당, 분당, 정당 연대가 가능한지 유추할 수 있다.

지배(승리)할 수 있는 크기의 연합 만들기는 권력 장악의 필수조건이며, 이미 권력 장악에 성공한 연합에서는 불필요한 멤버 솎아내기 또한 필연적인 현상이다. 쪼개져 있다 보면 승리를 위해 합하게 되고, 또 합해져 있다 보면 자기 몫을 늘리기 위해 쪼개지게 마련이다. 분구필합(分久必合) 합구필분(合久必分)의 말처럼 이합집산은 매우 자연스러운 현상이다.

2
연대의 전리품

　　연대를 유지하려면 어떻게 이익을 배분하고 비용을 분담하느냐는 것이 매우 중요하다. 연대는 구성원끼리 배분에 갈등이 생기면 깨지기 쉽다. 뒤집어 말하면, 연대를 깨서 더 큰 몫을 얻는 게 어렵도록 미리 배분을 잘하면 연대는 잘 유지된다.

　　규범적으로 바람직한 분배방식은 여러 가지 종류의 해(解; solution) 개념으로 논의된다. 공리주의적 해(utilitarian solution)는 모든 구성원 효용의 합을 가장 크게 만드는 배분방식이다. 벤담(Jeremy Bentham) 이후 공리주의적 사고방식은 지배적인 공익기준이 되었다. 이와 대조되는 배분방식은 평등주의적 해(egalitarian solution)이다. 모두가 동일한 크기의 효용을 받도록 하는 방식이다. 공산주의가 아닌 자본주의 사회에서 평등주의적 해는 채택될 수 없었다. 이에 일종의 변증법적 타협으로 롤즈(John Rawls)의 정의(justice)론이 많은 주목을 받았다. 배분방식 각각의 가장 열악한 구성원의 효용 크기를 비교하여 그 효용이 가장 큰 배분방식을 택하는 것이다. 이 외에도 각 구성원 효용의 곱이 최대가 되는 배분방식인 내쉬 흥정의 해(Nash bargaining solution)도 있다. 구성원 효용의 합이 정해져 있을 때에는 효용의 크기가 서로 비슷해야 곱의 값이 커지는 속성을 활용하여 가급적 고루 분배하려는 해법이다.

연합의 유지에서는 이러한 규범적 배분비보다 현실적으로 유지될 수 있는 배분비가 더 중요하다. 재화는 남과 향유하면 내 몫이 줄어드는 경합적 재화와 그렇지 않은 비경합적(nonrival) 재화로 나눌 수 있다. 또 특정 사람을 향유하지 못하도록 배제할 수 있는 배제적 재화와 배제할 수 없는 비배제적(non-excludable) 재화로 구분할 수 있다. 사유재는 경합적이고 배제적인 재화이다. 반면에 공공재는 비경합적이고 비배제적이다. 배제적이지만 비경합적인 재화는 클럽재로 불린다. 연대의 전리품은 사유재일 때도 또 공공재일 때도 또 클럽재일 때도 있다. 연대 전리품의 재화적 속성에 따라 연대의 양상이 달라짐을 살펴보자.

(1) 사유재와 흥정집합4

사유재 성격의 전리품은 공유할 수 없다. 누군가가 향유하면 다른 누군가는 향유할 수 없다. 같은 연대의 구성원끼리라도 권력을 함께 향유하면 각자의 몫은 줄어들 수밖에 없다. 전리품이 사유재일 때 절대적으로 안정적인 배분방식, 즉 승리연합의 구성원이 다른 승리연합에서 기존의 승리연합에서보다 더 큰 이익을 얻는 것이 아예 불가능한 배분방식은 존재하지 않는다.

예컨대 A, B, C의 3인 가운데 과반수, 즉 2인 이상으로 구성된 연합이 승리연합이라고 할 때, A와 B가 승리전리품을 $\frac{1}{2}$씩 갖기로 했다고 하자. 그렇다면 C는 B에게 $\frac{2}{3}$의 배분을 약속하고 자신은 나머지인 $\frac{1}{3}$만을 가지겠다고 하면 B+C라는 새로운 승리연합이 태동할 수 있다. 마찬가지로 다른 승리연합도 와해의 유혹은 반드시 있게 마련이다. 연합의 어떠한 배분방식도 이탈이나 배신의 유혹을 원천적으로 막을 수는 없다.

관계가 돈독한 연합은 구성원들이 이타적이어서 배신하지 않는 것인가? 아니면 계산적이어서 배신하지 않는 것인가? 모든 연합은 그 구성원들이 참여로부터 유·무형의 즐거움·이익을 얻거나 아니면 적어도 불편하지 않아야 구성되고 존속한다. 일방적인 희생을 강요당하는 구성원은 이탈하게 되고 그 조직은 와해되기 쉽다. 즉, 패거리는 참여에 대한 일정 수준의 배분이 이뤄져야 잘 유지될 수 있다. 편먹기 게임에서 이탈의 동기를 완전히 봉쇄하는 배분방식이 불가능하지만, 상대적으로 안정적인 연합은 존재한다. 어떤 배분방식이 안정적일까?

배분방식과 승리연합의 안정성은 동전의 양면이다. 안정적인 배분방식은 분수에 맞게 기여한 만큼 배분하는 것이다. 배분에서 지나치게 요구하는 것은 그 승리연합의 와해를 가져다줄 수 있다. 의원내각제에서의 연립내각도 의석수에 기초한 기여도에 따라 배분될 때 안정적이다.

배분의 황금비는 승리연합에 이탈하려는 행위자를 억제하는 안정적인 배분방식이다. 흥정집합(bargaining set)은 그러한 황금비 가운데 하나이다(Owen 1982). 흥정집합이란 승리연합의 한 구성원이 더 큰 이익을 얻기 위해 그 승리연합에 속하지 못한 자와 새로운 승리연합을 모색할 때, 승리연합의 다른 구성원이 그 이탈하려는 구성원을 배제시키고 대신에 그 새로운 자에게 제안된 이익을 보장하면서 역시 자신의 기존 몫을 줄이지 않는 새로운 분배방식을 역제안할 수 있는 배분방식이다. 다시 말해 어떤 조직이 전리품을 배분하기로 했는데 조직 구성원 중 누가 배신을 했을 때 그 조직 바깥의 파트너에게 배신자가 제공하기로 한 이익을 보장하면서 배신자를 혼내주는 배분방식이다. 만일 역제안으로 대응할 수 없다면 기존의 배분방식은 흥정집합에 속하지 않으며 또 그 연합은 불안정하다고 할 수 있다.

예컨대, A, B, C 3인이 과반수에 의해 승리연합을 결성하는 상황을 가정하자. A+B의 연합은 $\frac{1}{2}$씩 배분하고 있다고 하자. 가령 B가 더 큰 이익인 $\frac{3}{5}$를 얻기 위해 C에게 $\frac{2}{5}$을 제의한 새로운 승리연합을 추진한다면 이에 대해 A가 자신의 기존 몫인 $\frac{1}{2}$을 확보하면서 C에게 $\frac{2}{5}$보다 더 큰 $\frac{1}{2}$을 제의할 수 있다. 따라서 A와 B가 1:1로 나누는 방식에서는 이탈의 동기가 상대적으로 낮다.

반면에 A와 B가 2:1로 배분하고 있다고 하자. 이때 B가 더 큰 이익을 얻기 위해 C와 1:1로 배분하는 새로운 승리연합을 구성한다고 하자. 이 경우에 A로서는 자신의 기존 몫인 $\frac{2}{3}$를 확보하면서 C에게도 C가 B로부터 제의 받은 $\frac{1}{2}$을 제공할 수가 없다. 즉, B의 이탈을 제재할 새로운 배분방식을 역제안할 수 없다. 따라서 A와 B가 2:1로 배분하는 방식은 불안정한 배분방식이다.

홍정집합 내의 배분방식을 택하면 이미 결성된 조직을 유지시키는 경향이 있다. 왜냐하면 누가 배신하면, '조직의 쓴 맛' 다시 말해서 배신한 자를 배제시키고 다른 구성원과 연합해 그 배신자를 혼내줄 수 있기 때문이다. 그러나 홍정집합 내의 배분방식이 아닌 다른 방식으로 배분이 이루어지면 그 연합은 지속되지 못한다. 조직의 배신자를 혼내줄 수 없기 때문이다. 이탈하여 일차적으로 더 큰 이익을 얻는 것이 아예 불가능한 절대적 안정의 배분방식은 존재하지 않지만, 이탈자에게 이차적 손실을 끼칠 수 있는 상대적 안정의 배분방식은 존재하는 것이다.

김재한(1994)은 홍정집합 개념으로 1990년 3당 합당 전후의 배분 비율을 계산하였다. 평민+민주+공화 야3당 과반 승리연합은 각각의 이득을 $\frac{1}{3}$씩 균등하게 분배하는 것이 홍정집합에 속했다. 만일 의석수가 상대적으로 더 많은 평민이나 민주가 $\frac{1}{3}$보다 더 큰 $\frac{2}{5}$를 취하고 공화에게 $\frac{1}{3}$보다 작은 $\frac{1}{5}$만을 배분했다고 하자. 공화가 이러한 배분방식에 불만을 갖고 민정과 $\frac{2}{5}$(공화)+$\frac{3}{5}$(민정) 배분의 새로운 과반 승리연합을 추진한다면, 평민이든 민주이든 기존에 자신이 받았던 $\frac{a}{b}$를 유지하면서 배신한 공화를 배제시키고 민정에게 $\frac{a}{b}$를 배분할 수가 없다. 1990년 당시의 평민＋민주＋공화 야3당의 공조 분열과 민정＋민주＋공화 3당 합당은 야3당 간 분배방식에 관한 이견으로 시작되었을 수 있다.

1990년 합당 후 민주자유당(민자)의 계파 간 분배는 흥정집합에 충실하였다. 민자당 당무회의 구성에서 민주계는 당무회의 구성비를 민정, 민주, 공화가 각각 9 : 7 : 4의 비율로 이미 합의했다면서 이의 시행을 주장했다. 이 9 : 7 : 4의 배분은 흥정집합에 속하지 않는 불안정한 배분방식이다. 민정계가 9 : 7 : 4의 배분에 불만을 갖고 평민과 새로이 손을 잡고 10 : 10으로 배분하기로 했다고 하자. 이에 대해 민주계와 공화계가 자신의 몫인 7과 4를 유지한 채 평민에게 10을 줄 수가 없기 때문에 민정계를 배제시키고 평민과의 새로운 연합을 구성할 수가 없다. 9 : 7 : 4의 배분은 와해되기 쉬운 불안정한 연합이었고, 따라서 아예 시행되지도 못했다.

실제 1990년 합당 후 민자당은 평민당 몫을 제외한 나머지 12개 국회 상임위원장 자리를 민정 6, 민주 4, 공화 2로 할당했다. 또 사무처, 정책위, 의원실 등의 국장 및 부장급 인선을 민정 5, 민주 3, 공화 2의 비율로 나누었으며, 시도 지부장 인선은 민정 7, 민주 4, 공화 3의 비율로 하였다. 6 : 4 : 2, 5 : 3 : 2, 7 : 4 : 3 모두 민정계에게 50%를 배분하고 나머지 50%를 민주＋공화에게 배분하는 방식이다.

만일 민정계가 50%보다 더 많이 얻으려고 민정＋평민 연합을 추진한다면, 민주계와 공화계는 자신들 몫의 합인 50%를 유지한 채 민정계를 배제시키고 민정계가 평민당에게 제의한 몫 이상을 평민당에게 제공하는 평민＋민주＋공화의 연합을 추진할 수 있게 된다. 따라서 민정계로서는 자신의 이탈이 성공하지 못함을 알고 추진하지 않는다.

마찬가지로 민주＋공화가 50%보다 더 큰 몫을 얻기 위해 평민당과

연합을 추진한다면, 민정계는 자신의 몫인 50%를 유지한 채 민주＋공화
가 평민당에게 제의한 몫 이상을 평민당에게 제공하는 민정＋평민의 연
합을 추진할 수 있게 된다. 따라서 민정계에게 50%를 배분하는 방식은
민자당 내의 어떤 계파라도 평민당과의 새로운 연합으로 자신의 몫을
더 증대시키기가 어렵게 만들었으며, 이는 민정＋민주＋공화 연합의 와
해를 억제시켰다. 이런 배분 방식으로 민자당은 승리연합을 유지할 수
있었다. 하지만 5 : 3 : 2, 6 : 4 : 2, 7 : 4 : 3이라는 민자당 내 계파별 배분
은 갈수록 잘 지켜지지 않았다. 이에 1995년 공화계는 탈당하여 자유민
주연합(자민련)을 창당했다.

선거 직후 의원내각제 국가에서 관찰되는 연립내각과 달리, 국회의
원선거 직전의 분당, 연대, 합당의 주목적은 선거 당선자를 많이 내는

민주자유당 내에서 몫을 제대로 받지 못한 공화계는 1995년 탈당하여 자유민주연합을 창당
했다.

출처: 시사저널

것이다. 물론 함께 할 수 없는 정파도 있다면 그것도 감안해야 한다.

2014년 3월 안철수 의원의 새정치연합과 민주당이 합당하여 새정치민주연합을 창당했다. 126석의 민주당과 2석의 새정치연합이 지분을 5 : 5 정신으로 한다고 했다. 그러다가 자신의 뜻이 새정치민주연합에서 충분히 반영되지 않는다고 판단한 안 의원은 2015년 12월 탈당했고 2016년 2월 국민의당을 창당했다. 2015년 12월 새정치민주연합은 당명을 더불어민주당으로 변경했다. 2016년 4월 국회의원선거에서 더불어민주당과 국민의당이 얻은 의석 수 합계는 분리 전 의석 수보다 더 많았다. 2018년 2월에는 국민의당과 바른정당이 바른미래당으로 합당했다. 합당후 A+B 의석수가 합당 전 A 의석수와 B 의석수의 합보다 더 클지, 또 A+B가 분리 후 각자 도생하여 얻은 A와 B의 의석수 합이 분리 전 A+B의 의석수보다 더 클지는 각 정파가 대응하기 나름이다.

정치권에선 늘 정파 간 합종연횡이 진행되고 있다. 연합에 참여하는 정파가 이탈하여 연합 밖의 다른 정파와 함께 승리연합을 추진할 때 연합의 나머지 정파들이 그 연합 밖의 정파에게 이탈자의 제의보다 더 큰 몫을 제공하면서 이탈자를 배제시킬 수 있을 때 본래의 연합은 잘 유지된다. 그러한 몫에 실리적인 이익뿐 아니라 대의명분, 신념, 가치공유, 집단 정체성 등과 같은 비(非)사유재도 포함됨은 물론이다.

(2) 공공재와 토목건축

권력을 쟁취하거나 유지하려면 다수의 지지가 필요하다. 그런데 일반 사유재는 다수에게 줄 수 있는 데 한계가 있다. 그래서 다수가 함께 누릴 수 있는 공공재로 만족시키려 한다.

특히 막 출범한 정권으로서는 지지층을 확보하지 못하면 지속되지 못할 수도 있다. 1961년 쿠데타 세력들도 일반 대중의 지지를 얻으려 노력했다. 1961년 5월 21일 서울 시내에서는 손이 묶인 일련의 사람들이 "나는 깡패 입니다 국민의 심판을 받겠읍니다"라는 현수막을 들고 공수특전단 군인들의 감시를 받으면서 행진하였다. 그날 치안국은 용공분자 2,000여 명과 깡패 4,200여 명을 검거했다고 발표했고, 그해 여러 혐의자들이 처형됐다. 이런 조직폭력배의 조리돌림은 인권침해 사례가 적지 않았지만, 인적 청산을 가시적으로 보여줘 당시 국민의 큰 호응을 얻었다.

1980년 신군부도 약 3,000명을 군법회의에 회부하고 약 40,000명을 군부대로 보내 삼청교육을 시켰다. 2007년 국방부 과거사진상규명위원회는 삼청교육대의 설치가 불법이고 또 교육과정에서 지나친 인권유린

1961년 5월 21일 공수특전단 군인들의 감시 속에 이정재를 필두로 한 조직폭력배들이 덕수궁에서 출발하여 서울 시내거리로 행진하면서 조리돌림을 당하고 있다.

출처: 정부기록사진집

이 있었다는 보고서를 발표한 바 있다. 부당한 사례가 많으면 많을수록 조리돌림이나 마녀사냥의 효과는 줄어들 수밖에 없다.

대체로 지배연합이 사유재적 특권을 제공하여 유지되는 것이라면, 일반 지지층은 공공재적 서비스로 유지된다. 여기서 말하는 사유재와 공공재의 의미는 각각 사익이냐 또는 공익이냐는 차이가 아니라, 누가 소비하면 다른 누군가는 소비할 수 없느냐 또는 다른 누군가도 소비할 수 있느냐는 차이에서이다. 다수를 만족시키려면 나눠주기식 사유재가 아니라, 누가 소비한다고 해서 다른 사람의 소비가 줄지 않는 비(非)경합성을 지닌 공공재적 서비스를 추진할 수밖에 없다. 누군가가 누리면 그만큼 다른 누군가가 누릴 수 없는 경합적 국정서비스보다는, 자신이 소비하려 한다고 해서 굳이 남을 배제할 필요가 없는 비경합적 서비스가 다수를 만족시키기에 적합하다. 개혁은 그런 공공재적 서비스 가운데 하나다.

비경합적 공공서비스의 대표적 예는 공공건축물이다. 서울시의 사례를 보자. 2015년 12월 크리스마스 페스티벌 첫날인 12일, 청계천 복원 10주년을 기념하여 이명박 전(前)대통령이 직접 인솔하는 투어가 있었다. 같은 날 밤 13일 0시를 기해 서울역고가도로는 박원순 서울시장이 추진하는 공원화사업을 위해 차량통행이 전면 금지됐다.

이명박 시장의 청계천 복원사업과 박원순 시장의 서울역고가 공원화사업은 종종 비교되었다. 고가도로를 철거 또는 폐쇄하여 공원화하는 조성방식, 지역상인 및 중앙정부의 공원화 반대의견, 차기대권주자이면서 야당소속 서울시장이라는 사업주체, 대통령선거 1~2년 전의 완공시점 등에서이다. 두 사업 모두 정치적 목적으로 추진되었거나 되고 있다는 주장이 제기된 바 있다.

무릇 정치는 동원으로 세력화되고, 정치적 동원은 감성으로 동력화되며, 원초적 감성은 보이는 걸로 증폭된다. 눈에 보이는 토목구조물이 정치적 상징효과를 갖는 근거다.

　고가도로의 해체가 정치적 상징효과를 갖는다면, 이는 거꾸로 고가
도로의 건설에서도 정치적 상징효과가 있었다는 의미다. 청계고가도로
는 박정희 대통령의 재선 직후인 1967년 광복절에 착공해서 1969년 3월
에 일부 구간인 삼일고가도로가, 또 1971년 광복절에 전체 구간이 개통
(추가 구간은 1976년 광복절에 완공)했다. 서울역고가도로는 박정희 대통령의 3선

1969년 일부 구간이 완공된 청계고가도로의 모습. 고가도로는 박정희 정부의 공공재적 서
비스로 유권자들에게 받아들여졌다.

　　　　　　　　　　　　　　　　　　　출처: 서울시청 서울도시계획 관련 사진집

직전인 1970년 광복절에 개통했다.

고가도로는 시민들이 도시 한복판에서 체감할 수 있는 산업화의 가시적 조형물이었다. 대한민국 최초의 고가도로는 1967년 12월 27일 개통된 삼각지입체교차로다. 1967년 대통령선거 직전에 착공했다가 그해 말에 개통한 것이다.

삼각지 명칭은 일제가 경부선철도와 한강로를 개설하면서 생긴 한강, 서울역, 이태원 방면의 세 가지 길에서 유래한다. '철의 삼각지'와 같은 세모 모양 땅의 의미가 아니라, 길이 세 곳으로 나눠져 각(角)이 3개인 땅이라 그렇게 불렸던 것이다. 1994년 철거된 입체교차로는 오늘날 삼각지에서 볼 수 없다.

삼각지입체교차로 이전에 만들어진 가요 '돌아가는 삼각지'는 입체교차로 개통과 함께 덩달아 인기 있었고, 곧 이어 같은 이름의 영화도

2003년 7월 1일 청계천 복원공사 기공식. 청계천 복원사업은 이명박 서울시장의 공공재적 서비스로 유권자들에게 받아들여졌다.

상영되었다. 대중문화에서 '돌아가는 삼각지'를 소재로 다룸에 따라 기획되었든 아니었든 삼각지입체교차로는 서울시민뿐 아니라 국민 전체에 체감되는 토목구조물이 되었다.

삼각지, 서울역, 청계천, 경복궁에 이르는 도심의 구조물은 정치적 상징효과에 따라 변천했다. 특히, 경복궁은 조선왕조가 출범한 직후 역성혁명을 가시화한 건축물이었다. 왕자의 난을 비롯한 여러 정변으로 인해 바로 왕궁으로 활용되지 못하다가 태종과 세종에 이르러 왕궁으로 자리 잡았다.

조선 개국의 상징물 경복궁은 조선왕조 패망과도 관련된다. 각종 개혁으로 민심을 얻던 흥선대원군은 임진왜란 때 파손돼 방치되던 경복궁을 1865년부터 1872년까지 중건했다. 왕족 중심의 권력구조로의 상징효과를 노린 것이었다. '원해서 내는 기부금'이라는 뜻의 원납전(願納錢)을 거두었으나 실제로는 강제징수로 백성의 원성을 사 원납전(怨納錢)으로 불렸다. 또 당백전을 발행하여 물가가 폭등했다. 경복궁 중건은 사업추진 과정에 있어 흥선대원군의 권력기반을 강화하기도 했지만, 그로 인한 국가재정난이 1873년 흥선대원군 실각의 주요 요인으로도 작용했다.

조선총독부는 경복궁의 중심인 근정전 바로 앞에 총독부청사를 건립했다. 이런 일제강점기 건축물들은 한국인의 마음을 얻지 못했다. 1945년 광복 직후 총독부청사는 독립선포와 제헌국회의 장소가 되었다. 대한민국 중앙청과 국립중앙박물관으로 사용되다가, 50년이 지난 1995년 광복절에 철거되었다.

상징효과는 하나의 건축물뿐 아니라 건축물들 간의 배치로도 추구할 수 있다. 북악산, 총독부청사, 경성부청사(서울시청사)의 배치를 하늘에서 내려다보면 대일본(大日本)이라는 한자어를 형상화한 모습이라는 주장이 제기되기도 했다. 일제강점기 건축 당시 실제 그렇게 의도했는지 여부를 떠나 그런 말이 회자되면 그 자체가 정치적 파급효과를 갖게 된다.

정치적인 공간 배치에는 광장 설치가 포함된다. 광장은 민주정치와 대중정치의 상징 공간이다. 광장은 고대 그리스와 로마의 정치에서 중요한 기능을 수행했다. 봉건시대와 식민시대의 지배층에게 광장은 불편한 장소였다. 전체주의체제에서는 오히려 광장이 필요했다. 히틀러, 무솔리니, 스탈린 등이 건축한 도시에는 광장이 매우 중요한 위치를 차지하고 있다.

집회와 선동이 주요 정치수단인 북한체제에서도 광장은 필수적인 구조물이다. 그런데 6.25전쟁 이전의 평양은 구조물에 의한 상징효과를 낼 수 있는 도시구조가 아니었다. 전쟁 때 미군 전투기의 폭격으로 도시 전체가 파괴됨에 따라 비로소 체계적으로 도시 전체를 설계할 수 있었던 것이다. 평양의 도시망은 김일성광장을 중심으로 하여 부도심으로 기능하는 여러 광장 간의 연결이다.

북한의 광장에는 기념탑이나 동상을 건립하여 선전효과를 높였다. 상징효과의 극대화를 위해 대형화했다. 평양 5.1경기장의 15만 명 수용 능력은 잠실종합운동장의 2배가 넘는 세계 최대이다. 류경호텔 또한 105층의 세계 최대 호텔로 추진되었다. 대동강변의 주체사상탑은 170m로 세계에서 가장 높은 석탑으로 만들어졌다. 김일성동상 또한 인물 입상 가운데 세계에서 가장 크고 가장 많은 것으로 알려져 있다.

북한체제에서는 공원과 유원지도 정치적 기능을 한다. 공장의 공원화사업은 노동자천국 이미지를 위해서이다. 1977년에 개장한 대성산유희장은 1973년 개원한 서울어린이대공원을 의식하여 조성되었음은 물론이다. 전란과 경제난에도 불구하고 북한정권이 70년 이상 권력을 유지하고 있다는 사실은 그만큼 체제의 상징효과가 오늘날까지 지대했음을 의미한다.

근대 도시의 계획적 조성은 파리가 처음이다. 1851년 제2공화정 대통령 루이 나폴레옹은 쿠데타를 일으켜 의회를 해산했고 다음 해 압도적인 국민 지지로 제2제정 황제로 즉위했다. 나폴레옹 3세로 즉위하자마자 파리를 개조하는 사업에 착수했고, 그의 인기는 1850년대에 높았다가 1860년대 들어 재정문제와 더불어 하락했다. 나폴레옹 3세는 1870년 프로이센과의 전투에서 포로로 잡히는 수모를 겪어 제3공화정이 등장하면서 영국으로 가족과 함께 망명하여 생을 마감했다. 제3공화정은 나폴레옹 3세의 모멸적 패전과 베르사유 궁전에서의 독일제국 선포로 프랑스국민이 받은 정신적 충격을 위안하려 했는데 그 수단 또한 건축물이었다. 바로 몽마르트언덕 위의 사크레쾨르성당이다. 국민모금으로 거의 30년에 걸쳐 건축되었고 제1차 세계대전에서 독일이 항복한 직후에 헌당식을 치렀다.

1871년 프랑스가 프로이센에게 모멸적으로 패전한 후 건축에 착수하여 1914년 독일 항복 직후에 헌당식을 치른 사크레쾨르성당.

토목구조물은 일종의 공공재이다. 공공재의 비경합성, 즉 누가 향유한다고 해서 다른 사람의 향유에 지장을 주지 않는다는 점에서 사회적으로 효율적인 재화이다. 그래서 다수가 누릴 수 있는 장소에 세워졌다. 만일 토목구조물 향유자의 수와 빈도가 적다면, 이는 비효율적인 재원 집행이다. 어떤 경우엔 비싼 토목공사를 벌이는 것보다 복지수당과 같이 돈으로 지급하는 것이 더 효율적일 수 있다. 현찰은 부의 누수가 작은 효율적인 가치 이전이기 때문이다.

　정치적 목적으로 추진되는 사업은 허다하다. 특히 지방선거가 도입된 이래 선거를 의식한 지방자치단체장의 정치성 사업은 매우 많아졌다. 정치적 의도가 있다고 해서 무조건 나쁘게 볼 필요는 없다. 사실 인기영합은 국민을 만족시키려는 노력이라는 점에서 민주주의에 충실한 태도다. 유권자 표를 얻으려는 정치적 행위가 조삼모사(朝三暮四)적이지 않고 지속적으로 유권자 다수를 만족시킨다면, 정치공학이라고 불리더라도 민주주의와 부합된 행위다.

　현실세계에선 고기를 잡는 방법의 이전이 아닌, 고기를 주는 방식은 자립을 어렵게 하기도 한다. 정치적 민주주의가 발달했다는 인도에선 각종 무상증여가 공약으로 등장했고 실천됐지만 결국 저발전을 지속시켰다는 평가다. 기껏 해봤자 '단체 술로 생색을 낸' 계주생면(契酒生面)에 불과했다. 그래서 인기영합을 경계하는 것이다. 또 무상증여만큼이나 나쁜 것은 기만과 아첨에 의한 인기영합이다. 물론 인기영합 행위 본인들은 존중과 공감이라고 말할 것이다.

　정치적 행위는 주로 대중의 우매함을 이용하는 경우가 많다. 그런 행위의 정치적 효과는 그것에 대한 의심에 의해 반감된다. 정치적 의도를 지적하고 거론하는 것은 조삼모사 효과를 없애는 길이기도 하다. 따라서 유권자는 길게 보고 깨어있어야 한다. 현명한 유권자에게는 조삼모사가 잘 통하지 않는다. 정치적 의도가 의심되었음에도 그 정치적 행위에 대한 유권자의 만족도가 지속적이라면 이는 실제 유권자의 복리를 증진시킨 것으로 볼 수 있다. 정치권의 토목공사도 그렇게 받아들이면 된다.

(3) 클럽재와 집단행동

집단행동 또한 일종의 연대이다. 집단행동의 역사는 인간의 역사만큼이나 오래되었다. 근대적 의미의 첫 대규모 여성 집단행동은 1789년 10월에 발생했다. 당시 프랑스는 흉작과 사회 불안정을 겪고 있었는데, 그런 민중의 고통에 아랑곳없이 10월 1일 열린 호사로운 베르사유 궁전 파티에서 만취한 궁전 근위병들이 프랑스혁명의 상징인 삼색 장식을 던져 밟고 방뇨했다는 소문이 돌았다. 10월 5일 높은 물가와 빵 부족 사태로 어려움을 겪던 파리의 수천 명 여성들이 이에 격앙해서 베르사유까지 장장 6시간을 행진한 것이다.

시위대는 창검뿐 아니라 대포도 끌고 갔다. 포탄 없는 대포였기 때문에 시위 목적이 강했다. 물론 시위대 뒤에는 수만 명의 민병대가 있어 언제든지 폭동으로 전개될 수 있는 상황이었고, 실제 폭력 사태가 발생했다.

시위대 대표를 만난 루이 16세는 왕실 창고의 식량을 분배해주기로 약속했고 일부 시위대는 자신의 목적을 달성한 것으로 받아들였다. 그러나 다수의 시위 참가자들은 왕후 마리 앙투아네트가 그런 약속을 무효화할 것이라고 믿고 왕과의 만남에 만족하지 않았다.

그러던 중 베르사유 궁전에 잠입한 시위대 한 사람이 스위스 용병으로 구성된 궁전 근위대의 발포로 사망하자 시위대 다수가 궁전에 난입했다. 난입한 자들은 근위병들을 살해하고 그 시신을 도려내어 창끝에 효시하는 광기의 모습을 보였다. 이런 위협적 시위대의 요구에 따라 왕실과 의회는 다시 파리로 옮겨졌다. 루이 16세 부부는 3~4년의 유폐 기간을 거친 후 1793년 1월과 10월에 각기 단두대에서 처형되었다.

베르사유 시위는 이미 잠재적으로 평민 쪽에 기울어진 권력의 무게 중심을 만천하에 공개적으로 드러낸 사건이다. 이리하여 베르사유 시위에 참가한 여성들은 '국민 엄마'라는 별칭을 얻었다.

시위는 불만의 집단적 표출이다. 베르사유 시위 직전에는 귀족들이 빵 값을 높게 받기 위해 일부러 빵 공급을 줄인다는 음모설이 파다했다. 빵 부족과 물가 폭등이 가뭄 등에 의한 천재(天災)가 아니라, 국왕을 비롯한 지배층에 의한 인재(人災)로 본 것이었다.

각종 매스컴이 발달된 오늘날과 달리, 사실 확인이 쉽지 않은 시절에는 한번 퍼진 소문이 그냥 하나의 사실로 대중에게 각인되는 경우가 많았다. 특히 간단한 문구로 표현되는 내용이 더 그랬다. 당시 왕후 마리 앙투아네트가 말했다는 "빵이 없으면 케이크를 먹으면 될 것 아니냐"는 구절은 군중을 격앙시키기에 충분했다.

첫 대규모 여성 시위로 평가되는 1789년 10월 베르사유 행진의 모습. 창검, 빈 대포, 부르주아 복장의 여성 남성으로 의심되는 참가자 등이 포함되어 기획 및 선동 가능성을 암시한다.

물론 마리 앙투아네트가 실제 그런 말을 했다는 근거는 없다. 어떤 왕후가 그런 말을 했다는 장-자크 루소의 『고백록』 구절이 그 근거로 주장되기도 하는데, 『고백록』 저술 시점의 마리 앙투아네트 나이가 10대 초반이었고 더구나 그녀가 프랑스로 오기 전이었다는 점을 감안하면, 루소가 말한 왕후가 마리 앙투아네트일 가능성은 희박하다.

"빵 대신 케이크" 발언 외에도 보석과 섹스 등 마리 앙투아네트에 관한 소문이 많았다. 주로 왕후가 민중의 궁핍을 전혀 아랑곳하지 않고 사치에 빠져있음을 비치는 내용이었는데, 소문 다수는 지어낸 말에 불과했다. 심지어 현대 한국 사회에서 '마리 앙투아네트'를 '말이 안 통하네' 의미로 쓸 정도이다.

실제 마리 앙투아네트가 그런 말이나 그런 행위를 하지 않았다 하더라도 철없고 사치스럽다는 이미지는 이미 프랑스 국민에게 박혀있었다. 그녀가 프랑스와 오랜 세월 경쟁했던 오스트리아 합스부르크 왕족이라는 사실 또한 그녀에 대한 프랑스 국민의 반감을 높였다. 각기 다른 이유로 루이 16세 체제를 싫어하던 세력들은 마리 앙투아네트에 관한 말을 재생산하고 전파했다.

'아니면 말고' 식의 중상모략에 대한 응징은 공권력이 무너진 상태에서는 불가능했다. 오히려 마녀사냥식의 한풀이 굿으로 진행되어 일부 군중은 그런 소문이 중상모략일 가능성을 인지하면서도 마녀사냥에 동참하여 집단적 카타르시스를 즐기려 했다. 루이 16세 부부는 민중과 소통했어야 했는데, 불신과 불통이 정권과 목숨을 앗아갈 줄 몰랐었는지 과감한 개혁을 시도조차 못했다.

베르사유 시위는 루이 16세의 사촌인 오를레앙 공작 루이 필리프 2세가 왕위 찬탈을 노려 기획한 것이라는 주장도 있다. 오를레앙 공작은 입헌군주제가 채택된다면 국왕으로 취임할 유력한 후보였는데, 왕정 시기 내내 루이 16세의 견제를 받다가, 루이 16세가 처형된 해 11월에는 그 자신도 처형되고 말았다. 오를레앙 공작이 얻은 게 없기 때문에 그의 개입은 없었다는 주장도 있지만, 기획했다가 실패한 음모도 많다.

베르사유 시위는 루이 16세 체제의 붕괴를 원했던 여러 행위자가 직간접으로 개입하여 시작되었고 또 그렇게 전개된 것이다. 베르사유 시위대에는 반(半)강제적으로 참가한 부르주아 여성 그리고 여장하여 참가한 남성도 있었다는 주장이 있다. 베르사유 궁전 점거 아이디어는 시위 발생 이전에 이미 공공연하게 거론되고 있었다. 누가 어느 수준의 시나리오를 갖고 베르사유 시위를 추진하고 전개했는지는 알 수 없지만, 적어도 주요 인물들이 각자의 손익계산을 해가면서 베르사유 시위를 유도 혹은 방치하였음은 분명하다.

오늘날 선동정치가를 의미하는 '데마고그'의 어원은 고대 그리스 도시국가에서 시작한다. '평민의 지도자'라는 뜻의 긍정적 의미로 시작한 용어였다. 고대 그리스는 급진적 변화 대신에 숙의를 통해 정책 변화를 도모하던 체제였다. 따라서 급격한 신분상승이 어려웠던 하층계급 출신 데마고그들은 즉각적인 집단행동을 유도하기 위해 감정에 호소했다. 이성으로 하나하나 따지다 보면 행동으로 이어지기 어려운 반면, 감정은 바로 행동화되기 때문이다. 감정에 호소하다 보면 과장하기 마련이었다. 이에 따라 데마고그의 뉘앙스도 점차 부정적으로 바뀌게 되었다.

선동이라는 어원도 마찬가지이다. 선동은 남을 부추겨 움직이게 하는 행위이다. 선동가의 입장에서는 잘못을 알려 남들을 옳은 방향으로 행동하게 만드는 정당한 행위이다. 강물이 좁아지는 곳에서 통나무들이 서로 뒤엉켜 더 이상 하류로 내려가지 못할 때 어느 특정 통나무를 제거하면 전체가 잘 흘러간다. 이 통나무를 여러 통나무 연대의 중심이라는 점에서 킹핀으로 부른다. 볼링에서 잘 맞추면 모든 핀을 쓰러뜨릴 가능성이 높은 한가운데의 핀 또한 킹핀으로 불린다. 선동은 기존 연대의 중심인 킹핀을 지목하여 제거하려는 행위이다.

장 드 라 퐁텐(1621~1695)의 우화를 그린 귀스타브 도레(1832~1883)의 삽화. 고양이 목에 방울을 달자는 데에 쥐들 모두가 합의했지만 직접 달려는 쥐는 없다는 내용이다. 방울 작전은 참여자에게 불참자보다 더 큰 혜택을 제공해야 실현가능성이 높아진다.

선동가들은 절차적 진실성보다 실질적 변화로 자신의 거짓 행위를 정당화한다. 진실 자체는 중요한 것이 아니며 세상을 바꿀 다수의 힘을 동원하기 위해서는 약간의 진실왜곡을 감수해야 한다고 믿는다. 그렇지만 약간의 거짓을 수용한 세상 바꾸기 점화가 과연 누구를 위한 세상 바꾸기인지가 의문일 때가 많다. 만일 선동이 올바른 사실을 전달하여 체제를 바로잡는 것이라면 긍정적인 기능을 수행한다고 볼 수 있겠지만, 거짓 정보로 선동할 때가 적지 않기 때문에 선동 또한 부정적으로 받아들여진다.

선동을 하더라도 집단행동이 늘 쉬운 것은 아니다. 고양이 목에 방울 다는 행위에 비유된다. 쥐들은 고양이 목에 방울을 달게 되면 고양이 접근을 미리 알게 되어 좋아하겠지만, 목숨 걸고 방울 달려는 쥐는 별로 없다. 이것이 바로 집단행동의 어려움이다. 민주화라는 혜택은 민주주의 쟁취에 기여한 사람이나 기여하지 않은 사람이나 모두 향유할 수 있는, 즉 비(非)배제적이기 때문에 개인적으로 큰 희생을 치르지 않고 무임승차하려고 하고, 따라서 공공적 집단행동이 어렵다는 것이다.

집단행동은 불참자가 누릴 수 없는 잿밥이나 콩고물 등 사적 혜택을 참가자에게 제공할 때 더 용이하다. 문제는 대규모 시위의 참가자 모두에게 사적 혜택을 제공하는 것이 불가능하다는 점에 있다. 따라서 불참자는 누릴 수 없지만 참가자 모두가 함께 향유할 수 있는 클럽재적 혜택이 집단행동에 효과적이다. 클럽재는 비(非)경합적이라는 측면에서 공공재와 유사하지만, 재화의 향유를 일부 집단에게만 허용할 수 있는 배제적이라는 측면에서 공공재와 다르다. 클럽재는 연대 행위의 참여자와 불참자를 차별하기 때문에 연대 결성의 효과적인 수단이다.

그런 사유재적 또는 클럽재적 혜택의 제공은 집단행동의 공공성이 약할 때 가능하다. 역설적으로, 공권력의 공공성이 약한 사회일수록 집단행동의 참가자를 규합하기가 쉽다. 정치권의 줄서기와 패거리가 흥행

할수록 정치권력의 공공성이 약하다는 반증이다.

　오늘날은 시위에 참여한다고 해서 부담해야 할 희생이 크지 않다. 사실 1789년의 베르사유 시위도 참가 자체에 위험 부담이 컸던 것은 아니다. 이미 반(反)왕정이 대세였다. 오히려 친(親)왕정의 행동에 훨씬 큰 대가가 뒤따랐다. 대세를 간파하지 못하고 자신들에게 주어진 임무를 충실히 수행하다 처참하게 죽임을 당한 스위스 출신 근위병들이 그런 예이다.

　군중 심리는 양면적이다. 먼저, 다수에 동조하여 심리적 안정을 꾀한다. 이미 그렇게 믿고 많은 말과 행동을 해왔던 군중은 새로운 진실에 불편해할 수 있다. 그래서 진실보다 다수의 믿음에 따르기도 한다. 여러

스위스 루체른의 한 절벽에 새겨진 사자상. 창에 찔려 괴롭게 죽음을 맞는 사자는 프랑스혁명 때 참살된 근위병을 상징한다.

사회실험은 본인이 직접 목도한 사실조차 주변 다수의 의견에 따라 부인함을 보여준다. 남과 다른 믿음을 가져 심리적 갈등을 겪기보다는, 남과 같은 믿음을 가져 심리적 안정감을 얻는다. 더구나 진위에 대한 복잡한 분석 대신에 다수의 믿음을 그냥 따르는 것이 훨씬 더 효율적일 때도 있다. 교차로에서 행인과 운전자가 직접 신호등을 보지 않고 다른 행인과 차량의 움직임에 따라 움직이는 것이 그런 예다.

군중은 다수에 대한 동조뿐 아니라 남과 다르다는 선별적 자존감도 추구한다. 시위 참가자는 불참자에 비해 소수라는 맥락에서 선별적이고 선구적인 행위자다. 대의명분이 있는 시위에의 참가는 선별적 자부심을 제공한다. 이처럼 대세를 따르되 남을 선도하려는 성향은 시위 동원 기법뿐 아니라 줄 세우기 마케팅 기법에서 활용되는 주요 요소이다. 이런 선별적 자존감은 클럽재의 일종이다.

II
연대의
파트너와 양태

3
가까운 숙적과의 연대

영어 적(enemy)은 라틴어 사랑(ama)에 부정(en)의 접두사가 붙은 말이라 적과 친구는 서로 반대어이다. 그런데 친구와 적을 구분하는 것이 늘 간단하지는 않다. 심지어 집단의 내부와 외부를 구분하는 것이 간단할 것 같지만 반드시 그렇지는 않다. 피부색이나 언어로 집단 정체성을 구분하기도 하지만, 여러 구분 가운데 하나일 뿐이다. 또 지리적으로 가까우면 친구이고 멀리 떨어져 있으면 적이라고 단정할 수 없다. 오히려 정반대일 경우가 많음은 인류 역사가 보여주고 있다.

자신의 경쟁 상대는 이질적인 개체가 아니라, 자신과 유사한 개체일 때가 많다. 아프리카 초원에서 포식동물은 초식동물을 추격하다가 사냥에 성공하면 추격을 멈춘다. 즉, 사냥을 일단 멈추게 하려면 누군가가 잡혀야 한다. 초식동물의 입장에서는 동료 가운데 누군가가 희생되면 당분간 도망가지 않아도 되는 묘한 상황이다. 이 점에서 보자면 포식동물 대 초식동물의 경쟁이라기보다, 초식동물끼리의 경쟁이다. 동료보다 더 빠르면 살아남고 더 느리면 잡히기 때문이다. 물론 더 진화했더라면 자신들끼리 뭉쳐서 포식자와 경쟁했을 수도 있다. 자기들끼리 연대해서 외부에 대응하지 못하여 자신의 안위가 위험할 때 내부의 남을 희생시키기도 한다. 이는 외부와의 묵시적 연대를 통해 내부 일부를 희생시키는 것이다.

외부 적이 부각되자 내부의 경쟁자끼리 연대하는 현상은 오월동주(吳越同舟)로 불린다. 서로 싸우더라도 같은 배를 탔다는 공감대가 있어야 오월동주가 가능하다. 오월동주는 가까이 있는 숙적과의 연대 예이다. 이번 장의 첫 번째 절에서는 프랑스의 나폴레옹 1세, 일본의 메이지, 독일의 빌헬름 2세가 외부 위협이나 전쟁 속에서 어떻게 내부를 결속시키고 어떻게 실패했는지를 살펴본다. 두 번째 절은 19세기 내내 그리고 20세기 중반까지-앙숙 관계였던 독일과 프랑스가 20세기 후반에 화해하고 연대하는 과정을 보여준다. 세 번째 절은 19세기 후반 앙숙 관계였던 일본 사쓰마번과 조슈번의 동맹 과정을 설명한다.

(1) 나폴레옹 1세, 메이지, 빌헬름 2세

종종 외부 위협은 내부 연대를 공고히 한다. 그런 의미를 담은 동서 고금의 문구는 많다. 손자병법 구지(九地)편에 나오는 "서로 미워하는 오나라 사람과 월나라 사람이 같은 배를 타서 풍랑을 만나게 되면 왼손과 오른손처럼 서로 구한다."(夫吳人與越人相惡也 當其同舟而濟過風 其相救也如左右手), 즉 오월동주는 그런 옛 문구의 예라 말할 수 있다. 물론 춘추시대 오나라와 월나라가 실제 협력한 사례는 별로 알려진 게 없기 때문에 오월동주는 아무리 미운 사이라도 외부 위협이 발생하면 협력할 수 있음을 표현한 가상적 경구다. 현대의 문구로는 국기집결(rally-round-the-flag) 현상이 있다(Mueller 1973). 미국 국민들이 대외 위기 시에 정부를 중심으로 똘똘 뭉

친다는 뜻이다. 외부 세력은 내부 세력끼리의 연대를 가져다주려는 의도가 없었지만, 결과적으론 내부 연대를 이끈다는 것이다(김재한 2012).

개들이나 사파리 곰들은 같은 우리에 있는 동종의 동물과 서로 앙숙으로 싸우다가도 더 강한 동물을 보게 되면 서로 협력한다. 이는 인간사회에서도 매우 보편적인 현상이다. 여러 실험에서 어려움 없이 함께 있었던 집단보다, 함께 어려움을 겪었던 집단이 서로 잘 협력하였다. 정쟁도 국가가 위기에 빠지면 자의든 타의든 완화된다. 시위대 내의 내부 이견으로 지지부진하던 시위의 양상이 경찰의 출동이나 진압으로 오히려 일사분란하게 전개되었던 예도 있다(김재한 2012). 이는 흔들다리(suspension bridge) 효과로 부른다. 흔들다리나 공포영화를 함께 경험한 커플이 안전한 다리 등 다른 경험을 공유한 커플보다 서로 더 가까워진 관찰 연구들이 많다.

그래서 마키아벨리는 외부 적의 존재를 부정적으로만 보지 않았다. 행운(fortuna)은 군주를 위대하게 만들기 위해 적을 만들어 주고, 군주는 적이라는 사다리를 타고 높이 올라가는데, 현명한 군주는 일부러 그러한 적대감을 조성하기도 한다는 것이다.

권력자는 권력 장악 이후에 외부에서 자원을 더 많이 가져와 배분하여 권력을 유지하려 한다. 예컨대 나폴레옹 1세, 메이지, 빌헬름 2세 세 권력자 모두 집권 후에는 세계 혹은 지역 패권을 추구했다. 장기집권의 기반인 외부와의 지속적인 경쟁, 특히 전쟁은 당시 기본적인 국가전략이었다.

먼저, 나폴레옹 보나파르트의 권력 장악을 살펴보자. 혁명 이후 성립된 프랑스 제1공화정은 반란과 쿠데타로 계속 불안했다. 특히 프랑스 혁명과 공화정에 대한 외부 위협이 드세었다. 1799년 들어선 5인 총재정부를 이끌던 사람은 시에예스(Emmanuel Sieyès)였다. 정국 운영에 어려움을 겪던 시에예스는 의회를 해산하고 헌법을 바꾸고 싶었다. 그 일에

적합한 군인이 나폴레옹이라고 판단했다. 그는 야심가 나폴레옹을 경계
하긴 했지만 황제로 즉위할거라곤 전혀 예상치 못했다. 시에예스와 나
폴레옹은 11월 1일 만나 쿠데타를 모의했다.

1799년 11월 9~10일, 당시 혁명력(曆)으론 2월에 해당하는 안개(브뤼
메르)달 18~19일, 나폴레옹의 장병들이 파리 교외 생클루의 원로원과

나폴레옹 보나파르트는 전쟁 수행을 통해 프랑스 국내의 지지를 얻었다. 브뤼메르 18~19
일 쿠데타의 한 장면을 프랑수아 부쇼(1800~1842)가 그렸다.

500인 의회를 포위하여 쿠데타를 감행하였다. 나폴레옹은 쿠데타 과정에서 몇 가지 실수들을 저질렀다. 그래서 브뤼메르 18일 쿠데타는 나폴레옹이 거사에 성공한 날이라기보다, 시에예스의 브뤼메르파가 자코뱅파에 승리한 사건으로 당시엔 여겨졌다.

부르주아 공화국 수립을 원한 브뤼메르파는 쿠데타 이후 나폴레옹을 다시 전장으로 보내든지 아니면 실권 없는 국가원수 자리에 앉히려고 했다. 그러나 이후 전개된 일련의 정치무대에서 주인공은 그들이 아니었다. 시에예스는 나폴레옹에 더 이상 저항하지 못하고 순순히 협조하는 길을 택했다. 대신에 원로원 의원직에다 많은 돈과 영지를 받았다. 결국 브뤼메르파는 계급적 특권을 유지하는 대가로 나폴레옹 독재를 수용하게 된 셈이다.

1804년 12월 나폴레옹은 마침내 황제에 즉위한다. 자코뱅파를 제외한 거의 모든 세력들이 정부 요직에 중용되었다. 전쟁이 낳은 영웅 나폴레옹은 전쟁이야말로 민심을 잡고 권력을 유지하는 좋은 수단이라고 믿었고 따라서 재위 기간 내내 전쟁을 수행해나갔다. 나폴레옹이 전쟁에서 이기는 동안은 프랑스 내의 그 누구도 나폴레옹에 저항할 수 없었다. 뒤집어 말하면, 나폴레옹 정권의 붕괴는 국내 반란에 의해서가 아니라 외부와의 전쟁에서 패함으로써 이루어졌다.

무스히또(睦仁), 즉 메이지(明治)의 경우를 살펴보자. 무스히또는 부왕의 급작스런 사망으로 1867년 1월 15세의 나이로 즉위식도 없이 덴노(일왕)에 즉위했다. 그 당시의 일본 사회 역시 혼란과 암살이 자행되던 시절이었다. 당시 권력자 에도 막부는 전국을 통제하지 못했고, 서남지역 번(藩, 지방제후의 영지)들이 막부에 대항하던 정국이었다. 대외개방 압력에 존왕양이(尊王攘夷) 구호가 자주 등장하였다.

막부의 마지막 쇼군 도쿠가와 요시노부(德川慶喜)는 국가통치권을 덴노에게 돌려준다는 '대정봉환(大政奉還)'을 일부 번들로부터 제의 받고 11

월 9일 이를 수용한다고 발표했다. 다음 해 막부는 번들의 군사적 위협에 항복하고 스스로 해체했다.

왕정복고의 일등공신인 여러 번들도 해체되는 수순을 밟았다. 1869년 영지(領地)와 영민(領民)에 관한 판적을 덴노에게 반환했고, 1871년에는 번을 폐지하고 대신 현을 설치해서 중앙정부가 직접 통제하도록 했다.

1867년의 대정봉환. 무라타 탄뇨의 그림. 메이지신궁 성덕기념회화관 벽화.

이른바 '폐번치현(廢藩置縣)'은 번의 주군들을 도쿄에 강제 이주시키고 대신 현령을 중앙정부에서 파견하는 것이기 때문에, 1867년 대정봉환에 이은 제2의 왕정 쿠데타로 불리기도 한다. 또 메이지 정부는 1873년 사무라이 대신 국민개병제를 도입했다.

이런 일련의 일들은 메이지 이름으로 시행되었지만 메이지가 기획하고 주도한 것은 아니었다. 번 출신의 메이지유신 주체들이 따로 있었다. 막부의 권한을 모두 덴노에 주는 것만으로 국내 불만을 잠재울 수는 없었다. 불만을 잠재우기 위해 뭔가를 줘야 하는데, 일본 내에서는 줄게 별로 없었다. 그래서 대외팽창이 조만간 필요했다.

메이지유신 3걸 가운데 1인으로 불렸던 사이고 다카모리(西鄕隆盛)는 지방 무사계급의 반발을 무마하기 위해 조선을 정벌하는, 이른바 정한론(征韓論)을 주장했다. 그의 주장이 내치를 우선시하는 반대파에 의해 받아들여지지 않자 사이고는 참의직을 사퇴했다. 1877년 사이고는 세이난(西南)전쟁을 일으켰고 정부군에 의해 진압되면서 자결했다.

조선의 대일 태도를 문제 삼아 제기된 정한론에 대해 메이지는 동의

사이고 다카모리 등이 참석한 정한론 토론장 모습을 담은 1877년 그림.

하지 않는 입장에 섰지만 정한론 자체에 반대했다기보다는 시기가 좋지 않다는 생각을 갖고 있었다. 그는 정권의 안정적 운영을 위해 언젠가는 외국 진출이 필요하다고 생각했다. 실제 조선개항, 청일전쟁, 러일전쟁, 한일합방 등이 모두 메이지 덴노 때의 일이다. 외부와의 전쟁 때마다 메이지는 대본영에서 직접 전쟁준비를 챙겼다. 심각한 전쟁 패배를 겪지 않은 메이지는 죽을 때까지 권좌에 머물렀다.

호전적 대외정책으로 권력을 잃은 사례는 빌헬름 2세이다. 그도 부왕이 취임 100일을 넘기지 못하고 병사하자 1888년 29세의 나이로 독일제국 황제직에 올랐다. 당시 독일제국의 한 축이었던 재상 비스마르크를 해임시켜 명실상부한 권력자가 되었다.

빌헬름 2세는 세를 규합해서 새로운 권력을 만든 것이 아니었다. 단순히 세습 받은 것이다. 그래서 빌헬름 2세는 대외관계에서도 세 규합에

독일 부상병들이 빌헬름 2세에게 환호하는 모습. 빌헬름 2세는 전쟁으로 일시적인 국내 결속을 얻었지만 결국 패전으로 퇴위당하고 말았다.

출처: 독일군 그림엽서

목메지 않았다. 비스마르크와 달리 동맹을 경시했다. 그러다가 제1차 세계대전이라는 엄청난 늪에 빠지게 되었다. 패전이 임박해지면서 독일 내부에서 퇴위 권유를 받고 버티다가 결국 1918년 11월 9일 퇴위했다. 네덜란드로 망명해서 살다가 1941년에 쓸쓸히 죽었다.

나폴레옹 1세, 메이지, 빌헬름 2세의 세 가지 사례를 보면, 전쟁이 주요 외교 전략이고, 또 외교는 주요 권력유지 전략임을 알 수 있다. 외부와의 경쟁이 권력을 공고히 할 수도 있고 반대로 권력을 와해시킬 수도 있는 것이다.

외부 적과의 경쟁에서 이기면 권력 유지가 쉽다. 외부와의 전쟁에서 패하더라도 패전의 책임을 경쟁 정파에게 지울 수 있다면 패전 또한 권력 유지에 도움이 된다. 북한 김일성은 6.25전쟁에서 승리하지 못한 책임을 박헌영과 남로당에 지우면서 자기 권력을 더욱 공고히 했다. 제1차 세계대전에서 패한 독일 군부는 좌파가 연합국 측의 부추김을 받고 반전주의와 혁명주의로 후방을 교란하면서 '등 뒤에서 비수'를 꽂았다며 좌파에게 패전의 책임을 돌렸다.

외부와의 경쟁에서 패배하고 또 그 책임을 내부 경쟁자에게 돌리지 못해 자신이 책임져야 한다면, 외부 위협의 조성은 나쁜 수, 즉 패착이다. 나폴레옹 1세와 빌헬름 2세 모두 패전으로 정권을 잃었다. 나폴레옹 1세는 외부 점령자들이 책임을 물었고, 빌헬름 2세는 국내 경쟁자들이 책임을 물었다. 이에 비해 일본 덴노는 1945년 전쟁 패배 후 퇴위되지 않았다. 외부 경쟁자와 내부 경쟁자 모두 덴노에게 전쟁 책임을 묻지 않았다.

외부와의 긴장관계로 내부를 단속하는 전략은 영구적으로 사용하기 어렵다. 한국의 증시와 선거가 북한 위협론에 영향을 받는, 이른바 '북풍효과'도 과거처럼 강하지 않다. 미국 등 서방 강대국과의 대립을 통해 정권을 비교적 오래 유지했던 이라크 후세인과 리비아 카다피 모두 권력을 영원히 누리지 못하고 불행한 죽임을 당했다.

외부와의 경쟁 모드는 내부 분위기 조성의 측면에서 정권에 도움 된다. 그러나 그런 정서만으론 충분하지 않다. 길게 보면 부국강병에 의한 실리가 분배되어야 권력이 유지된다. 결국 외부와의 경쟁에서 얻은 걸로 전 국민은 아니더라도 적어도 지배연합만이라도 배부르게 해야 정권이 지속된다. 정서든 실리든, 외부 경쟁은 내부 정치를 위한 신의 한 수다. 잘못 쓰면 패착이 될 수 있음은 물론이다.

(2) 전후 독일과 프랑스의 화해5

1963년 1월 22일 프랑스 파리의 날씨는 추웠다. 이날 프랑스 대통령 관저인 엘리제궁에서는 훈훈한 광경이 연출되었다. 샤를 드골 프랑스 대통령과 콘라트 아데나워 서독 총리가 양국 우호조약에 서명한 후 서로를 포옹했다.

엘리제조약으로 독일–프랑스 화해가 처음으로 공식화되었지만, 그 과정은 순탄하지만은 않았다. 1951년 아데나워가 첫 서독 총리로 프랑스를 방문했을 때만 해도 프랑스와 독일은 서로를 불신했다. 드골은 대통령직에 오르기 직전 해인 1958년에 프랑스 총리 자격으로 아데나워와 첫 정상회담을 가졌다. 오늘날 용어로 '브로맨스'로 불릴 두 정상의 우정이 시작된 것이다. 1962년 7월 8일 두 정상은 프랑스 랭스 대성당의 미사에 함께 참여했고 드골은 이 사실을 성당 바닥에 새겼다. 당시 언론은 두 정상의 서약을 '세기의 사랑' 또는 '세기의 결혼'으로 묘사했다. 엘리제조약은 두 정상의 의기투합이 맺은 결실이었다. 양국 정상(頂上)이 양국 관계를 정상(正常)화한 것이다.

이후 독–프 관계는 돈독해졌고 오늘날 양국 관계를 적대적인 것으로 보는 사람은 별로 없다. 2003년 엘리제조약 40주년을 기념해서 양국

프랑스 랭스 대성당의 바닥에는 불어와 독어로 각각 다음과 같이 새겨져 있다. "아데나워 총리와 나는 프랑스와 독일의 화해를 다짐하기 위해 당신의 성당에 왔습니다" 1962년 7월 8일 일요일 11시 02분 샤를 드골.

은 공동 국적을 인정하고 각료를 교환하기로 합의했으며, 2010년 프랑스 재무상이 독일 각료회의에 참석하였다. 또 양국은 조약 40주년 기념 행사로 프랑스 베르사유 궁전 극장에서 합동 의원회의를 개최했다. 자크 시라크 프랑스 대통령과 게르하르트 슈뢰더 독일 총리도 참석했다. 베르사유 궁전은 1871년 독일제국 선포와 1919년 제1차 세계대전의 강화조약 체결로 독일과 프랑스가 치욕과 설욕을 주고받았던 역사의 현장이다. 또 2013년 조약 50주년을 기념해서는 독일 베를린에서 합동 각료회의와 합동 의원회의를 가졌다.

독−프 화해는 적대 관계를 바꿔버린 대표적인 사례로 오늘날 언급되고 있다. 지도자의 우정 외에도 적대 관계를 화해로 바꾼 전략적 요소가 엘리제조약에 담겨있다. 먼저, 과거사 인식의 공유이다. 양국의 과거사 인식은 엘리제조약 이전에 잘 공유되지 못했다. 예컨대 제2차 세계대전 때까지 나폴레옹1세와 비스마르크는 자국 교과서에서 영웅으로 평가되었지만 상대국 교과서에서는 원흉으로 서술되었다. 또 나폴레옹 3세의 독일 견제 정책은 독일 교과서에서 독일 통일을 방해한 부당한 간섭이자 위협으로 서술된 반면에, 프랑스 교과서에서는 자국 안전을 확보하려는 당연한 위기 대비책으로 평가되었다. 상대가 시작한 전쟁은 침략 전쟁이고 자국이 시작한 전쟁은 정당한 전쟁으로 묘사된 것이다.

엘리제조약 이후 과거사 인식 공유가 적극적으로 추진되었다. 공동 역사교과서 편찬은 그 대표적인 사업이다. 양국 역사교과서 협의회의 '1987년 권고안'은 나치에 대한 독일인의 저항 활동을 담았다. 또 프랑스가 제2차 세계대전 이후 독일을 복구시키려는 미국 및 영국의 계획에 반대했으며 자르 지역을 독일에서 분리하고 루르 지역을 독일에게서 빼앗으려 시도했다는 내용을 담았다. 그런 서술은 프랑스가 독일 위협의 재등장을 막으려 했다는 맥락에서였다. 양국 정부가 주도하여 2006년에 출간한 첫 공동 역사교과서에서는 각 부 말미에 '독일−프랑스의 교차된 시선'이라는 코너를 만들어 양국 간 견해 차이를 설명하고 있다. 양국의 차이를 애써 외면하지 않고 교류를 통해 상대 입장을 이해해보려는 노력이었다.

독일과 프랑스 모두 참혹한 과거로부터 벗어나서 밝은 미래를 만들고 싶어 했다. 엘리제조약에 따라 1965년 독-프 청소년사무소가 설립되어 양국의 수많은 청소년들을 교류시켰다. 50년 동안 약 1,000만 명이 참가했고 상대국에 약 30만 명이 일하고 있다. 양국의 합동 중고등학교와 연합 대학교도 설립되어 운영되었다. 화해는 과거를 외면하거나 망각한다고 해서 이뤄지는 것은 아니다. 오히려 과거를 직시해서 오해한 것은 풀고, 서로 다를 수밖에 없는 생각은 인정하고, 반성할 것은 반성하고, 용서할 것은 용서해야 이뤄지는 것이다.

1963년 1월 22일 프랑스 엘리제궁에서 아데나워 서독 총리(정면으로 앉은 왼쪽)와 드골 프랑스 대통령(가운데)이 양국의 우호조약에 서명하고 있는 모습을 퐁피두 프랑스 총리(오른쪽)가 바라보고 있다.

국가 간 화해는 국내정치와 법제도로 보완되어야 지속가능하다. 프랑스는 많은 독일인이 나치의 탄압을 받았고, 나치에 희생된 독일인은 피해자이며, 독일을 짓누른 권력과 이념이 프랑스의 적이라고 천명했다. 통일 전 서독과 통일 후 독일의 정부는 확고한 국내정치적 기반을 갖고 나치의 전쟁범죄를 지금까지도 법률로 단죄하고 있다.

화해의 전략적 배경 하나는 새로운 경쟁자의 등장이다. 프랑스와 독일 간의 적대 관계는 양국이 각자 유럽 패권을 쟁취하려던 19세기 후반과 20세기 전반에 걸쳐 100년 동안 발생했다. 그래서 앙숙 또는 숙적 관계로 불린다. 그런데 숙적 관계는 적대 관계가 오래되었다는 의미이지, 영원하다는 의미는 아니다.

제2차 세계대전 후 독일과 프랑스는 패권을 추진할 수 있는 처지가 더 이상 아니었다. 독일은 패전국이었고, 프랑스는 승전국 지위를 부여

19세기 후반 비스마르크의 반(反)프랑스 외교를 그린 작가 미상의 만평

받았지만 전쟁 중 독일에게 정복당해 심각한 타격을 입은 국가였다. 전후 질서에서 서방 진영의 지분을 높이기 위해 미국과 영국이 소련의 반대에도 불구하고 프랑스를 전승연합국에 포함시켜주었을 뿐이다. 유럽대륙에서 패권국을 자처하려고 했던 프랑스와 독일은 미국과 소련이라는 초강대국의 등장으로 패권국 후보군에서 멀어졌다.

독일과 프랑스의 화해는 소련뿐 아니라 영국과 미국을 견제하려는 측면도 있었다. 특히 엘리제조약 체결은 미국으로부터의 독자성을 확보하려는 드골의 의도가 깔려있었다. 조약 초안이 영국의 유럽경제공동체(EEC) 가입이나 미국과의 북대서양조약기구(NATO) 협력에 대해 언급하지 않은 부정적인 기류에 미국이 반발했고, 서독은 조약 문건에 미국과 서독의 기존 관계가 엘리제조약에 의해 침해 받지 않는다는 단서 조항을 추가해서 의회 비준을 받았다. 드골의 프랑스는 대서양 중심의 유럽보다 유럽대륙 중심의 유럽을 원했다. 프랑스는 영국이 1962년과 1967년에 EEC와 유럽공동체(EC)에 각각 가입하려 했을 때 거부한 바 있다. 영국은 1973년이 되어서야 EC에 가입할 수 있었다. 물론 오늘날 영국은 EU에서 탈퇴하기로 스스로 선택했지만, 지금 영국의 행동은 견제나 몸집 키우기가 아닌, 부담 줄이기로 추진되고 있을 뿐이다.

제2차 세계대전 직후만 해도 프랑스는 독일에 대한 악감정을 숨기지 않았다. 미국이 서독 루르 지역의 생산 규제를 해제하려고 하자 프랑스는 처음에 반대했다. 그러다가 1950년 로베르 슈망 프랑스 외무장관이 유럽을 결속하자는 취지에서 초국가적 기구를 통해 석탄과 철강 산업을 공동으로 관리하자고 선언했다. 다음 해 독일, 이탈리아, 베네룩스 3국이 이를 수락해 1952년 유럽석탄철강공동체(ECSC)가 발족되었다. ECSC는 EC를 거쳐 EU로 진전되었던 것이다. 독-프 화해는 유럽공동체의 진전과 그 궤를 함께 했다. 이처럼 반(反)패권적 지역공동체 설립이 추진될 때 양국의 숙적 관계도 잘 해소되는 것이다.

오늘날 동북아시아는 적대적 관계로 점철되어 있다. 적어도 지역 패권을 지향할 수 있는 의지와 국력을 갖춘 국가가 여전히 존재한다는 사실이 화해 진척을 막고 있다. 이미 근대화 이전과 직후에 각각 중국과 일본의 패권적 통합을 경험했고 이는 과거사라는 이름으로 오늘날 갈등의 주요 요소로 자리 잡고 있다. 반패권적 동북아공동체의 필요성이 더욱 체감되고 있다. 개방 이전이나 이후 한국은 중국이나 일본에 예속되었던 역사적 경험을 갖고 있다. 화해는 피해자가 주도하는 것이 더 효과적이라는 점에서 한국이 중국과 일본 간의 이견을 조정하면서 동북아공동체를 추진하는 것이 필요하다.

그렇다고 과거를 무조건 덮어서는 안 된다. 독일과 프랑스의 화해에서도 역사교과서 집필이나 기념일 참석을 공동으로 적극 추진함으로써 과거를 기억하려는 노력을 소홀히 하지 않았다. 상대가 진정으로 화해하려는 것인지는 그런 공동 사업을 통해 잘 판단할 수 있다.

과거사 문제는 피해 당사자의 의견이 제일 중요하다. 용서나 화해는 피해자가 하는 것이다. 피해자의 정부, 시민단체, 심지어 후손이 마음대로 결정할 수 있는 게 아니다. 자기 국민을 지켜주지 못한 정부의 반성도 있어야 한다. 반면 가해자 측은 후손이나 정부의 적극적 반성 의지가 있어야 화해가 성사된다. 예컨대 식민 지배와 관련 없는 식민 지배자의 후손이 사과해야 하냐고 피해자 측에 강변하는 것은 화해에 도움 되지 않는다.

과거사 때문에 현재 관계가 나빠지는 만큼이나, 현재 관계가 나쁘기 때문에 과거사 문제가 심각해지는 경우도 많다. 미래의 나은 관계를 위해 현재에 미리 조처해야 하고, 동시에 나은 미래 관계를 만들어 현재의 문제가 향후 심각해지지 않도록 해야 한다. 현재의 관계는 과거뿐 아니라 미래의 관계에도 영향을 주고 또 받는 것이다. 과거를 정리하는 공동 동북아역사교과서 편찬 사업을 적극적으로 진전시켜야 한다. 동시에 미래 세대가 인식을 공유하게 만드는 청소년교류를 적극적으로 추진해야한다.

독도, 위안부 문제 등이 부각될 때마다 강경파 아베 신조 내각의 일본 내 지지율은 더 높아졌다. 반(反)나치의 정파가 독일 내 주도 세력이 되도록 고려했듯이 일본 내 반성하는 정파가 힘을 잃지 않도록 한국은 합리적으로 대응해야 한다. 일본인 전체와 싸우는 태도는 효과적이지 못하다.

양국의 우적 관계는 다자 관계 속에서 이해해야 할 때가 많다. 함께 협력해야 할 제3국뿐 아니라 함께 견제할 제3국의 유무도 중요하다. 드골은 미국과 소련의 양극체제에서 독자적인 노선을 모색하던 중에 독일과의 화해를 모색했다. 동북아에서도 전략적 제휴가 시급하다.

제휴 파트너의 가장 중요한 선택 기준은 위협 여부이다. 프랑스-독일 사례에서도 상대가 자국을 위협하거나 도발할 이유가 없음을 깨달았을 때 화해가 진전되었다. 동북아 국가들은 타국을 위협하는 요인을 스스로 제거해야 자국에 대한 경계 또한 사라진다. 대한민국이 적대 관계를 벗어나 화해하거나 우호 관계를 돈독히 할 파트너는 대한민국을 위협하지 않는다는 필요조건을 충족해야 한다.

(3) 메이지유신 직전의 삿초 동맹

오늘날 일본에서 가장 인기 있는 역사적 인물은 사카모토 료마(본명 나오나리)이다. 그의 일대기는 오늘날 소설, 드라마, 영화, 연극, 뮤지컬, 만화 등으로 일본 내에 널리 알려져 있다. 료마는 일본 체제가 부국강병의 길로 들어서게 하였고, 이는 훗날 한반도의 식민 지배, 분단, 전쟁, 냉전 등을 포함해 동아시아에도 영향을 끼쳤다.

도사번(土佐藩, 오늘날 고치현 지역) 출신 료마의 연대적 행동은 사쓰마번(薩

摩藩, 오늘날 가고시마현 지역)과 조슈번(長州藩, 오늘날 야마구치현 지역) 간의 이른바 삿초(薩長) 동맹의 주선에서 두드러졌다. 앙숙 간에 결성된 삿초 동맹으로 비로소 메이지 유신이 본격적으로 추진되었고, 또 육군과 해군을 각각 축으로 한 조슈 파벌과 사쓰마 파벌이 한동안 일본 정치를 지배하기도 했다.

조슈와 사쓰마는 지정학적으로 서로 경쟁자일 수밖에 없었다. 1860년대 전반 조슈의 주류는 '왕을 높이고 외세를 배척한다'는 존왕양이(尊王攘夷)를 내세웠다. 이는 당시 지배 세력인 막부에 반대하는 입장이었다. 이에 비해 비슷한 시기 사쓰마는 막부의 개국 노선을 지지했다. 이런 차이는 일련의 사건으로 철천지원수 관계로 전개되었다.

먼저, 이른바 '분큐의 정변' 또는 '8월 18일의 정변'으로 불리는 사건이다. 1863년(분큐 3년) 고메이 덴노(일왕)가 도쿠가와 막부에게 외세 배격을 명하자, 막부는 그렇게 하겠다고 밝혔으나, 정작 조슈만이 계획된 날에 미국 상선을 포격했다. 이후 조슈는 미국, 영국, 프랑스, 네덜란드의 공격을 받아 큰 피해를 입었다. 교토 조정 역시 위기에 직면하여 존왕양이파 귀족들을 실각시키고 대신에 '조정(公)과 막부(武) 간의 합체'를 강조하는 공무합체(公武合体)파 귀족들을 등용했다. 8월 18일(이하 음력) 조정은 조슈번의 경쟁자인 사쓰마번과 아이즈번의 병사들에게 황궁 경호를 맡기고 조슈 번사들을 교토에서 쫓아냈다. 이 사건으로 일부 조슈 번사들이 '사쓰마는 도적이고 아이즈는 간사하다'는 뜻의 '살적회간(薩賊會奸)' 네 글자를 신에 쓰고 다닐 정도로 사쓰마에 대한 조슈의 원한은 컸다.

다음, '겐지의 변' 또는 '금문(禁門)의 변' 또는 '하마구리고몬(蛤御門)의 변'으로 불리는 사건이다. 1864년(겐지 원년) 조슈 세력은 교토수호직을 맡고 있던 아이즈 세력을 배제하려 거병했다. 조슈 세력은 교토 황궁에 진입했으나 칸몬(乾門)을 지키던 사쓰마 병력의 참전으로 전세가 역전되어 패배하고 말았다. 이런 사건들로 인해 조슈와 사쓰마는 협력 관계를 구축하기 더욱 어려워졌다.

한편 이 시절 료마는 당시 중형으로 처벌되던 탈(脫)번을 감수하면서 일본의 여러 지역을 돌아다녔다. 1862년에는 조슈의 하기 지역을 방문하여 막번(막부와 여러 번) 체제를 폐지하고 하나로 결합해야 한다는 조슈 선각자들의 의견을 접했다. 요시다 쇼인이 내세운 일군만민(一君萬民), 즉 '오로지 덴노만 인정하고 나머지는 모두 동등하다'는 주장도 그 가운데 하나였다. 같은 해 료마는 막부의 개국파 관료인 가쓰 가이슈의 제자가 되었는데 외세 배격은 불가함을 깨달았다. 즉, 막번 체제 대신에 '존왕'을 추진하되, '양이' 대신에 개화로 가야 한다고 믿게 되었다.

1864년 가이슈가 외국 세력과 조슈 간 충돌의 중재자로 나가사키에

1862년 도사의 사카모토 료마, 조슈의 구사카 겐즈이, 사쓰마의 다가미 토우스치가 처음으로 삿초토 연합을 논의한 장소임을 알리는 비석. 1968년 메이지 유신 100주년을 기념하여 하기의 쇼인 신사 입구에 세운 비석의 글씨는 기시 노부스케(아베 신조 총리의 외조부) 전 일본 총리가 썼다.

파견되었을 때 료마도 수행했다. 8월 료마는 가이슈의 사신으로 사쓰마의 사이고 다카모리를 면담했다. 11월 가이슈가 파직당하자 료마는 사쓰마로 망명했고, 사쓰마의 지원을 받아 일본 최초의 상사(주식회사)로 일컫는 가메야마 조합을 나가사키에 설립했다. 료마는 반(反)막부 세력이 단결해야 왕정복고가 가능하다는 소신을 갖고, 사쓰마 지도자들에게 조슈와의 숙적 관계를 청산하라고 권고했다.

1865년 5월 료마는 나가사키에서 조슈의 가쓰라 고고로(기도 다카요시로 추후 개명)를 면담했다. 6월 료마는 사쓰마의 이름으로 조슈에게 대신 무기를 구매해주는 방식에 대해 사이고의 동의를 얻었다. 료마는 막부의 조

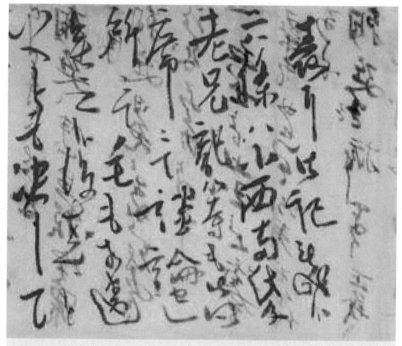

1866년 가쓰라 고고로(기도 다카요시)의 요청에 따라 료마가 이서한 삿초 동맹 합의서.

출처: 일본 궁내청

치로 외국산 무기를 구할 수 없었던 조슈가 사쓰마 명의로 군함을 포함한 여러 무기를 구입할 수 있게 주선했다. 대신 사쓰마는 조슈 지역에서 군량미를 조달할 수 있었다.

1866년 1월 사쓰마와 조슈의 만남은 서먹했다. 료마가 교토 고마쓰

사카모토 료마가 그린 것으로 알려진 1866년 제2차 조슈 정벌 전쟁의 작전지도. 이때 료마는 조슈를 지원하여 막부 세력과 싸웠고, 조슈가 실질적으로 승리했다.

의 저택 모임에 합류한 후에야 협상은 진척되어 사쓰마의 사이고 그리고 조슈의 고고로가 6개 조항에 합의했다. 2월 5일 고고로의 요청에 따라 료마는 고고로의 편지 뒷면에 합의 사실을 확인해주었다.

이 합의에 따라 사쓰마는 1866년 6월에 시작된 제2차 조슈 정벌에 불참했고, 료마는 조슈 측에 직접 참전했다. 조슈는 사쓰마의 도움으로 '조정의 적'에서 벗어났다. 1867년 11월 사쓰마 번주가 상경하여 조슈 세자와 출병 협정을 맺어 삿초 동맹을 공식화했다. 12월 교토를 장악한 삿초 동맹의 권고에 따라 메이지 왕정복고가 선포됐다. 료마는 완전한 왕정복고를 보지 못한 채 32세를 맞는 생일(음력 기준)이기도 한 날 교토에서 자객의 습격으로 숨을 거뒀다.

료마 암살은 막부 자객이 행한 것으로 대체로 알려져 있지만, 다른 의견도 많다. 료마가 막부 인재를 활용해야 한다고 생각하여 막부의 완전 타도에 반대했기 때문에 이를 껄끄럽게 여긴 사쓰마번이 암살 배후라는 설도 있고, 선박 충돌 사고로 료마의 무역상사에게 배상금을 물어줘야 했던 기슈번이라는 설도 있으며, 도사번 내부에서 료마를 견제하여 암살했다는 설도 있다. 그만큼 료마는 누구와도 이해관계가 완전히 일치하지는 않았다.

그럼에도 불구하고 료마가 앙숙 간의 동맹을 타결시킨 요인은 무엇일까? 첫째, 료마는 국내외 여러 세력과 밀접한 네트워크를 갖추어 허브와 같은 연결고리였다. 특히 글로버 등 열강의 무역상과의 네트워크는 조슈의 무기 조달에 도움이 되었고, 이는 다시 사쓰마의 군량미 조달을 가능하게 했다. 료마는 사쓰마를 비롯한 몇몇 당사자의 에이전트라는 주장들이 제기된 바 있는데, 그만큼 료마가 여러 당사자와 밀접한 관계를 가졌다는 의미다.

둘째, 료마는 연결고리에 그치지 않고 신뢰를 받았다. 삿초 동맹의 당사자가 합의 후 아무런 공식 직함이 없던 료마의 이서를 필요로 했던

19세기 후반 나가사키에서 활동한 무역상 토마스 글로버 저택의 비밀 다락방. 이곳에 료마 등이 방문했다고 전해지고 있다.

것은 그만큼 료마가 모두의 신뢰를 받는다고 확신했기 때문일 것이다. 이러한 신뢰는 배척 대신에 주로 통합이라는 가치 추구에서 나왔다.

셋째, 료마는 삿초뿐 아니라 여러 번까지 아우르는 통합을 추구했다. 사실 사쓰마와 조슈 간에는 다른 점이 많았다. 막부에 대한 태도만 해도 그렇다. 막부를 철저하게 타도하려던 조슈와 달리, 사쓰마의 타도 대상은 막부 제도라기보다 이른바 이치카이소(一会桑) 정권이었고, 그 가운데에서도 군사력이 별로 없던 히토츠바시(一橋) 도쿠가와 당주보다는 아이즈(会津) 번주와 구와나(桑名) 번주였다. 반면에 료마는 막부와 여러 번의 인재를 등용하는 것이 필요하다고 봤다. 료마는 인물 척결보다 체제 변혁을 지향했다. 막부가 반(反)막부의 존왕양이파보다 개방을 지향했지만 위기 극복의 동력을 이미 상실했고 따라서 체제 변혁이 필요하다고 료마는 생각했다.

료마가 작성했다는 신정부강령팔책의 마지막 문단에 등장하는 "○○○ 스스로 맹주로 나서서 이 안을 조정에 올려 천하 만민에게 공포하며"라는 대목의 ○○○에 도쿠가와 요시노부를 비롯한 여러 인물이 거론될 정도로, 료마는 여러 당사자가 함께 할 여지가 있는 전략적 안을 마련했다.

넷째, 료마는 자신의 세속적 이해타산을 고려하지 않고 공공적 목적에서 삿초 동맹을 추진하고 신정부강령팔책을 기안했다. 료마는 주고받기식 사적 거래보다, 정책에 의한 공공재적 생산을 추진했다고 볼 수 있다. 사실 연대는 제3자에게 나쁠 때가 많다. 배제된 측의 시각에선 연대는 담합이나 악의 축에 불과하고 악평 받기 마련이다. 만일 특정 연대가 체제 경쟁력을 높여 연대 밖의 체제 구성원에게도 도움이 된다면, 연대에 끼지 못했지만 그 과실을 공유하는 연대 밖의 체제 구성원도 호평을 보낸다. 일본을 부국강병의 길로 들어서게 한 삿초 동맹은 그런 점에서 일본 내에서 호평을 받는 것이다. 물론 식민 지배를 받은 한국의 입장에서야 부정적으로 볼 수도 있을 것이다.

전통적인 연대 이론에서는 자신의 몫을 극대화하기 위해 가급적 작은 연대, 즉 최소승리연합을 추진한다고 본다. 이에 비해 위기 상황에서의 료마식 연대는 사심보다 공공성으로 동기를 부여하여, 분열적인 작은 연대보다 통합적인 큰 연대를 궁극적으로 모색하고, 인물 교체보다 체제 변혁에 목표를 두는 것이다.

앙숙끼리의 연대는 늘 어렵다. 국제 협력도 마찬가지다. 정계 개편이든 국제질서 개편이든, 숙적 관계를 뛰어넘어 시스템을 바꿀 통합적 연대는 사심 없고 신뢰받는 주선자가 나설 때 더욱 가능하다.

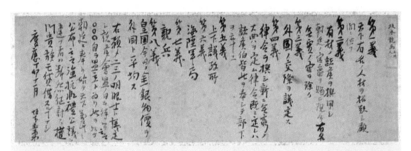

사카모토 나오나리(료마의 본명)가 작성한 신정부강령팔책. 이 안을 조정에 올리고 만민에 공포할 인물은 ○○○로 표시되어 있다.

출처: 일본 국립국회도서관

4
먼 강자와의 연대

　　외부 적을 두고 내부가 연대하는 것을 오월동주로 본다면, 가까이 있는 적을 공격하기 위해 멀리 떨어져 있는 외부와 연대하는 현상은 원교근공(遠交近攻)으로 부를 수 있다. 원교근공은 외부와의 연대 예이다. 같은 배에 탄 상대가 오월동주를 할 파트너가 아니라 나를 해칠 맹수로 여긴다면 외부의 사냥꾼과 연대하여 그 맹수를 제거하려 할 것이다. 오월동주가 될지 원교근공이 될지는 외부 경쟁자와 내부 경쟁자 가운데 누가 주적이냐에 따라 좌우된다. 비록 경쟁자이더라도 주적의 적은 친구로 받아들이는 경향을 보인다. 이 장에서는 신라, 조선, 미국, 중국, 쿠웨이트가 인접국의 위협에서 벗어나기 위해 멀리 떨어진 강자와 어떤 연대를 모색했는지 살펴본다.

(1) 고대 삼국시대 신라의 동맹

한반도 삼국시대의 동맹은 공동 적의 출몰에 따라 300년 동안 여섯 단계를 거쳐 진화했다. 첫 번째 시기는 백제 근초고왕 재위(346~375) 시절이다. 연(燕)과의 군사력 경쟁에서 밀린 고구려가 요동지역 대신에 한반도로 남하하던 무렵이다. 이에 근초고왕은 당시 관계가 좋지 않던 신라와 우호관계를 맺었다. 백제로서는 대(對)고구려 전선에 집중하여 고구려 남하를 막을 수 있었고, 신라는 전쟁을 피할 수 있었다. 백제-신라의 연합은 양국 모두에게 도움이 되었다.

두 번째 시기는 광개토왕(391~412) 시절이다. 백제의 독산성이 신라에 복속되자 백제와 신라는 갈등을 빚었고 이에 신라는 고구려와 연합했다. 신라는 강자에게 편승한 외교를 택했던 것이다. 고구려 광개토왕의 세 차례 백제 공격 가운데 두 번이 신라를 돕기 위한 출병이었다. 고구려-신라 연합에 대해 백제는 가야 및 왜와 군사적 협력관계를 맺었다.

고구려-신라 연합은 전쟁뿐 아니라 국내정치에도 영향을 주었다.

4세기 백제-신라 대 고구려 판세   4~5세기 고구려-신라 대 백제-가야-왜 판세

신라는 동맹 준수의 의지를 보여주기 위해 고구려에 인질을 보냈다. 김(金)씨계 내물왕은 모계가 석(昔)씨인 실성을 고구려에 보냈다. 김씨계 왕권 세습을 도모하던 내물왕으로서는 내치와 외교를 함께 고려한 선택이었다. 이후 고구려는 내물왕 사망, 실성왕 즉위 및 피살, 눌지왕 즉위 등에 깊숙이 관여한 것으로 보인다. 신라 내 여러 정파들은 자국에 군까지 주둔시키고 있는 고구려를 내정에 이용하려 했다.

세 번째 시기는 고구려 장수왕(412~491)과 백제 무령왕(501~523)의 시절이다. 427년 평양으로 천도한 장수왕은 북위(北魏)와 우호관계를 유지하여 남쪽 영토의 확장에 주력할 수 있었다. 이러한 고구려의 위협에 직면한 백제는 북위에게 고구려 정벌을 촉구했지만 북위는 고구려와의 우호관계를 깨지 않았다. 그래서 백제는 신라와 협력을 추진했다. 당시 신라도 고구려에 병합될까봐 우려하던 차였다. 결국 백제와 신라는 공동의 적을 두고 서로 동맹을 결성했다. '적의 적은 친구'라는 맥락에서 백제와 신라는 서로 친구가 되었던 것이다. 이는 균형 외교에 해당한다. 이 시기 백제와 신라는 혼인과 군사교류로 돈독한 관계를 유지했다.

네 번째 시기는 신라 진흥왕(540~576) 시절이다. 돌궐이 중흥함에 따

5세기 백제-신라-가야 대 고구려 판세

6세기 고구려-신라 대 백제 판세

라 고구려는 남쪽 국경에 집중할 수 없었다. 백제-신라-가야의 연합군이 고구려를 공격하여 백제와 신라는 각각 한강의 하류지역과 상류지역을 차지했다. 이에 고구려는 신라에게 한강 상류지역뿐 아니라 하류지역의 점유를 인정해주기로 밀약했다. 그리하여 백제-신라 동맹은 결렬되고 고구려-신라 동맹이 결성되었다.

다섯 번째 시기는 수(隋)의 중국 통일(589)과 당의 건국(618) 그리고 신라 선덕여왕(632~647)과 무열왕(654~661)의 시절이다. 7세기에 들어설 무렵 고구려는 돌궐 등과 제휴하여 북서 경계를 안정화한 후 한강지역 탈환을 위해 다시 남하했다. 백제와 신라는 고구려라는 공동의 위협을 맞은 상황에서도 손잡을 수는 없었다. 이미 감정의 골은 깊을 대로 깊었기 때문이다. 대신에 양국은 중국을 통일한 수나라 그리고 수가 망한 후에는 당나라에 접근했다. 백제와 신라는 고구려가 조공의 길을 막고 있으니 고구려를 응징해 달라고 수와 당에 제의했다.

수와 당도 고구려를 남쪽에서 견제해줄 동맹국이 필요했다. '적의 적은 친구'라는 맥락에서 백제와 신라 모두를 친구로 받아들일 만했다. 그렇지만 백제와 신라가 서로 적대적인 상황에서 당은 두 나라와 동시에 화친을 맺기가 어려웠다. 당은 '친구의 적'을 친구로 받아들기 불편했고 백제는 '적의 친구'를 친구로 여길 수 없었다.

642년 백제 의자왕은 대야성을 비롯한 신라의 40여개 성을 정복했다. 대야성 전투 직후 성주와 그의 가족들은 처참하게 죽었다. 그들이 바로 신라 김춘추의 딸, 사위, 손주였다. 김춘추는 고구려 연개소문에게 원병을 요청했다. 그러나 고구려는 죽령 이북의 땅을 돌려달라고 요구했고 이에 고구려-신라 연합은 결성되지 못했다. 이미 그 이전에 고구려-백제의 연합이 이뤄진 것으로 보인다. 643년 고구려와 백제는 신라의 당 연결로인 당항성을 함께 공격하기도 했다. 물론 고구려-백제 연합은 실제로 존재하지 않았고 신라가 당에게 주장했던 내용이 역사서에 그대로 기록되었을 뿐이라는 해석도 있다.

　실제 고구려－백제 연합이 있었든 없었든 간에 이 시기 신라는 국가 존망의 위기를 체감했다. 그 때까지 신라는 고구려나 백제 가운데 늘 누군가와 협력해왔다. 또 자국이 빠진 고구려－백제 협력을 경험한 적이 없었다. 동맹을 중시한 신라의 선택은 강대국 당이었다. 648년 김춘추와 당 태종은 고구려와 백제를 정복하면 평양 이남을 신라가 차지하기로 약속했다. 이듬해 신라는 당과의 동맹을 공고화하기 위해 자신의 연호를 폐지하고 당의 연호와 관복을 사용했다.

　653년 백제는 고구려와의 연합에 왜를 포함시켰다. 이로써 당－신라 연합 그리고 고구려－백제－왜 연합이 대치하게 되었다. 양 진영 간의 여러 전투 이후 660년 당과 신라는 백제의 수도 사비성을 함락시켰다.

　백제가 나당연합군의 공격을 받았을 때 왜군은 백제를 지원했지만 고구려군의 참전은 없었다. 나당연합군의 백제 공격이 급박하게 이뤄져서 고구려는 백제를 지원할 여유가 없었다. 고구려가 백제를 지원하지 못한 더 중요한 이유는 고구려와 백제 간에 공유되는 정체성이 약했기 때문이다. 고구려와 백제는 동병상련으로 결속력을 높일 수 있었지만

7세기 전반 당-신라 대 고구려-백제-왜 판세

8~9세기 신라 영역

실제로는 그렇지 못했다. 고구려와 백제의 패망 후 전개된 나당전쟁에서 두 나라 유민들은 서로 다른 입장을 취했다. 백제 부흥운동 세력이 친(親)당, 반(反)신라의 태도를 보였다면 고구려 부흥세력은 반(反)당, 친(親)신라의 행동을 취했다.

정체성 공유는 고구려와 백제 사이뿐 아니라 고구려 내부 그리고 백제 내부에서조차 부족했다. 백제와 고구려 공히 멸망 직전에 심각한 내분을 겪었다. 외부 위협이 내부 결속은커녕 내부 와해를 가속화시킬 정도로 정체성 공유가 미약했다. 따라서 나당연합군 침공에 대한 혼연일체의 반격이 없었다. 백제 없이 홀로 나당연합군을 상대하던 고구려는 665년 연개소문이 죽자 내분이 더욱 심각해졌고, 668년 결국 평양성이 함락되었다. 이로써 백제와 고구려는 소멸되었다.

여섯 번째 시기는 신라 문무왕(661~681) 시절, 특히 고구려 멸망 이후의 기간이다. 당은 평양 이남을 신라에게 할양하지 않고 도호부를 설치해서 한반도 전역을 직접 통치하려 했다. 신라의 도움으로 고구려를 점령한 당은 이제 신라의 도움이 더 이상 필요 없게 되었기 때문이다. 당의 행동은 승리가 확실하면 전리품을 더 많이 차지하기 위해 승리연합의 크기를 최소한으로 줄이는 것에 해당한다. 다른 말로 표현하면 사냥이 끝난 후에는 불필요해진 사냥개를 잡아먹는 이른바 토사구팽이다.

이런 토사구팽의 위기는 신라에게 처음이 아니었다. 이미 5세기 때 신라는 고구려군의 신라 주둔을 경험한 바 있다. 신라는 강온(强穩) 양면 전술을 구사했다. 먼저 나당연합 상황을 나당전쟁 태세로 전환했다. 고구려 유민을 받아들여 고구려 부흥운동 세력을 지원하고 또 670년 일본으로 국호를 개명한 왜와도 협력하면서 당을 견제했다. 다른 한편으로는 강수의 외교문서 등을 통해 당 조정을 설득하고 호소하는 접근도 병행했다. 토번이 당을 침공하여 당이 한반도에 집중할 수 없게 되는 운도 따랐다. 그리하여 신라는 대동강 이남의 전 지역을 지배하게 되었다.

당과 신라의 국력 차이는 비교가 되지 않을 정도로 컸다. 하지만 전쟁 결과는 힘을 얼마나 투입하느냐에 따라 달라진다. 신라가 모든 힘을 다 쏟았던 반면, 당은 일부의 힘만을 그것도 먼 곳에서 출정한 것이기 때문에 압도적인 군사력을 과시할 수 없었다.

특히 당을 상대로 싸우던 신라는 하나로 똘똘 뭉쳤다. 당이 문무왕 책봉을 취소하고 김인문을 신라왕으로 봉했을 때 신라는 내분의 모습을 보이지 않았다. 외부 위협이 있을수록 내부가 더욱 결속되는 현상은 멸망 직전의 백제 및 고구려에서 관찰되지 못했던 반면에, 신라에서는 관찰되었다. 리더십, 정치문화, 사회제도 등에 따라 삼국의 내부 결속 정도가 달랐던 것이다. 이런 차이는 외부와의 연대에서도 관찰되었다. 신라의 동맹은 비교적 공고했던 반면에, 고구려-백제 연합은 느슨했다.

어려움을 공유하면 할수록 정체성도 공유하게 되는데, 그 가운데에서도 생존 위협의 공유가 결속력 증진에 가장 효과적이다. 함께 고통을 겪은 집단일수록 결속력이 높고 서로 협력함은 여러 사회실험에서 확인되고 있는 사실이다. 오늘날 기업의 사원연수 때 극기훈련을 실시하는 것도 그런 이유에서다.

신라는 삼국 간 대립의 축을 자신이 중간에 위치하도록 만들었다. 따라서 대부분의 대립구도에서 승리연합에 속했다. 신라의 파트너 또한 백제, 고구려, 당, 고구려유민 등 다양했다. 신라는 균형자로 또 편승자로도 행동했다. 그런 행동은 일차적으로 신라 존속을 위한 것이었지만 결과적으론 한반도 패권을 가져다줬다. 이는 시야가 한반도뿐 아니라 아시아 전체를 아울렀기 때문에 가능했다. "뭉치면 살고 흩어지면 죽는다"는 말처럼, 외부와의 연대뿐 아니라 내부의 결속이 성패의 주요 결정 요인이다.

(2) 조선 고종의 아관파천

1896년 2월 11일 이른 새벽, 여성용 가마 2대가 경복궁 서문인 영추문을 나섰다. 가마 일행은 궁을 나선 지 얼마 지나지 않은 아침 7시경 아라사(俄羅斯, 러시아) 공사관에 도착했다. 가마에서 내린 인물은 놀랍게도 조선 국왕 고종과 왕태자였다. 이들은 이후 약 1년 동안 아관(러시아 공사관)에 머물렀다. 전대미문의 이른바 아관파천이다. 아관파천은 타국의 위협을 받고 있는 국가 또는 왕조가 생존하기 위해 다른 강대국과 연대하려는 시도였다.

아관파천은 일본이 조선 왕실을 겁박하던 중에 터진 사건이다. 사실 일본은 조선의 독립을 강조했고, 1894년 오도리 가이스케 일본공사는

19세기 말 조선은 러시아와 연대를 모색했다. 아관파천의 현장인 주한 러시아 공사관 모습이 호머 헐버트의 저서 『코리아 패싱』(1906)에 수록되어 있다.

출처: Hulbert(1906)

고종의 황제 즉위를 제안하기도 했다(국사편찬위원회 2013, 20). 갑오년(1894년) 청일전쟁 와중에 세워진 조선의 친일 내각은 청과 명의 연호를 폐기하고 대신에 조선 개국을 기점으로 계산하여 1894년을 개국 503년으로 표기했다. 또 '주상전하', '왕비전하', '왕세자저하' 등의 호칭을 각각 '대군주폐하', '왕후폐하', '왕태자전하' 등으로 바꿨다(국사편찬위원회 2013).

일본이 청일전쟁 승리 후 랴오둥 반도를 할양 받았다가 러시아, 독일, 프랑스의 삼국 간섭으로 청에 반납하자, 조선 내에서도 러시아를 끌어들여 일본을 막으려는 거일인아(拒日引俄)책이 부상했다. 이에 을미년(1895년) 8월(음력) 일본인 무리가 경복궁에 난입하여 그 핵심 인물로 여겨진 민왕후를 처참하게 살해했다. 그리하여 1894년에 시작됐다가 잠시 중단된 갑오개혁은 을미사변 이후 다시 추진되었으며 이는 3차 갑오개혁 또는 을미개혁으로 불린다. 양력 및 연호의 사용은 을미개혁 조치 가운데 하나였다. 밝은 미래와 양력 사용을 시작한다는 뜻의 '건양'을 연호로 하여 1896년부터 양력을 사용했다.

하지만 왕후 시해와 단발령 등으로 일본 및 김홍집 내각에 대한 조선의 민심은 매우 나빠졌다. 이범진과 이완용 등은 일본을 견제할 열강이 필요하다고 봤고, 카를 베베르 러시아 공사가 이에 동조했다. 베베르와 그의 후임 알렉시스 슈페이에르는 함께 서울에 머물면서 아관파천에 관여했다. 을미사변을 겪은 고종은 신변 안전이 보장되는 거소를 선호했다. 엄상궁(추후 황귀비로 책봉)은 고종에게 폐위 음모가 있으니 궁 밖으로 피신하는 게 좋겠다고 말하여 고종이 파천을 결행하게 됐다는 해석도 있다.

아관파천 이전부터 여성용 가마는 궁을 자주 출입하여 친위대원들이 가마 출입을 대수롭지 않게 여기도록 만들었다(Hulbert 1906, 184). 아관파천 당일에는 일본의 관리 하에 있던 친위대 병력 다수가 의병을 진압하러 궁을 비워 고종 일행의 탈출에 어려움이 없었다. 동학농민 사이에서 불렸다는 참요 가사 "갑오세 가보세, 을미적 을미적, 병신되면 못가리"에 영향을 받았는지, 갑오년을 보내고 병신년을 며칠 앞둔 을미년 12월 28일(음력)에 아관파천은 단행됐다.

아관파천 몇 시간 후 고종은 새로운 내각을 구성했고, 친일파 대신들은 처형당했거나 일본으로 망명했다. 이후 조선의 국정은 일본을 대신한 러시아 중심으로 전개되었다. 러시아는 삼림채벌권, 광산채굴권 등 여러 경제적 이권을 얻었다.

조선은 러시아와 동맹 관계를 추진했으나 러시아가 받아들이지 않았다. 일본은 러시아와의 전쟁을 시기상조로 판단했고 조선의 분할 지배를 제안했다. 러시아 역시 일본과의 전쟁이 부담스럽기는 마찬가지였다. 결국 러시아와 일본은 5월 베베르-고무라(일본 공사) 각서, 6월 로바노프(러시아 외무장관)-야마가타(일본 육군대신) 협정에서 조선을 공동으로 관리하기로 합의했다. 아관파천은 원교근공의 연대에 결국 실패한 사례로 볼 수 있다.

1897년 2월 고종은 환궁하라는 국내외 요구에 따라 경운궁(1907년 고종 퇴위 이후 덕수궁으로 불림)으로 돌아왔다. 8월 고종은 연호를 광무로 바꾸었으며, 10월에는 황제로 즉위하고 대한제국을 국호로 선포했다. 또한 2년 전의 을미사변 때 살해당한 민왕후를 명성황후로 추존하고 장례식을 거행했다.

독자적 연호와 황제 즉위, 즉 건원칭제는 당시 독립국의 상징이었다. 고종의 황제 즉위는 일찍이 1880년대 김옥균에 의해 주창되기도 했다(국사편찬위원회 2013, 20). 1897년 광무 황제 호칭만으로 대한제국이 진정 독립국이 되었느냐에 대해 회의적인 반응도 많았지만(국사편찬위원회 2013), 열강들은 대한제국을 공식적으로 승인했다. 물론 속내는 복잡했다. 예컨대 19세기 후반 일본이 조선의 독립과 건원칭제를 주장한 것은 다른 열강의 관여가 없을 때 자국 이익을 관철하기 쉽다고 판단했기 때문이다.

조선을 혼자서 지배할 수 있을 때에는 굳이 조선 독립을 강조하지 않았다. 일본뿐 아니라 청, 러시아, 프랑스, 영국, 미국 등 여러 열강도 자국 이익에 따라 조선 독립을 주장하기도 또 반대하기도 했다.

아관파천은 외세 예속을 심화했다는 점에서 비판 받는다. 하지만 힘이 없는 상황에서는 외세의 힘이라도 이용하는 것이 외교다. 아관파천

이관파천이 거행된 주한 러시아 공사관 터의 오늘날 모습.

은 오랑캐로 오랑캐를 제압한다는 일종의 이이제이 시도였다. 그런데 먹잇감이 포식자를 이용하여 다른 포식자를 제압하기란 매우 어렵다. 먹잇감을 두고 전개되는 포식자 간의 경쟁 양상은 먹잇감의 뜻대로 잘 전개되지 않는다. 포식자의 공격에서 벗어난 먹잇감은 곧 다른 포식자에게 잡히기도 한다. 포식자 간의 경쟁은 먹잇감을 누가 얼마나 갖느냐는 것이지, 먹잇감을 살려주는 옵션은 대개 없다. 아관파천 전후 러시아의 관심은 조선의 존속이 아닌, 조선에서의 이익을 어떻게 확보하느냐는 것이었다.

이이제이에 성공하려면 힘이 뒷받침되어야 한다. 당장은 '이'를 제압하는 데에 성공했다고 한들 힘이 너무 부족하면 머지않아 다른 '이'한테 당하기 쉽다. 중원이 변방의 이민족을 다룰 수 있었던 것도 적절한 수준의 힘을 갖고 있었기 때문이다. 두 경쟁자의 우열관계를 바꿀 수 있을 정도의 힘, 즉 경쟁자 간의 힘 차이보다 더 큰 힘이 있어야 먹잇감이 아닌 균형자로 부를 수 있다.

군사동맹 결성에는 힘보다 이념 또는 이해관계가 더 중요하다. 비록 힘이 미흡하더라도 이해관계가 서로 보완적이면 강대국의 지원을 받을 수 있다. 그런 점에서 약소국에게 이해관계의 파악과 조율은 매우 중요하다.

내부 결속은 힘 증대와 이해관계 조율 모두에 필요하다. 약소국이 진정한 독립을 얻으려면 내부가 결속되어야 하는데, 대한제국은 독립을 선포했지만 내부의 힘을 결집하지 못했다. 기존 체제를 그대로 둔 채 힘을 모을 수는 없었다. 내부가 결속되어야 외부와의 연대 및 경쟁에서 소기의 성과를 얻을 수 있다.

일본과 독일이 각각 유신과 통일로 부국강병의 길을 나아가던 시절, 조선은 쇄국과 정쟁으로 점철된 망국의 길로 갔다. 국내 세력들은 정파적으로 대립하여 소모전을 펼쳤고, 외세를 동원하여 국내 정적을 제거하려는 시도가 연이어 나왔을 뿐이다. 뒤늦게 아관파천과 대한제국 선포로 나름 외교에 의존했지만 근대화든 개방이든 근본적인 부국 강병 조치가 없었다. 반면에 일본은 청일전쟁, 영일동맹, 러일전쟁, 미일(태프트-가쓰라)협의 등으로 경쟁자를 하나씩 물리치면서 대한제국을 수중에 넣었다.

한국을 배제한 채 한반도 문제를 논의하는 이른바 '코리아 패싱'의 우려가 제기되기도 한다. '코리아 패싱'은 1988년 클린턴 미국 대통령이 일본을 빼고 중국을 방문했을 때 일본 언론에서 이를 '재팬 패싱'이라고 부른 것에서 따온 말로 추정된다. 그래서 처음에는 영어 원어민들이 '코리아 패싱'의 의미를 이해하지 못했다.

사실 '코리아 패싱'이라는 말은 100여 년 전에도 있었다. 1906년에 출간된 헐버트(Homer Hulbert)의 책 제목이 『코리아 패싱(The Passing of Korea)』이다. 여기서 패싱은 오늘날 한국에서 해석되고 있는 건너뛰기가 아닌, 멸망을 의미한다. 건너뛰기가 잦으면 멸망에 이를 수 있다.

달리는 차 속에서 가는 방향을 두고 손님들이 위협적으로 승강이를 벌일 때 주인은 차를 직접 운전해야겠다는 생각을 하게 된다. 물론 운전 실력이 좋지 않은 주인은 남에게 의존하는 게 더 나을 수도 있다. 19세기 말 한반도에는 차를 뺏으려는 강도가 주변에 있어도 왼손과 오른손은 서로 협력하지 못하고 오히려 엉켜 싸우기만 하여 강도들이 물건을 뺏어갈 수 있었다. 아관파천은 남이 내 차를 자기 마음대로 운전하고 있어 차 열쇠를 뽑아 다른 남에게 잠시 준 것에 비유할 수 있다. 비슷한 맥락에서 대한제국 선포는 운전대를 직접 잡겠다고 선언한 것이다. 그러나 이후 주변 열강들은 대한제국 문제를 대한제국과 아무런 상의 없이 정했다. 이른바 코리아 패싱이었다. 결국 대한제국은 차를 남에게 뺏기고 새 주인의 지시대로 운전하는 기사로 전락했다. 강도와 싸울 실력을 갖추지 못했고, 또 외부 친구나 경찰의 도움을 구하지 못했기 때문이다.

독립이든 이이제이든 이는 선언만으로 이뤄지지 않는다. 적절한 자강이 있어야 한다. 만일 균형자적 힘을 보유할 수 없다면, 가치관을 공유할 수 있는 강대국과 긴밀하게 협력하는 게 나은 전략이다. 자강의 효과적인 방법은 내부 결속이다. 만일 내부의 가치관이 너무 이질적이면, 그 국가는 하나로 존속할 기반을 잃게 된다.

(3) 신생 미국과 프랑스의 동맹

오늘날 미국과 영국은 연대 관계를 유지하고 있다고 볼 수 있다. 그러나 미국이 영국으로부터 독립할 때에는 서로 적대적인 관계였다. 영국이라는 공동의 적을 두고 미국과 프랑스는 동맹을 맺었다.

1776년 7월 영국 식민지인 미국 13개 주는 영국으로부터의 독립을 선언했다. 국제사회의 도움이 필요한 미국은 프랑스, 스페인, 오스트리아, 프로이센, 토스카나 등에 외교사절을 보냈다. 그 가운데에서도 '프렌치 인디언 전쟁', 즉 '7년 전쟁'에서 영국에 패전한 후 만회를 노리던 프랑스가 최우선 섭외 대상이었다.

미국은 영국과의 독립 전쟁 초기에 패전을 거듭했다. 무기 확보나 전술 구사에서 영국에게 뒤졌다. 프랑스는 영국을 견제하고 싶었지만 전쟁에 필요한 재정 상태가 좋지 않았다. 프랑스 국민은 대체로 미국 독립에 호의적이었는데 프랑스 왕실은 덜 그랬다. 무엇보다도 미국이 영국 왕정 질서에 반기를 든 식민지였기 때문이다.

미국 대표단은 파리 도착 후 바로 프랑스 외상을 면담할 수 없었다. 미국의 대표단은 아직 영국 식민지의 대표에 불과했기 때문이다. 1777년 1월 프랑스 외상 샤를 그라비에 베르젠과의 첫 번째 비공식 면담에서 미국 대표단은 최혜국 통상조약의 체결을 제안했다. 외교와 통상은 독립국의 권한이기 때문에 통상조약의 체결은 곧 상대를 독립국으로 승인한다는 의미였다. 일주일 후의 두 번째 면담에서 미국은 구체적인 내용을 추가했다. 프랑스가 미국에게 총, 탄환, 대포, 포탄, 화약 등을 제공하여 대(對)영국 동맹을 결성하고 대신에 미국은 서인도제도에 있는 프랑스의 식민지를 영국으로부터 보호한다는 내용이었다.

프랑스는 미국−영국 전쟁에 관여하지 않고 독립한 이후에 미국과 교류하는 것이 더 낫다고 표명했다. 이에 미국 대표단은 프랑스의 지원 없이는 미국의 독립이 어렵고, 또 영국과의 전쟁에서 부담해야 할 프랑스의 비용보다 독립국 미국과의 통상에서 얻을 프랑스의 혜택이 훨씬 크다고 강조했다. 만일 프랑스가 미국을 도와주지 않으면 미국은 영국에게 더 이상 맞설 수 없어 완전한 독립을 얻지 못하게 되고, 그렇게 되면 앞으로 영국은 식민지 미국의 풍부한 자원으로 프랑스를 더욱 압도하게 될 것이라고 경고했다.

프랑스는 미국에게 비공식적으로 군수물자를 제공해주면서도 미국−프랑스 동맹의 공개적인 체결에는 주저했다. 프랑스 외상 베르젠은 미국을 도와주면 영국에게 이길 것인지 확신하지 못했다. 미국이 영국에게 계속 밀리는 전세였기 때문이다. 프랑스는 동맹군의 전쟁 승리 가능성에 대한 우려 때문에 동맹 체결을 주저했던 것이지, 의도로는 영국의 패배를 간절히 원했다.

여러 전투에서 영국에게 계속 몰리던 미국으로서는 다급한 상황이었지만 프랑스와의 동맹을 일찍 체결할 수는 없었다. 동맹은 상대가 동의해줘야 이뤄지는 것이지 서둔다고 되는 게 아니다.

1777년 9~10월에 걸쳐 진행된 새러토가 전투에서 미국이 영국에게 대승을 거두자 마침내 프랑스는 미국과의 동맹을 서두르기 시작했다. 영국의 영향력을 축소시킬 절호의 기회라고 판단했기 때문이다. 미국 대표단은 1년 동안 지지부진한 미국−프랑스 협상을 이제는 마무리해야 하고, 프랑스의 비밀 지원을 모르는 미국 국민들은 영국과 타협하기를 원할 수 있기 때문에 프랑스의 의지를 바로 천명해야 한다고 프랑스에게 설득했다.

영국이 미국－프랑스의 관계 진전을 방치한 것은 아니다. 12월 15~16일 영국은 미국에게 통상 및 외교를 제외한 모든 권한을 주겠다는 화평안을 제의했다. 1778년 1월 6일 미국 대표 벤저민 프랭클린은 영국 대표 웬트워스와 회동했는데, 이 자리에서 웬트워스는 영국이 미국의 독립을 허용하지 않음을 재확인했다.

영국의 미국 독립 불가 입장을 인지하지 못한 프랑스는 영국이 미국의 독립을 허용하면서까지 미국과의 관계를 개선할까봐 걱정했다. 미국이 영국에 우호적으로 기울게 되면 프랑스에게는 더 이상 우호적이지

미국의 단합을 강조하는 벤저민 프랭클린의 만화.

출처: 『펜실베이니아 가제트』 1754년 5월 9일자

않을 수도 있기 때문이다. 프랑스는 영국이 미국과 타협하기 전에 선수를 쳐야 한다고 판단했다. 1월 7일 프랑스 각료회의는 미국과 동맹을 체결하기로 결정했다.

2월 6일 마침내 프랑스 외무성에서 미국 대표 벤저민 프랭클린과 프랑스 대표 알렉산더 제라르가 미국-프랑스 동맹 조약 문서에 서명했다. 그리하여 영국은 미국뿐 아니라 프랑스와도 싸우게 되었다. 1781년 요크타운에서 영국군이 미국-프랑스 동맹군에 패배하면서 미국은 마침내 독립을 이루었다.

사실 프랑스 왕실은 미국과의 동맹으로 얻은 게 없다. 미국 독립 전쟁의 참전으로 프랑스는 재정적자가 심화되었고 1789년 혁명이 발생해 1793년 1월 루이 16세가 단두대에서 처형당했다. 2월 프랑스 혁명정부가 영국에게 선전포고를 하자 4월에 그 소식을 들은 미국은 5월에 대통령 조지 워싱턴의 이름으로 미국의 중립을 선언했다. 이로써 미국-프랑스 동맹은 사실상 폐지되었다. 미국-프랑스 동맹을 주도한 프랑스 외상의 이름인 베르젠이 버몬트 주 한 도시의 이름으로 기억되고 있을

미국의 벤저민 프랭클린이 보는 앞에서 프랑스의 알렉산더 제라르가 미국-프랑스 동맹 조약 문서에 서명하고 있다. 찰스 밀스의 20세기 초 그림.

뿐이다.

미국은 영국으로부터 독립하기 위해 영국과 숙적관계인 프랑스를 활용했다. 이른바 '적의 적'의 도움을 받은 것이다. 이념적으로 보자면 미국−프랑스 동맹을 체결한 루이 16세의 프랑스는 영국과 훨씬 가까웠지 미국과는 이질적인 체제였다. 이념의 유사성보다 경쟁관계가 미국, 영국, 프랑스 간의 우적 관계를 좌우한 것이었다.

미국은 영국을 견제하려는 프랑스의 의도를 간파했고 그 성공 가능성을 프랑스에게 확신시켜 미국−프랑스 동맹을 성사시켰다. 전쟁이나 협상 모두 '지피지기 백전불태'인 경우가 많다.

(4) 데탕트시대 미국과 중국의 수교

공동의 적을 설정하여 적대적 국가끼리 연대에 성공한 대표적 예는 미국과 중국의 수교이다. 1972년 2월 21일 리처드 닉슨 미국 대통령이 중국에 도착했다. 미국 현직 대통령이 처음으로 중화인민공화국(이하 중국)을 방문한 것이다. 만리장성 위에 부인과 함께 촬영된 닉슨의 사진은 양극체제의 와해를 상징하여 왔다.

1950~60년대 미국과 중국은 서로에게 적대적이었다. 직접 전투를 수행하지 않고 냉전에만 그친 미국−소련 관계와 달리, 미국과 중국은 서로 열전(hot war)을 주고받았다. 한반도를 비롯한 여러 곳에서 치열한 전투를 겪었다. 당시 중국은 미국을 '세계인민의 적'으로 불렀다.

이런 미·중 관계는 중국이 소련과 갈등을 겪음으로써 변모했다. 먼저, 1950년대 후반과 1960년대 전반에 걸쳐 중국과 소련은 이념 논쟁을 가졌다. 중국은 자본주의 진영과의 평화공존을 추구하는 소련 정책을 수정주의라고 비판하면서 자본주의에 대한 적대적 태도를 견지했고, 소련은 이런 중국을 교조주의라고 비판했다. 물론 추후 중국은 자본주의 진영과 여러 분야에서 협력했기 때문에 중·소 이념대립은 그냥 경쟁이었을 뿐이지 신념체계 차이는 아니었다.

　본질적으로 중·소 갈등은 공산 진영 내 주도권 경쟁에 기인했다. 여

1972년 2월 24일 만리장성을 방문한 닉슨 미국 대통령 일행 소련을 견제하는 미국-중국 간 연대의 모색이었다.

러 공산국 내정에 간섭하는 소련에 대해 중국은 불만을 가졌다. 핵무장
화와 관련해서도 갈등을 빚었다. 소련이 중국의 독자적 핵무장화를 지
원하지 않는다고 중국은 생각한 반면에, 소련은 호전적인 중국의 핵무
장화를 적극 지원했다가 중·소 국경분쟁으로 후속 지원을 중단했을 뿐
이라고 여겼다. 소련이 더 이상 우호적 지원국이 아니라는 중국의 인식
그리고 협의 없이 독자적으로 행동하는 중국을 견제해야 한다는 소련의
인식이 병존하고 있었다.

중국과 소련은 국경이 길게 맞닿아있어서 갈등 또한 발생할 수밖에
없었다. 1969년 국경에서의 무력충돌은 중·소 관계를 악화시켰다. 지리
적으로 가까운 나라와는 이해관계가 충돌할 수밖에 없고 대신 먼 나라와
협력하여 그 가까운 나라를 협공하는 방책이 원교근공(遠交近攻)이다. 이
무렵 중국은 소련을 제1의 가상적으로 규정했다. 미국 또한 냉전시대 내

1972년 2월 21일 베이징 공항에서 저우언라이 중국 총리의 영접을 받는 닉슨 미국 대통령
내외.

내 소련을 제1의 가상적으로 간주했다. 즉, 미국과 중국 공동의 적이 소련이었던 것이다. 공동의 적을 갖게 되면 서로 가까워지게 마련이다.

미·중 교류의 출발은 이른바 핑퐁외교다. 1971년 3~4월 나고야 세계탁구선수권대회에 참가한 미국의 탁구 선수단은 중국의 초청을 받고 대회 직후 중국을 방문했다. 한 미국 탁구 선수가 나고야에서 중국 선수단 버스를 실수로 탑승하는 바람에 세계질서를 바꾸는 미·중 화해가 이뤄졌다고 보는 견해도 있지만, 스포츠 교류만 한다고 해서 무조건 정치 군사 관계가 좋아지는 것은 아니다. 1990년대 이래 미국 농구 선수들이 중국이나 북한에서 몇 차례 친선 농구경기를 가졌지만 관계개선에 기여했다는 평가는 받지 못한다. 핑퐁외교 때문에 미·중 관계가 좋아졌다기보다, 관계개선의 필요성이 미국과 중국 간에 이미 공감되던 차에 스포츠 교류가 관계개선의 계기를 제공했다는 것이 더 정확한 해석이다.

미국 탁구 선수단의 4월 중국 방문에 이어 7월과 10월에 헨리 키신저 미국 안보보좌관이 중국을 방문하여 여러 협상을 진행했다. 닉슨이 중국을 방문 중이던 이듬해 2월 28일 미국과 중국은 공동선언문을 발표했다. 공동선언문은 미국과 중국을 포함한 어느 누구도 아시아태평양 지역의 패권을 추구해서는 안 된다고 천명했다.

그렇다고 중국과 미국이 소련을 공개적으로 적대시하지는 않았다. 미·중 공동선언문은 소련을 포함한 어떤 제3국을 겨냥하는 문구가 없었다. 오히려 미·중 관계 정상화가 양국뿐 아니라 타국의 긴장완화에도 기여한다고 언급하고 있다. 중국 방문 3개월 후인 1972년 5월에 닉슨은 모스크바에서 미·소 정상회담을 가졌고 미·소 간 군축에도 합의했다.

미·중 공동선언문에서 미국은 '하나의 중국(One China)' 정책을 인정하고 대만에서의 철군을 최종 목표로 한다고 언급했다. 민감한 이슈를 구체적으로 언급하지 않음으로써 합의를 가능하게 만들었다. 키신저는 이를 '건설적 모호성'으로 불렀다. 미국으로서는 중국을 개방하여 다극

체제와 유동성을 확보하고, 군축협상을 포함한 미·소 데탕트를 실현시키며, 중국과 소련이 북베트남에게 지원을 줄이면서 압력을 행사했으면 하는 바람을 갖고 있었다. 당시 중국과 소련은 북베트남의 독자적 행동에 불만이 있던 차였다.

닉슨의 중국 방문 1년 후, 즉 1973년 2월 22일 중국과 미국은 연락사무소를 설치하기로 합의했다. 1978년 12월 미국은 중화민국(대만)과 단교하고 1979년 1월 중국과 수교했다. 1979년 4월 중국은 중·소 상호원조조약 폐기를 소련에 통고했다. 중국은 1980년 소련 모스크바 하계 올림픽에 불참했지만 1984년 미국 LA 하계 올림픽에는 참가했다.

미국, 중국, 소련의 3자 관계 변화는 소련 쇠퇴와 함께 찾아왔다. 1989년 고르바초프의 베이징 방문을 계기로 중·소 화해 모드가 조성되

1945년 9월 충칭에서 장제스와 마오쩌둥이 국공합작의 적국 일본의 패망을 함께 축하하고 있다. 일본 패망 직후 국민당과 공산당은 전면적인 내전에 들어갔고 공산당이 승리했다.

었다. 소련의 붕괴 이후에는 미국과 중국 간의 경쟁이 다시 치열해졌다.

1937~45년의 제2차 국공합작도 일본제국주의라는 공동의 적을 두고 결성된 것이다. 1945년 일제가 패망함에 따라 국민당과 공산당의 합작은 자동으로 와해되었다. 중국 공산당이 국민당, 소련, 미국 등과 협력하는 것은 주적이 누구냐에 따라 성사되고 와해되어 왔음을 알 수 있다.

미국, 중국, 소련뿐 아니라 베트남과의 관계도 마찬가지다. 1975년 베트남 통일 이후 캄보디아 문제 등으로 베트남-중국 관계가 악화되었다. 베트남은 이미 중·소 국경분쟁에서 소련을 편들었다. 중국과 베트남은 1979년 국경 전쟁을 치렀고 오늘날에도 남중국해에서 영해 분쟁을 겪고 있다. 베트남전쟁으로 오랜 기간 서로에게 적대적이었던 미국과 베트남은 1995년 국교를 정상화했고 그 이후 양국 관계를 돈독히 하고 있다. 이 또한 원교근공 그리고 '적의 적은 친구'라는 관점에서 이뤄지고 있는 것이다.

이런 현상은 국내정치에서도 관찰된다. 1990년 3당 합당 이후 YS(김영삼)는 반(反)DJ(김대중)의 연합전선으로 대권을 추구하여 성공했다고 볼 수 있고, 1997년 DJ 또한 신한국당(한나라당)이라는 공동의 상대를 설정하고 JP(김종필)와 연대하여 성공했다. 반(反)○○ 연대는 추진할 수 있는데 성공의 조건을 따져봐야 함은 물론이다.

'적의 적은 친구'라는 경구는 고대로부터 전해오는 말이다. 현대 심리학에서는 인지(認知)가 부조화(不調和)될 때 바꾸기 쉬운 것을 바꿔 인지가 조화되게 하는 경향으로 설명된다. 서로 친한 A와 B가 있을 때 I는 A와 B 모두를 친구로 여기거나 아니면 반대로 모두를 적으로 여겨야 I의 인지는 조화된다. 만일 한쪽을 친구로, 나머지 다른 쪽을 적으로 여긴다면 이는 '친구의 친구'를 적으로, 또 '적의 친구'를 친구로 여기는 꼴이다. 이런 인지 부조화 상태에서 벗어나기 위해 둘 다를 친구로 받아들이거나 아니면 둘 다를 적대시한다는 것이다.

서로 적대적인 C와 D에 대해서는 어떨까? C와 D 모두를 친구로 받아들이면 '친구의 적'이 친구가 되고, 그리고 모두를 적대시하면 '적의 적' 또한 적이 된다. 이런 부조화를 극복하기 위해 C와 D 가운데 한쪽만 친구로, 다른 한쪽을 적으로 받아들인다는 것이다. 그렇게 해야 '친구의 적'은 적, '적의 적'은 친구가 되기 때문이다. 친구가 될 가능성은 '적의 적'이 '친구의 적' 혹은 '적의 친구'보다 더 높다. 즉, 위협적인 공동의 적을 둔 상대끼리는 자연스럽게 우호 관계가 형성될 수 있는 것이다. 다만 '적의 적'이 친구 될 가능성은 '친구의 친구'보다 더 낮다(Kim 2007).

국제사회에서 영원한 우방도 또 영원한 적국도 없다고들 한다. 그만큼 우적 관계가 유동적이라는 의미이다. 그렇다고 우적 관계가 아무렇게나 전개되는 것은 아니다. 우적 관계 전개에 중요하게 작용하는 요인 가운데 하나는 제3국과의 관계다.

(5) 쿠웨이트의 반이라크 연대

쿠웨이트는 인구수와 국토면적에서 대략 세계 150번째 정도의 작은 나라다. 1991년 2월 쿠웨이트는 이라크의 점령에서 벗어났다. 쿠웨이트는 거의 20배가 더 큰 이라크의 점령에서 어떻게 해방할 수 있었을까? 바로 강대국과의 반(反)이라크 연대로 가능했다.

사실 이라크의 점령 이전에도 쿠웨이트는 대부분의 시기를 큰 제국의 일부로 존재했다. 1752년에 등장한 쿠웨이트는 오스만 제국 이라크주의 한 자치령으로, 또 1899년부터는 영국의 식민지로 존속했다. 쿠웨이트는 1961년 영국과의 불평등 보호조약을 폐기하고 독립하면서 1962년 아랍연맹과 유엔에 회원국으로 가입했으나, 바로 인접한 사우디아라비아와 이라크의 간섭을 받을 수밖에 없는 처지였다.

쿠웨이트가 이라크와 좋은 관계를 유지한 시절은 이라크-이란 전쟁 기간이다. 본래 쿠웨이트는 이란과 좋은 관계였으나, 이란이 호메이니 혁명 이후 아랍 왕정 국가들에 혁명을 수출하려고 하자 쿠웨이트는 이란의 경쟁국인 이라크와 협력했던 것이다.

이라크–이란 전쟁 후 이라크 경제는 악화됐고, 이라크와 쿠웨이트는 갈등 관계가 되었다. 이라크는 이란과의 전쟁 비용을 조달하기 위해 쿠웨이트에게서 100억 달러를 넘게 빌렸는데, 이를 탕감해달라고 요구했다. 이라크가 쿠웨이트를 대신해서 이란과 싸워 주어 쿠웨이트가 혜택을 보았다는 근거에서였다. 또 이라크는 쿠웨이트가 슬랜트(경사) 채굴 방식으로 이라크 영토의 석유를 도굴하고 있다고 주장했고, 그렇게 훔쳐간 석유가 24억 달러 정도 되니 배상하라고 쿠웨이트에게 요구했다. 게다가 이라크는 쿠웨이트의 석유 증산으로 유가가 떨어져서 매년 100억 달러 이상의 손실을 보고 있다고 주장했다. 1990년 7월 25일 석유수출국기구(OPEC)는 쿠웨이트가 감산을 약속했다고 발표했지만, 8월 2일 이라크는 쿠웨이트를 침공했다.

이라크는 쿠웨이트를 침공하면서 '침공'이라는 용어 대신에 '해방'이라는 용어를 사용했다. 이라크는 본래 쿠웨이트가 오스만 제국의 일부였는데 제국주의 시절 영국이 분리시킨 지역에 불과하고, 쿠웨이트 왕도 정통성과 국내지지가 결핍된 부당한 권력자이며, 따라서 이라크의 쿠웨이트 침공은 곧 쿠웨이트 국민을 부당한 지배자에서 진정으로 해방시킨 것이라고 주장했다. 1990년 8월 이라크는 쿠웨이트를 이라크의 19번 째 주로 공표했다.

거의 모든 강대국들은 이라크의 쿠웨이트 침공을 비난했다. 1990년 8월 3일 유엔 안전보장이사회(안보리)는 이라크가 쿠웨이트에서 무조건 철수해야 한다고 결의했다. 이 외에도 안보리 결의문은 여러 차례 있었는데, 11월 29일에는 이라크군이 1991년 1월 15일까지 쿠웨이트에서 철군해야 하고 그렇지 않으면 모든 수단을 강구할 것이라고 결의했다.

미국은 모로코, 바레인, 사우디아라비아, 시리아, 아랍에미리트, 오만, 이집트, 카타르 등 아랍 국가 다수를 쿠웨이트 지원군에 포함시킴으로써 이라크를 응징하는 정의로운 전쟁이라는 분위기를 조성했다. 이렇게 하여 한국을 포함한 35개국 거의 100만 명에 이르는 연합군이 구성되었다. 물론 연합군의 4분의 3이 미군이었지만 다국적군으로 부르기에 충분할 정도로 다국적이었다. 헌법이 파병을 금지한 독일과 일본은 대신에 재정 지원을 제공했다. 이처럼 쿠웨이트 지원군은 냉전 이래 최대의 국제적 연합군이었다.

이에 비해 이라크는 아랍 국가에서조차 지원을 별로 얻지 못했다. 예멘과 요르단 정도만이 이라크를 간접적으로 지원했다. 이라크는 반(反)이스라엘 성향의 아랍 국가들 도움을 기대하고 이스라엘을 공격했지만, 미국이 이스라엘의 과도한 반격을 자제시켰으며, 따라서 아랍 국가들이

1991년 이라크군이 퇴각하면서 불을 지른 쿠웨이트 유정 지대 상공을 미군 전투기들이 비행하고 있다. 쿠웨이트는 연합군의 강력한 군사력으로 이라크 침공에서 해방되었다.

이스라엘을 응징하려고 이라크를 돕는 상황은 발생하지 않았다.

안보리 상임이사국 모두가 동의한 군사적 개입은 아시아·아프리카의 최빈국을 대상으로 이뤄진 경우가 대부분이다. 최빈국을 제외한 유엔의 군사적 개입은 이라크의 쿠웨이트 침공 때가 거의 유일하다. 만일 오늘날 이라크가 쿠웨이트를 침공했다고 한다면, 안보리 상임이사국 전원이 쿠웨이트를 지원하기는 어려울 것이다. 현재 주요 석유수출국 하나인 러시아만 해도 이라크의 쿠웨이트 침공으로 인해 중동산 유가가 오르면 나빠질 것보다 좋아질 게 더 많아 굳이 이라크를 응징하려고 하지 않을 것이다. 현재 러시아는 아랍 지역에서 미국 및 유럽 국가들과 이해관계가 달라 반대편에 서서 대립하고 있다.

1991년 2월 27일 연합군의 공격을 견디지 못한 사담 후세인 이라크 대통령은 이라크군 철군 명령을 내렸고, 조지 부시 미국 대통령은 쿠웨

쿠웨이트에서 이라크로 철군하다 다국적군 공군에 의해 파괴된 이라크 탱크와 트럭들이 일명 '죽음의 고속도로'에 방치되어 있는 1991년 3월의 모습.

이트 해방을 선언했다. 이라크군은 철수하면서 약 700개의 쿠웨이트 유정에 불을 질렀고 또 불을 끄지 못하게 지뢰를 설치했다. 적에게 넘어갈 것은 다 태워버리는 이른바 초토화 작전의 일환이었다. 쿠웨이트 유전의 불은 1991년 11월에야 전부 진화되었다.

작은 나라 쿠웨이트의 해방은 강대국 이해관계와 집단안전보장(집단안보)이 절묘하게 작동한 결과이다. 사실 집단안보는 집단방위동맹(동맹)과 여러 가지 점에서 구별된다. 첫째, 동맹에서는 응징 대상(잠정적 도발국)이 특정되어 있는 반면에, 집단안보의 응징 대상은 사전에 특정되어 있지 않고 실제로 도발한 국가이다. 누가 도발국인지 합의할 수 있어야 집단안보가 작동할 수 있는 것이다. 둘째, 동맹은 다자 대 다자의 대등한 전쟁으로 전개될 수 있는 반면에, 집단안보는 대다수 대 소수의 일방적인 제재로 추구된다. 국제사회가 도발국을 응징하려는 의지를 갖고 있고 또 도발 세력보다 월등한 힘이 응징 세력에 모여야 집단안보가 작동하는 것이다. 셋째, 동맹은 적대국의 패권 추구를 저지하고 자신의 패권을 추구하는 반면에, 집단안보는 현상유지를 선호하는 체제이다. 집단안보가 작동하는 체제에서는 거의 모든 국가들이 도발을 자제하는 것이다.

1990년 당시의 집단안보체제가 이라크를 특정하여 설정된 것은 아니었다. 누구든 현상을 깨는 국가에 대해 응징하려는 체제였을 뿐이다. 강대국 대부분은 쿠웨이트를 해방시키는 게 자국 이익과 부합했기 때문에 개입한 것이다. 이라크의 침공을 받은 쿠웨이트는 대의명분과 이해관계 모두에서 지원을 받을 여지가 컸다. 이처럼 주변 강대국들의 이해관계와 국제 여론을 자국의 이해관계와 일치시키는 게 외교에서는 매우 중요하다.

바로 인접한 국가가 자국보다 훨씬 강하고 위협적일 때 어떻게 안전을 확보할 수 있을까? 크게 두 가지 옵션으로 추진될 수 있다. 먼저, 인접 강대국과 친밀해지는 것이다. 극단적인 친밀 관계는 아예 연방의 일원으로 속하는 것이다. 그러나 이는 동북아시아의 과거사를 보면 결코 쉬운 일이 아니다. 과거 자국을 지배한 외세에게 다시 지배당한다는 민족의식을 불러일으킬 것이다. 과거사 문제가 해결되지 않은 상태에서 인접 강대국에 거의 흡수되다시피 하기는 어렵다. 민족뿐 아니라 언어, 종교, 문화 등의 기준으로 소수가 될 국가는 합류하기가 더욱 어렵다.

만일 이런 민족주의적 문제가 해결된다고 해도 연방적·연합적 통합은 늘 어렵다. 새롭게 합류할 부유한 국가는 같은 연합 내 빈곤한 다른 국가를 경제적으로 지원해야 하는 부담을 갖는다. 쿠웨이트 역시 이라크와의 유대에 있어 그런 어려움을 체감했을 것이다. 연방·연합에 추가로 포함될 국가가 빈국일 때도 마찬가지의 문제가 발생한다. 예컨대 미국은 어떤 빈국이 미국 연방에 포함되기를 원한다고 해서 이를 받아들이지는 않을 것이다. 영국의 유럽연합(EU) 탈퇴도 그런 맥락에서 추진되고 있다. 이처럼 지리적으로 인접해 있다고 해서 통합이 쉽게 이뤄지는 것은 아니다.

약소국의 다른 옵션은 더 강한 역외 강대국과 친밀해지는 것이다. 원교근공의 원리에서 보자면, 갈등 발생과 내정 간섭의 여지가 큰 인접 강대국에 비해, 지리적으로 멀리 떨어져있는 강대국은 사사건건 영향력을 행사하려 하지는 않는다. 그렇지만 강대국이 지리적으로 떨어져 있는 동맹국을 얼마나 지원할지는 늘 문제이다. 동맹국을 지원하는 것이 자국 이익에 맞아야 지원한다. 그래서 약소국은 강대국과 공동의 이해관계를 갖는 것이 중요하고, 주로 유사한 가치관끼리 연대하는 것이다.

역외 강대국과 역내 강대국 간의 경쟁이 치열할 때에 약소국은 '고래 싸움에 새우 등 터진다'는 식으로 어려움을 겪을 수 있다. 반대로 두 강대국이 서로에게 우호적일 때에도 중간의 약소국은 어려울 수 있다. 두 강대국이 약소국을 희생시키고 나눠 먹기식으로 타협할 수도 있기 때문이다.

5
대중과의 연대

연대론에서 주로 언급하는 연대 파트너는 엘리트(elite) 위주의 정파나 국가이지만, 규모와 효과 면에서 가장 혁신적인 연대 파트너는 대중(mass)이다. 이 장에서는 먼저 대중과의 연대 현상을 공화정(共和政)과 제정(帝政) 간의 체제 변동으로 살펴본다. 그런 후 대중과의 연대 방안으로 국민담화, 국민투표, 선전선동, 홍위병, 포퓰리즘 등을 예시한다. 또 대중과의 연대를 일방만 추진하는 것은 아니기 때문에 진영 간 대결 역시 대중과의 연대라는 범주에서 서술한다.

(1) 제왕과 대중

고대 로마와 근대 프랑스는 선구적으로 도입한 공화정을 폐지하고 제정(帝政)을 채택한 나라이다. 제정의 출범은 엘리트보다 대중에 힘입는다. 고대 로마와 근대 프랑스에서 제정을 도입할 당시 엘리트 계급은 이에 저항했다. 로마의 경우, 공화파와 반(反)공화파는 내전을 겪었고 율리우스 카이사르의 상속자인 옥타비아누스가 대중의 지지를 기반으로 초대 로마 황제로 등극했다.

근대 프랑스에서도 나폴레옹 보나파르트는 쿠데타를 감행했고 대중의 지지를 기반으로 제1공화정을 붕괴시켜 제1제정의 황제(나폴레옹 1세)로 즉위했다. 루이 나폴레옹 보나파르트 역시 프랑스 제2공화정의 대통령

마르쿠스 아우렐리우스 황제가 평민에게 빵을 나눠주는 모습을 그린 조제프-마리 비앙의 1765년 작품.

일 때 쿠데타를 통해 공화정을 붕괴시킨 후 국민투표로 제2제정 황제(나폴레옹 3세)에 즉위했다. 공화정을 무너뜨리고 황제로 즉위할 때에는 모두 대중의 전폭적 지지를 통해서였다. 즉, 공화정이 엘리트 이익을 대변한다고 생각될 때 대중은 제정의 도입을 적극 지지하는 것이다.

나폴레옹 3세는 젊었을 때 사회주의 운동에 적극 가담했다. 세계 최초의 노동자 파업권 인정은 그의 치세 때 나왔다. 물론 제한적인 파업권이었고 또 그가 파업권을 인정하지 않으려 했다는 주장도 있지만 그가 정치 엘리트보다 대중에게서 인기를 얻으려 노력했음은 분명하다. 나폴레옹 3세는 정치 엘리트와 거리를 두고 대신 비(非)정치 엘리트를 중용하여 산업 및 도시의 개발에 집중했다. 이처럼 제정 초기에는 공화정과 달리 황제가 대중과의 연대를 중시한다고 말할 수 있다.

제정이 대중의 지지에서 멀어지면 경쟁 세력의 권력 장악 시도에 취

1850년대 나폴레옹 3세가 파리시에 양도하여 대중이 즐길 수 있게 된 불로뉴의 숲 공원

약할 수밖에 없다. 경쟁 세력은 내부뿐 아니라 외부에서도 올 수 있다. 1인자가 국내 정치에서 주도권을 잃지 않고 또 외부 적에게 완패하지 않을 상황이라면, 외부 위협은 오히려 내부 질서 장악에 도움이 될 수 있다. 이와 달리 국내 정치에서 주도권을 이미 상실했거나 또는 외부 세력에게 치명적인 패전을 당한 상황이라면, 1인자의 정치 생명은 종말을 맞게 되고 아예 1인 체제 자체가 붕괴되기도 한다.

서로마제국이 그런 예이다. 476년 9월 4일(율리우스력) 폐위된 마지막 황제 로물루스 아우구스투스는 종종 로물루스 아우구스툴루스로 불린다. 전설상의 로마 건국자인 로물루스 그리고 '소년황제(어린 아우구스투스)'

1863년 파리살롱전에 '목욕'이라는 제목으로 출품되었다가 낙선된 에두아르 마네의 '풀밭 위의 점심 식사'. 그해 나폴레옹 3세는 대중 스스로 판단할 수 있게 낙선작도 전시하도록 조치하였다.

라는 의미의 아우구스툴루스, 이 두 단어가 결합된 명칭이다. 475년 10월 반란을 일으킨 오레스테스는 황제 율리우스 네포스가 도망가자 자신의 15세 아들을 황제로 추대했는데 그 아들이 바로 로물루스 아우구스투스이다. 이듬해 8월 게르만족 용병대장 오도아케르가 오레스테스를 살해하고 9월 로물루스 아우구스투스를 재위 10개월 만에 퇴위시켰다.

오도아케르는 스스로 서로마 황제로 자처하다가 동로마제국의 황제 제논에게 서로마 황제직을 넘기고 제논의 위임으로 이탈리아 왕이 되었다. 네포스 또한 폐위를 당한 후에도 자신의 본거지인 달마치아(지금의 크로아티아)로 가서 스스로 서로마 황제로 처신하기도 했다. 그래서 마지막 서로마 황제가 로물루스 아우구스투스가 아니라 네포스 또는 오도아케르로 보는 해석도 있다. 하지만 오도아케르는 로물루스 아우구스투스를 폐위시킨 후 서로마제국의 여러 왕국에게서 명목상의 황제직조차 인정받지 못했다. 이와 달리 로물루스 아우구스투스는 재위 당시 서로마 황제의 휘장을 정식으로 사용했고 또 그의 황제 휘장은 오도아케르가 반란 후 동로마제국으로 보냈다는 점에서 로물루스 아우구스투스를 서로마제국의 마지막 황제로 보는 게 적절하다. 마지막 황제가 누구이냐에 대해 이견이 존재하는 만큼이나 서로마제국 말기에는 허울뿐인 황제였다. 황제직 찬탈이 반복되다가 결국 제국이 사라진 것이다.

1870년 9월 4일에는 프랑스제국의 마지막 황제 나폴레옹 3세가 폐위되었다. 나폴레옹 3세는 비스마르크의 이른바 엠스 전보 사건에 분개하여 프로이센에게 먼저 전쟁을 선포했다. 그런데 황제가 직접 나선 스당 전투에서 프랑스군은 프로이센군의 포화를 견디지 못해 항복했고 나폴레옹 3세는 포로로 붙잡히고 말았다. 스당 전투 패전 후 프랑스는 제정을 폐지하고 전쟁을 계속했지만 파리의 함락을 막지는 못했다. 이후 프랑스는 공화정을 채택하여 140년 이상의 공화정 역사를 갖고 있다.

제정과 공화정은 권력의 분배에서 어떻게 다를까? 제정이나 왕정은 지배자의 세습을 기본으로 하고 공화정은 그렇지 않다는 차이가 있으나, 역성혁명뿐 아니라 같은 왕조에서도 세습에서 벗어난 왕위 계승은 종종 일어났다. 지배자가 세습되느냐 아니냐는 것보다 더 중요한 제정과 공화정 간의 차이는 지배자가 1인이냐 아니면 집단이냐는 것이다.

권력 행위자를 크게 1인자, 엘리트, 대중으로 구분할 수 있다. 물론 완전한 집단지도체제에서는 1인자가 엘리트 집단의 한 구성원에 불과하고, 또 완전한 1인 독재체제에서는 엘리트 역시 대중과 다를 게 없을 것이다. 하지만 비록 존재감이 미미하더라도 1인자 지위는 존재하고 또 대중과 구별되는 엘리트 집단도 있게 마련이기 때문에 권력 행위자는 1인자, 엘리트, 대중의 3가지로 구성된다고 볼 수 있다.

개인적 차원의 권력 서열은 1인자, 엘리트, 대중의 순이다. 그런데 행위자 수는 대중, 엘리트, 1인자의 순이기 때문에 집합적 차원의 권력 서열도 늘 1인자, 엘리트, 대중의 순이라고 말할 수는 없다. 봉건체제의

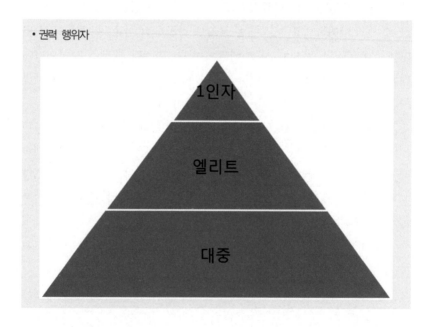

• 권력 행위자

집합적 권력 서열이 1인자, 엘리트, 대중의 순이라면 민주체제에서의 집합적 권력 서열은 대중, 엘리트, 1인자의 순이다.

　1인자, 엘리트, 대중 간에는 어떤 연대가 결성되고 해체될까? 대체로 1인자－엘리트 연대, 엘리트－대중 연대, 1인자－대중 연대의 3가지가 결성되고 해체되어 왔다. 먼저, 선출인단 이론(selectorate theory)에 따르면, 권력자의 주요 기반은 자신이 혜택을 제공하고 그 대가로 충성을 받아내는 지배연합(winning coalition)의 구축이다(Bueno de Mesquita and Smith 2012; Bueno de Mesquita 2014). 이 지배연합은 1인자－엘리트 연대의 예다. 다음으로, 서로 다른 대중 집단을 대표하는 엘리트가 서로 협력하여 민주정치의 안정성을 도모하는 협의제(consociationalism)는 엘리트 간 연대로 불린다(Lijphart 1977; 김재한·레입하트 1997). 협의제에서의 엘리트는 자신이 속한 대중 집단의 이익을 적극적으로 반영하기 때문에 이 연대는 엘리트－대중 간의 연대로도 분류할 수 있다. 끝으로, 1인자－대중의 연대가 있는데, 여기에서는 이에 주목하고자 한다.

　고대 로마에서 공화정이 엘리트와 대중 사이의 경계를 뚜렷하게 하였다면, 제정은 1인자와 엘리트 간의 경계를 높게 만들었다고 할 수 있다. 근대 프랑스에서 왕정이 무너지고 공화정이 도입될 때에는 1인자, 엘리트, 대중 사이의 2가지 경계가 모두 무너질 것으로 기대했지만 그렇지 않았다. 대중은 1인자－엘리트 간의 경계가 무너지면서 엘리트－대중 간의 경계가 오히려 더 강화된다고 느꼈고, 따라서 대중과 연대한 1인자를 내세우면 엘리트－대중 간 경계를 낮출 수 있다고 기대했다. 즉, 1인자－엘리트 간 구분을 전제로 하는 제정을 지지한 것이다. 고대 로마와 근대 프랑스 모두 소수 엘리트가 지지한 공화정은 다수 대중이 지지한 제정에 의해 대체되었다. 그러다가 제정 말기에는 1인자가 대중을 챙겨주지 못해 1인자－대중의 연대가 약화되었고 제정은 외부 세력의 공격에 의해 붕괴되고 말았다.

예전이나 지금이나 독재 정권이 출범할 때에는 소수에게 많이 뺏어서 다수에게 조금씩 나누는 방식을 취한다. 이는 1인자－대중의 연대이다. 시간이 흘러 정권 유지 시기에는 다수에게 조금씩 뺏어서 소수에게 많이 나누는 방식을 채택하는 경향이 있다. 주로 무력이나 여론을 장악한 소규모의 지배집단에게만 혜택을 주면서 권력을 유지한다. 이는 1인자－엘리트의 연대이다.

이에 비해 민주국가에서는 소규모 지배집단만 챙긴다고 해서 정권을 교체하거나 연장하는 게 쉽지 않고 또한 엘리트와 대중 간의 혜택 격차를 크게 유지할 수 없다. 1인자를 지향하는 지도자든 정권을 쟁취하려는 정파이든, 자신이 더 많은 대중을 대표하려는 경쟁으로 정권 쟁취를 도모한다. 다만 제도 변경의 게임에서 대중성이 있는 정치인을 확보한 측에서는 대통령제를 주장하고, 그렇지 않은 측에서는 의원내각제를 주장할 뿐이다. 현대 민주주의에서 대중주의와 엘리트주의는 자신을 잘 대표하는 정치인이 대통령인지 아니면 지역구 국회의원인지에 따라 구분하기도 한다.

대한민국(大韓民國, Republic of Korea)은 헌법과 국호에 공화정을 명기하고 있다. 그런데 한국 대통령 앞에 종종 '제왕(帝王)적'이라는 형용사가 붙는다. 한국 대통령은 제왕적이지 않다는 주장도 있지만, '제왕적 대통령제(imperial presidency)' 용어를 처음 본격적으로 사용한 아서 슐레징거(Schlesinger 1973)가 언급한 미국 대통령제에 비하면 한국 대통령제는 헌법조문과 정치문화의 측면 모두에서 대통령 1인에 권력이 매우 집중되어 있는 제왕적 대통령제이다. 단임제라는 점 말고는 매우 제왕적이다. 그런 맥락에서 대통령제를 공화정보다는 제정에 가까운 권력구조로 보고, 대통령제 대 의원내각제 논의를 제정 대 공화정 논의로 전개하기도 한다.

종종 1인자는 대중이 생각하는 것 이상으로 정치 엘리트를 혐오하기도 한다. 1인자는 엘리트보다 대중과의 연대를 중시하고 대중에 의존하려 하며 이를 통해 엘리트의 부적절한 관여를 무력화시킬 수 있다. 대한민국에서도 1인자에게 권력을 몰아주는 구조로의 개헌에는 모두 대중의 동원 또는 동조가 있었다. 이와 달리 엘리트와 대중, 누구와도 연대하지 않으려는 1인자는 정치적 경쟁력이 낮을 수밖에 없다. 대통령을 포함한 1인자가 민심(대중의 지지)에서 멀어지면 권력의 기반 자체를 잃는 것이다.

다른 한편으로 한반도에는 오늘날 세계에서 찾기 힘든 독보적인 1인 지배 체제가 있다. 바로 북한이다. 만일 조선민주주의인민공화국(Democratic People's Republic of Korea)이라는 이름에 걸맞게 인민을 챙기지 못해서 내부 민심의 이반에다 외부 세력의 압력까지 더해진다면, 1인 지배 체제는 위험하게 된다. 체제 유지를 위해 민심을 더 헤아려야 할 쪽은 1인 지배자이다.

(2) 국민담화

"친애하는 국민 여러분, 나는 은행에 대해 몇 분 간 이야기를 나누고 싶습니다. 은행 메커니즘을 잘 이해하는 소수의 국민뿐 아니라, 특히 단순히 은행에 돈을 넣고 빼는 대다수의 국민과 말입니다. 최근 며칠 동안 어떤 조처가 이뤄졌고 또 왜 그렇게 했는지 그리고 앞으로 어떻게 진행될지 말하고 싶습니다. (중략) 우리나라 금융 시스템의 재정비에서 돈보다 또 금보다 더 본질적인 요소가 있습니다. 바로 국민 신뢰입니다. 신뢰와 용기가 우리 계획의 성공에 본질적인 요소입니다. 국민 여러분은 믿음을 가져야 합니다. 소문과 의혹에 선동되지 말아야 합니다. 합심하여 공포를 떨쳐냅시다. 우리나라 금융 시스템을 복구할 제도가 마련되었습니다. 그걸 작동하게 하는 것은 여러분의 몫입니다. 그것은 내 문제이면서 여러분의 문제입니다. 함께라면 실패할 리 없습니다."

1933년 3월 12일 일요일 밤 10시(현지시간) 백악관에서 루스벨트(Franklin Delano Roosevelt) 미국 대통령이 라디오로 연설한 13분짜리 담화문이다. 1933년 2월부터 미국 은행들이 예금 인출 사태를 겪자, 3월 6일 루스벨트는 은행 영업을 정지시켰고, 9일 미국 연방 의회는 비상은행구제법(Emergency Banking Act; EBA)을 통과시켰다. 루스벨트의 라디오 담화 다음 날인 13일에 다시 영업을 재개한 은행들의 예금 인출 사태는 진정되었다. 미국 국민들은 따로 개인적으로 보관하고 있던 현금을 은행에 예치했고, 미국의 증권 시장은 폭등을 기록했다.

은행 영업 정지 전의 미국 상황은 너도나도 은행 예금을 인출하여

1933년 3월 12일 미국 백악관에서 첫 노변담화를 행하는 프랭클린 루스벨트 대통령.
http://www.americanrhetoric.com/images/fdrfirstfireside.jpg

금융시장 파탄의 길로 가고 있었다. 예금이라는 것은 은행 파산 전에만 인출이 가능하고, 파산 후에는 제대로 돌려받을 수 없다. 은행이 파산하지 않는다면 예금을 꼭 당장 인출해야 하는 것은 아니다. 그러나 당시 대공황 상황에서 은행들의 파산 가능성이 거론되었고, 자신만 예금을 인출하지 않다가는 돈을 날릴 수 있다는 판단에서 남보다 먼저 예금을 인출하려고 했던 것이다.

예금주들이 불필요한 자금을 인출하지 않아야 금융 시장은 정상화된다. EBA 및 그 후속 조치와 같은 제도적 장치만으로는 충분하지 않았고 국민의 불안 심리를 잠재울 대책이 필요했다. 이에 루스벨트는 라디오로 직접 국민들에게 호소했고, 미국 국민은 루스벨트의 담화를 진솔한 것으로 받아들였으며, 따라서 예금 인출 사태는 해결되었다.

1933년 5월 7일 일요일 밤 루스벨트는 라디오 방송으로 뉴딜정책에 대해 설명했는데, 방송 직전 미국 컬럼비아방송사(CBS)가 이를 두 번째 노변담화(爐邊談話, fireside chat)로 불렀고 이후 루스벨트 대통령의 라디오 연설은 노변담화로 불리고 있다. 노변담화는 1933년 3월부터 1944년 6월까지 총 30차례에 걸쳐 짧게는 11분(유럽 전쟁과 관련된 1939년 9월 방송), 길게는 45분(무기한 국가비상상태 선포에 관련된 1941년 5월 방송) 동안 방송되었다. 평균 청취율은 평시가 약 20%, 전시에는 약 60%로 집계되었다.

물론 루스벨트나 미국 국민이 실제 화로(火爐) 옆에 앉아서 말을 하거나 들은 것은 아니다. 마치 늦은 밤 화로 옆에서 대화를 나누는 분위기라는 의미에서 노변담화로 불렀다. 루스벨트의 노변담화는 대통령과 국민을 각기 'I(나)'와 'you(여러분)'로 지칭하였고, 권위적이지 않고 일반인이 이해하기 쉬운 말투였다. 또 담화 내용도 국정에 관한 중요한 정보 그리고 국민에 대한 격려와 부탁으로 채워져 있었다.

노변담화는 거짓 소문을 가라앉히고 정부 정책에 대한 국민의 이해와 수용을 이끌어 루스벨트에 대한 미국 국민의 신뢰를 증진시키는 데에 크게 기여했다. 노변담화를 청취한 미국 국민은 자신이 개인적으로 루스벨트와 친밀한 관계라거나 정책결정 집단의 일원이라는 착각을 불러 일으켰다고 평가되고 있다. 루스벨트가 결혼생활 등 여러 문제점을 안고 있었지만 미국에서 독재자에 버금가는 전무후무한 네 차례 대통령 선출의 배경에는 노변담화가 있었던 것으로 보기도 한다.

이후 미국 대통령은 대(對)국민 담화를 국정 수행의 중요한 수단으로 받아들이기 시작했다. 도널드 트럼프(Donald Trump)가 미국 대통령에 당선한 이후에도 트윗을 계속 하는 이유는 대통령 당선뿐 아니라 대통령직 수행에 도움이 된다고 판단하기 때문일 것이다.

사실 미국 대통령의 첫 라디오 연설은 루스벨트의 노변담화가 아니다. 루스벨트의 전임자인 허버트 후버 대통령은 1929년과 1931년에 걸쳐 라디오 연설 방송을 실시했다. 다만 후버는 내용이나 분위기에서 국민을 설득하는 정도가 루스벨트보다 못했을 뿐이다.

루스벨트 자신도 대통령직에 오르기 전에 이미 라디오 연설을 행한 바 있다. 루스벨트는 뉴욕 주지사 시절인 1929년 4월 3일 처음으로 라디오 담화를 방송했다. 당시 뉴욕주 의회는 반대 정파인 공화당이 다수당이었는데, 루스벨트는 자신이 원하는 법안이 주 의회에서 통과되도록 뉴욕 주민들이 의원들에게 직접 압력을 행사해 달라고 호소했다. 루스벨트가 대통령인 시절의 노변담화도 당시 미국 신문들이 공화당 의견에 가까운 의견을 내던 상황에서 나왔다. 즉, 국민과의 대화 필요성은 엘리트의 협력을 얻지 못할 때 더욱 체감되는 것이다.

엘리트를 거치지 않고 다수의 대중에게 직접 호소하는 방식은 라디오 개발로 더욱 효과적이게 되었다. 노변담화가 시작된 1933년 3월은 독일에서 파울 요제프 괴벨스가 라디오 방송을 우정국 산하에서 계몽선전부 산하로 옮겨 직접 관장하기 시작한 시절이다. 아돌프 히틀러의 연설은 라디오를 통해 독일 국민들에게 생생히 전달되었고 라디오는 히틀러와 독일 대중을 연결하는 주요한 매체 가운데 하나였다. 루스벨트나 히틀러 모두 대중의 지지를 받기 위해 라디오를 적극적으로 활용한 1인 자라는 공통점이 있다. 다만 루스벨트의 라디오 활용은 소통의 일환으로, 히틀러의 것은 선동의 일환으로 구분되고 있을 뿐이다.

사실 소통과 선동은 작동 방식에서 매우 유사하다. 그래서 같은 광장의 정치를 두고 옹호하는 사람들은 소통으로, 비판하는 사람들은 선동으로 부른다. 그럼에도 불구하고 소통과 선동은 여러 점에서 서로 다르다. 소통은 선동과 달리 쌍방향성을 전제한다. 선동이 대중에게 일방적으로 전달되는 것이라면, 소통은 대중으로의 방향뿐 아니라 대중에게서 나오는 방향을 포함한다. 소수의 의견을 무시하고 다수에게서 나오

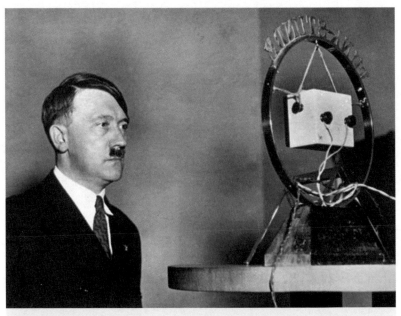

1933년 2월 1일 독일 국민들에게 라디오 연설 중인 아돌프 히틀러 독일 수상

출처: 독일연방아카이브

는 의견만을 중시하는 것 또한 올바른 소통이 아님은 물론이다. 다수의 뜻을 중시하되 소수의 의견도 반영하는 것이 소통이다. 소수의 생각도 그 크기만큼은 반영하는 것이 소통이라면, 선동은 대체로 겉으로 드러난 다수 의견을 전체 의견으로 단정한다. 또 소통이 갈등을 해소하려는 것이라면, 선동은 배아픔 심리를 이용하는 것이다. 그래서 소통은 국민 화합을 지향하는 반면에, 선동은 국민 증오심을 부추겨 이를 이용한다. 소통과 달리 국민의 뜻을 왜곡하는 선동에는 언젠가 후폭풍이 뒤따르게 마련이다.

2017년 탄핵된 박근혜 대통령의 지도력 와해는 국민 신뢰의 붕괴에서 기인한다. 대통령과 국민 간의 소통은 대통령 당선 전보다 대통령 취임 후에 더욱 필요하다. 자신에 대한 국민의 신뢰 수준을 노변담화라는 소통으로 제고시킨 루스벨트와 달리, 박근혜 대통령은 신뢰가 어떻게 형성되고 어떻게 소멸되는지를 잘 파악하지 못했으며 대신에 근시안적인 충성을 신뢰로 이해한 것 같다.

소통과 리더십의 방식은 정보기술 발전에 따라 진화할 수밖에 없는데, 오늘날의 방식은 쌍방향 기능이 강화된 것이라 그 운용이 그렇게 단순하지는 않다. 국가지도자는 제도적 조치가 동반된 합리적인 설득으로 국민의 협력과 통합을 이끌어 국정을 운영해야 한다.

(3) 국민투표

공식적으론 식민지 지위가 아닌 프랑스의 일부였던 알제리가 독립한 때는 제2차 세계대전이 끝난 지 17년이 지난 1962년이었다. 알제리 독립 문제는 당시 프랑스 국내정치의 심각한 갈등 요소였다. 프랑스 군부와 알제리 거주 프랑스인의 지지를 받아 1959년 대통령에 취임한 샤를 앙드레 조제프 마드 드골이 알제리 독립을 추진하자 그의 지지자들은 거세게 반발했다. 이에 대한 드골의 전략은 국민투표였다.

1961년 1월 8일 "알제리 주민의 자치 및 알제리 통치기구에 관한 프랑스 대통령의 제안을 승인하느냐?"를 묻는 프랑스 국민투표에서 75%가 찬성했다. 다음 해 에비앙 협정(알제리 전쟁 휴전)에 관한 4월 국민투표와 알제리 독립에 관한 7월 국민투표(알제리 거주 프랑스인 참여)에서 드골의 제안이 모두 통과함에 따라 알제리는 프랑스에서 마침내 독립하였다.

드골은 1958년 제5공화국 헌법 도입에 관한 국민투표를 시작으로 여러 차례 자신의 정책 추진 동력을 국민투표로 끌어올렸다. 1962년 9월 드골은 대통령 직선제를 내용으로 하는 헌법 개정을 추진했는데, 10월 초 의회가 불신임 표결을 하자 드골은 의회를 해산하였다. 10월 말 국민투표에서 대통령 직선제 헌법은 63%의 찬성으로 통과되었다. 1965

1958년 9월 개헌 국민투표에서 승리한 다음 달 드골이 알제리를 방문하고 있다.

출처: 게티이미지

년 12월 선거에서 드골은 7년 임기로 다시 대통령에 당선되었다.

국민투표가 권력자에게 만능은 아니다. 드골의 정계 은퇴 역시 국민투표에 의해서였다. 1969년 드골은 상원과 지방정부에 대한 자신의 개혁안이 국민투표를 통과하지 못하면 대통령직에서 사임하겠다고 밝혔다. 고령의 드골을 사임시킬 필요성에 공감하던 프랑스 유권자들은 국민투표에서 반대표를 던졌고 드골의 제안이 48% 대 52%로 받아들여지지 않자 드골은 결국 사임했다.

1969년 국민투표는 드골이 정치적 난국을 극복할 목적으로 실시했다가 오히려 역풍을 맞은 것으로 보기도 한다. 국민투표로 흥한 자가 국민투표로 망했다고 평가하는 것이다. 사실 드골은 자신의 진퇴 여부를 국민 의사에 따라 결정하고 싶었을지도 모른다. 독선적이라는 비판과 동시에 공사를 구분하고 강직하다는 평가를 받은 드골은 권력을 장악하거나 연장할 때뿐 아니라 물러날 때에도 국민 의사를 확인하여 결정한 것이다. 권력의 근원을 국민에게서 찾는 일관성을 보여주었다.

국민투표는 헌법에 규정되어 있는 여부에 따라 다른 명칭을 부여 받기도 하지만, 그런 명칭이 나라마다 시대마다 다른 의미로 사용되고 있다. 그만큼 국민투표는 매우 정치적인 속성을 지녀 1인자가 사용할 수 있는 전략 가운데 하나이다. 1인자가 엘리트 집단과 권력을 공유할 수 없을 때 의존할 수 있는 대상은 국민이기 때문이다.

국민 의사를 확인하고 이에 따라 국가 정책을 결정하는 국민투표는 궁극적으로 어떤 의견이 다수이고 어떤 의견이 소수인지를 판정하는 절차이다. 종종 자신의 의견만이 국민 의사라고 서로 주장하는데, 말없는 다수 대신에 목소리 큰 소수의 의견이 국민 의사로 잘못 받아들여지기도 한다. 이에 정확한 국민 의사를 확인하기 위해 국민투표를 실시하는 것이다.

어느 정도 다수의 의견을 국민 의사로 볼 수 있을까? 프랑스의 혁명

발발 후 첫 국민투표(1793년)는 모든 성인 남성이 참가하는 보통선거로 실시되어 99%의 찬성으로 헌법을 채택했는데 사실 투표율은 26%에 불과했다. 더구나 그 헌법은 혁명의 와중이라 효력을 발휘하지도 못했다.

일종의 국민투표인 주민투표에서 찬성이 반대보다 많다고 해서 그 찬성 의견을 주민 의사로 무조건 받아들이지는 않는다. 소수만이 참여한 주민투표의 결과는 주민 의사로 채택되지 않는 관행이 있다. 주민투표의 결과를 주민 의사로 받아들이려면 일정 수준 이상의 투표 참여가 있어야 한다. 현행 대한민국 주민투표법은 투표권자 3분의 1 이상의 투표와 유효 투표수 과반의 득표로 주민투표에 부쳐진 사항을 확정한다고 규정하고 있다.

2016년 6월 24일 데이비드 캐머런 영국 총리가 영국의 EU 탈퇴 국민투표 후 총리직 사임을 발표하고 있다. 1인자의 진퇴는 국민투표로 결정되는 게 일반적이다.

이 3분의 1 투표 참여 조항이 과도하여 주민 의사를 판별하는 데에 지장을 준다는 주장이 있다. 2006년 주민소환제도가 도입된 이래 10년 동안 84건의 주민소환 시도가 있었고, 그 가운데 8건의 지방자치단체장 소환투표가 실시되었으나, 모두 투표권자 3분의 1 미만의 투표로 개표 조차 이뤄지지 않았다. 단체장이 소환투표 불참 운동을 펼치는 상황에서 투표에 참여하는 것은 공개적으로 단체장 소환에 찬성하는 것으로 비춰지기 때문에 단체장의 권력을 체감하는 주민은 불참하게 된다는 것이다. 소환투표에 불참한 표를 소환에 반대한 표로 결과적으로 계산하게 되는 최소투표율 기준은 비밀 투표의 원칙에도 어긋나기 때문에 폐지돼야 하고, 주민소환 여부는 투표 참여자의 단순 찬반 의견에 따라 결정해야 한다는 주장이다.

사실 최소투표율 조항이 있어도 소수 의견이 전체 주민의 의사로 받아들여지는 상황은 여전히 가능하다. 예컨대 찬성하는 16.8%와 반대하는 16.7%는 모두 투표에 참여했고, 나머지 66.5%는 무차별하거나 무관심하여 기권했다고 하자. 3분의 1 이상의 투표 참여만 있으면 주민 의사로 인정되는 조건에서는 전체 유권자의 16.8%만 찬성하는 의견이 전체의 뜻으로 받아들여질 수도 있는 것이다. 기권 66.5%는 새로운 변화를 찬성하기보다 반대하는 쪽에 조금 더 가깝다고 볼 수 있고, 특히 현직 단체장을 임기 전에 조기 퇴임시키느냐 아니냐는 결정에서 기권은 조기 퇴임에 반대하는 의견으로 봐도 무방하다는 주장이다.

이런 최소투표율 조건이 있는 주민투표에서 각 진영의 전략은 어떨까? 찬성하는 진영은 무조건 투표에 참여하여 찬성표를 던지는 것이 제일 나은 선택이다. 만약 전체 유권자의 51%가 찬성하고 있다면 찬성 유권자들은 모두 투표에 참여함으로써 가결의 결과를 얻을 수 있다. 찬성 유권자가 이보다 훨씬 적더라도 투표에 참여했다고 해서 불참했을 때보다 가결 가능성이 줄어들지는 않는다.

반면에 반대 진영은 투표에 참여해서 반대표를 던지는 것이 나은 상황도 있고 아니면 아예 기권하는 것이 나은 상황도 있다. 만약 찬성표가 이미 투표 정족수를 채울 정도이면 참가해서 반대하는 것이 낫고, 만약 찬성표가 반대표보다 많으나 투표 정족수에는 이르지 않는다면 투표에 불참하는 것이 낫다. 예컨대 찬성 유권자 비율이 33%라고 하자. 만약 반대 유권자 그리고 무관심하거나 무차별한 유권자 모두 기권하게 만들 수 있다면 반대 진영은 반대 비율이 1%이든 32%이든 아예 불참하여 부결하는 것이 더 나은 전략이다. 극단적으로 반대 유권자가 1%에 불과하더라도 기권을 유도하여 가결을 저지할 수 있는 것이다.

　　이런 극단적인 예가 아닌 일반적인 상황에서는 찬성 투표자, 반대 투표자, 투표 불참자, 획일적 집단행동자 등의 비율과 불확실성을 감안하여 찬반 진영의 전략을 각각 계산할 수 있다. 기권 전략으로 가게 되면 사실상의 공개 투표라는 속성을 숙지하고 계산해야 할 것이다.

　　2011년 8월 24일에 실시된 무상급식 지원범위에 관한 서울특별시 주민투표는 특정 안에 대한 가부가 아니라, 소득 하위 50% 학생을 대상으로 단계적으로 실시한다는 제1안과 모든 학생을 대상으로 전면적으로 실시한다는 제2안 가운데 택일하는 방식이었다. 몇몇 여론조사를 종합해보면 당시 서울시민의 선호는 제1안 20%, 제2안 15%, 무차별/무관심 65% 정도로 정리할 수 있다. 이 선호 그대로 투표했더라면 제1안으로 정리되었을 것이다. 그러나 실제 결과는 최종투표율 25.7%로 개표 없이 무효로 결정되었다.

　　이에 한나라당은 2010년 서울시장 선거에서 오세훈 후보가 얻은 유권자 대비 25.4%(한명숙 후보 25.1%, 기권/무효 46.4%)보다 더 득표했기 때문에 사실상의 승리라고 자평했다. 반면 야당은 주민투표가 부결되었으니 제2안으로 결론 난 것이라고 주장했다. 이 주민투표는 양립 불가능한 대립적 의견을 하나로 결론 내리지 못했다. 대신에 소수 진영이더라도 그 한계를 극복할 수 있는 전략적 선택이 존재함을 보여줬을 뿐이다.

다수의 의사로 확인된다고 해서 모든 사안이 다 받아들여져서는 아니 된다. 독일 나치의 예처럼 일시적인 다수에게 무한한 권한을 부여하게 되면 국민투표 역시 독재 권력을 정당화하는 도구에 불과하다. 그래서 제2차 세계대전 종전 후 강력한 전체주의적 독일 정권의 재등장을 원치 않은 연합국은 비례대표제 중심의 정치제도를 독일에 도입했다.

1972년 유신헌법은 국민투표에 의해 채택되었다. 1975년 박정희 대통령은 유신헌법의 존속을 국민투표에 부치고 그 결과를 자신에 대한 신임투표로 받아들이겠다고 밝혔다. 2월 12일 실시된 국민투표에서 80%의 투표율과 73%의 찬성률이라는 선관위 공식 집계로 유신헌법은 존속으로 가결되었다. 유신헌법의 도입과 존속 모두에서 다수의 찬성이 있었지만, 다수가 소수의 기본권까지 박탈할 수 있는 권한까지 부여 받은 것은 아니었다.

현행 헌법 제72조는 대통령이 필요하다고 인정할 때에는 외교·국방·통일 기타 국가 안위에 관한 중요정책을 국민투표에 부칠 수 있다고 규정하고 있다. 2003년 10월 노무현 대통령은 자신에 대한 재신임 국민투표를 12월에 실시하자고 제안했는데, 2004년 헌법재판소는 현행 헌법이 대통령의 재신임 국민투표를 허용하지 않는다고 결정했다. 중요정책이든 재신임이든 국민투표에 무관심한 국민을 어떻게 이끄느냐에 따라 국민의 뜻은 다르게 나타날 수 있는 것이다.

(4) 선전선동

독일 나치 정권의 대중과의 연대는 선동을 통해 이루어진 부분이 크다. 나치의 선전 정책에서 관찰되는 대중 규합 과정은 다음과 같이 요약될 수 있다.

첫째, 선동 규합은 이성보다 대중 감성·본능의 자극을 통할 때 효과
적이다. 여러 선거와 전쟁 때 나치가 활용한 도구는 확성기연설, 신문,
포스터, 유니폼, 음반, 라디오, 영화, 취주악단, 합창, 횃불퍼레이드, 대
규모집회 등이었고 주로 감성을 자극하는 방식이었다. 특히 영화는 나
치 정권이 공을 들인 선전수단이었고, 나치 때 제작된 영화들은 오늘날
에도 효과 면에서 영화사의 한 획을 긋는 작품으로 인정받고 있다. 영상
은 있는 그대로 방영하는 것보다 편집을 가하는 것이 더 큰 감동을 준
다. 실제 다큐멘터리나 사건보도에서도 그런 설정은 시청률을 높이기
위해 이용되기도 한다. 오늘날 한국 사회에서 이미 종료된 이슈가 영화
나 TV프로그램으로 다시 이슈화되면서 재조사되고 새로운 조치가 내려
지기도 한다.

독일-오스트리아 합병에 관한 국민투표를 앞두고 1938년 3월 비엔나에서 히틀러가 연설하
고 있다.

사람은 남뿐 아니라 자기 선입관에 의해서도 휘둘린다. 믿고 싶은 것만 믿기도 한다(Manjoo 2008). 특히 선호는 이성보다 감성에 따라 좌우될 때가 많다. 감성이라는 코끼리 위에 올라탄 기수가 이성인데, 이성이 감성을 리드하는 것처럼 보이지만, 코끼리와 기수가 서로 의견이 다를 때에는 언제나 코끼리(감성)가 이긴다는 것이다(Haidt 2006). 이성은 남을 이해할 때보다 남과 싸울 때에 더 사용된다는 주장도 있다(Mercier and Sperber 2011).

둘째, 감성 가운데에서도 불안, 공포, 증오로 대중을 선동하여 규합하는 방식이 나치에 의해 이용되었다. "좌절감을 이용하되 줄여주어야 한다."는 나치 선전책임자 괴벨스의 말처럼, 바이마르공화국 실패로 좌절감이 이미 팽배했기 때문에 선동이 통했다. 좌절감은 증오로 연결된

1935년 히틀러와 괴벨스가 당시 세계적인 독일 영화사인 유니버설영화사(UFA)에서 영화를 살펴보고 있다.

출처: 독일연방아카이브

다. "분노와 증오는 대중을 열광시키는 가장 강력한 힘이다."고 말한 괴벨스는 1927년에 주간지『공격(Der Angroff)』을 창간하여 반(反)유대주의를 활용했다. 나치당 선전책임자로 부임한 1930년에는『공격』을 주간지에서 일간지로 바꿔 발간했다. 독일인들이 불행하게 된 탓을 만들어야 했는데 그 탓이 유대인이었다. 감성적인 대중은 악인의 모든 것이 나쁘다고 생각하기 쉽기 때문에 증오는 쉽게 증폭된다. 특정 집단을 증오하면서 독일 '민족공동체' 의식과 '투쟁공동체' 의식을 강화했다.

오늘날 일본에서도 일부 극우집단은 자신들의 불행이 재일한국인을 비롯한 외국인 탓이라고 선동하고 있다. 대내적으로도 탓 만들기는 존재한다. 역대 대통령들 임기 후반 때 나쁜 일만 생기면 모두가 인기 없는 대통령 때문이라고 말하는 것 또한 탓 만들기 일종이다.

증오 대상을 너무 확대하여 스스로 사면초가를 만드는 것은 전략적

1933년 4월 베를린 이스라엘백화점 앞에서 전개된 유대인업체 불매 운동. 나치돌격대(SA) 요원의 표지판에는 "독일인이여! 자신을 보호하라! 유대인에게 구매하지 말라!"고 적혀있다.

출처: 독일연방아카이브

이지 못하다. 나치 독일은 서로에게 적대적일 수밖에 없었던 볼셰비키와 앵글로색슨 모두를 적대시함으로써 '적의 적은 친구'라는 맥락에서 맺어진 미·영·소 연합군에게 결국 패배하고 말았다.

셋째, 악마를 만들면 영웅 출현도 필연적이다. 나치의 증오감 고취에는 히틀러 카리스마와 신화의 구축이 뒤따랐다. "대중은 지배자를 기다릴 뿐, 자유를 줘도 어찌할 바를 모른다"며 괴벨스는 대중이 아래로부터의 결정보다 위로부터의 지배를 더 편하게 느낀다고 봤다.

오늘날은 대중이 정보를 접하기 어려웠던 괴벨스 시대와 다르다. 한국사회에서 정치인이든 연예인이든 스스로를 낮춰야 지도자로 남을 수 있다. 사실 괴벨스도 비슷한 말을 했다. "대중이란 여성과 같다. 금발의 푸른 눈을 가진 거구보다 신체적 약점을 지닌 사람에게 모성애를 보인다." 대중은 정치인에게 존중 받기를 원한다. 경쟁자가 대중을 모멸했다고 인식시킬 수 있다면 대중을 쉽게 선동할 수 있는 것이다.

넷째, 선동에서는 내용이 진실이냐 거짓이냐는 것보다 신뢰를 받느냐 아니냐가 더 중요하다. 괴벨스는 다음과 같은 말로 거짓 선동이 매우 효과적일 수 있음을 강조했다. "승리한 자는 진실을 말했느냐 따위를 추궁당하지 않는다." "이왕 거짓말을 하려면 될 수 있는 한 크게 하라. 대중은 작은 거짓말보다는 큰 거짓말을 잘 믿는다." "사람들이 거짓말을 듣게 되면 처음에는 절대 아니라고 생각하다가 그 다음에는 의심하게 되고 계속 듣다 보면 진실이라고 믿게 된다." "거짓과 진실의 적절한 배합이 100%의 거짓보다 더 큰 효과를 낸다." "선동은 문장 하나로도 가능하지만 그것을 해명하려면 수십 장의 문서와 증거가 필요하다. 해명할 때면 이미 대중은 선동 당해있어 어떤 해명보다 선동 내용을 더 잘 기억한다."

SNS에 떠도는 거짓 정보를 언론이 SNS에서 돌고 있는 내용이라고 보도만 해도 사람들은 진실로 받아들이게 된다. 이후의 진실 규명 행위는 기억조차 되지 못한 때가 많다.

객관적 사실을 인지하는 것조차 주변 다수에 의해 영향을 받는다. 컴퓨터를 고장 내지 않은 사람이 있는데, 주위 사람들이 그가 고장 내는 장면을 보았다고 말하자 실험참가자 다수가 혐의를 인정한 실험결과가 있으며(Kassin 1997), "서로 다른 선분 3개를 주고 네 번째 선분과 길이가 같은 것을 고르라"는 질문에 거의 모든 피실험자들이 정답을 맞혔지만, 실험 주관자가 일부러 배치한 주변 사람들이 모두 틀린 답을 말하도록 하면 피실험자 $\frac{3}{4}$이 자신의 응답을 바꾸었다는 실험결과도 있다(Brafman and Brafman 2009).

다수가 거짓을 진실이라고 말하면 나머지 사람들도 그 거짓을 진실로 받아들이기 쉽다. 세 사람이 없던 호랑이를 봤다고 말하면 호랑이 존재가 진실로 받아들여진다는 전국책(戰國策)의 삼인성호(三人成虎)가 그런 예이다. 거짓을 자꾸 듣다보면 진실로 받아들일 수 있다. 이는 시간적 의미의 삼인성호, 즉 삼시성호(三時成虎)로 표현될 수 있다.

상식(common sense)은 거의 모든 사람이 공유한 생각으로 봐야 하는데, 목소리 큰 일부의 생각이 상식이라는 이름으로 강요되기도 한다. 급진세력과 반동세력 모두 자신의 의견이 상식이라고 주장한다. 다수 생각이 무조건 옳다고 받아들여질 때 포퓰리즘과 인민재판식 심판이 흥행한다. 나치의 선동과 선전은 규합에 도움이 됐다. 그렇지만 선동과 선전만으로 그 연대를 오래 지속할 수 없었다. 결국 전쟁을 일으켜 패전했고 비참한 최후를 맞이했다.

(5) 홍위병

1966년 5월 중국에서는 '무산계급문화대혁명'(이하 문혁)이 시작되었다. 부르주아 반동을 폭로하고 비판하여 문화의 영도권을 탈취하자는 내용의 '중국 공산당 중앙위원회 통지' 이른바 '5.16통지'가 발표된 것이다.

문혁은 1962년 '사회주의 교육 운동'의 개시, 1964년 마오쩌둥 어록 (小紅書, 소홍서)의 발간, 1965년 마오쩌둥을 간접적으로 비평한 역사극 '해 서파관(海瑞罷官)'에 대한 비난 등에서 이미 진행 중이었다고 볼 수도 있 다. 하지만 권력 1인자의 기획이라는 문혁의 특성을 고려하면 문혁은 1966년 5월 16일 마오쩌둥이 주도한 중국 공산당 정치국 확대회의에서 출범했다고 말할 수 있다.

당시 마오쩌둥은 '대약진운동'에 실패하여 권력에서 한 발짝 물러서 있었고 이를 틈타 다른 엘리트 세력들이 마오쩌둥의 권력을 대체하려는 듯한 형국이었다. 이러한 권력 교체 시도 움직임에 대한 마오쩌둥의 대

3인의 어린 홍위병이 펜과 마오쩌둥선집을 들고 있다.

출처: 1971년 광시성 초등학교 교과서 표지

응은 대중과의 연대였다. 대중 가운데에서도 지도자와 일체감을 갖고
폭력적으로 행동하는 군중과의 연대였다. 폭도적 군중인 홍위병(紅衛兵)을
통해 마오쩌둥은 정치적 경쟁 세력을 숙청했다. 홍위병은 마오쩌둥의
지원과 지도 아래 자본주의와 관련된 것들을 척결했다. 문혁은 지도자
개인의 권력 장악을 위한 성공적인 한 수였던 반면, 국가적 차원에서는
10년 이상 발전을 저해시킨 나쁜 수였다.

　권력과 시장 간의 관계에서 군중이 늘 권력에 편드는 것은 아니다.
권력, 시장, 군중의 3자 간 연대 양태는 다양하다. 먼저, 시장−군중 간
의 비(非)정부 연대이다. 이 연대는 권위주의 정권에 대한 저항일 때도
있고 무정부주의처럼 극단적일 때도 있다. 다음, 권력−시장 간의 비(非)
대중 연대이다. 정경유착은 권력이 공익 대신에 영리를 추구하는 부정

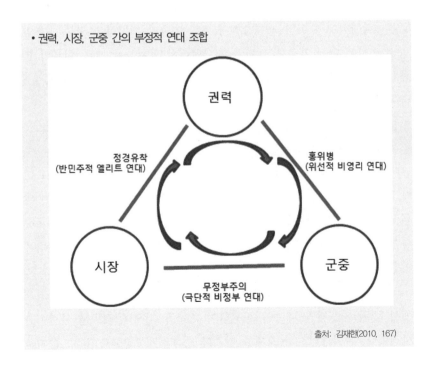

• 권력, 시장, 군중 간의 부정적 연대 조합

출처: 김재한(2010, 167)

적인 엘리트 연대의 예이다. 끝으로, 권력−군중 간의 비(非)영리 연대이다. 이는 민관(民官) 거버넌스와 같은 긍정적인 기제로 작동하기도 하고, 반대로 위선적 비영리를 내세워 자율적 시장을 파괴하기도 한다. 중국의 홍위병은 권력과 연대한 군중이 시장적 가치를 훼손한 부정적 사례이다.

권력자가 엘리트 지배연합 대신에 맹목적 충성도가 여전한 군중과 손잡는 전략은 독재 강화의 단계에서 자주 관찰된다. 일찍이 고대 로마 공화정 시대에 대중적 인기를 누린 권력자들이 자주 활용했다.

근·현대 한국 정치에서도 관찰된다. 대한민국 제헌 헌법은 대통령을 국회에서 선출토록 하고 있었는데, 국회에서 재선되기 어렵다고 판단한 초대 대통령 이승만은 1951년 11월 대통령직선제 개헌안을 국회에 제출했다. 국회는 1952년 1월 대통령직선제 개헌안을 부결시키고 대신 4월 내각책임제 개헌안을 제출했다. 5월 이승만 대통령은 정부 개헌안을 수정하여 다시 제출했고 기존 개헌안에서 발췌하여 만든, 이른바 발췌개헌안을 만들도록 했다. 관제 데모를 동원하여 국회를 압박했고, 7월 국회는 기립 표결로 발췌개헌안을 통과시켰다. 새로운 헌법에 따라 8월 이승만 대통령은 국민선거로 재선되었다. 엘리트 집단 대신 국민을 동원하여 대통령직을 유지한 것이다.

엘리트 집단에 의존하다 결국 권력 유지에 실패한 역사적 사례도 있다. 조선 말 고종은 일찌감치 개화파나 농민세력과 손을 잡았더라면 왕위를 지킬 수 있었을지도 모른다. 지배계급에 대한 미련을 버리지 못하다가 친일파 엘리트에 둘러싸인 고종은 1907년 강제퇴위를 당할 수밖에 없었다.

마오를 위한, 마오에 의한, 마오의 문혁은 엘리트 집단 내부의 경쟁에서 밀린 지도자가 대중을 동원하여 거꾸로 지배 엘리트를 물갈이한 사건이다. 권력 1인자의 교체를 가져다 준 다른 혁명들과 달리, 문혁은 오히려 1인자의 권력 강화를 위해 나온 것이었다. 오랜 기간 대규모로 동원된 군중 폭력은 권력자의 지원 없이는 불가능한데, 독일 나치즘 정도만이 문혁에 겨우 비견될 정도이다. 마오쩌둥은 한 세대 앞선 블라디미르 레닌뿐 아니라 같은 세대인 아돌프 히틀러의 군중 동원에 대해서도 인지하고 있었을 것이다. 마오쩌둥과 히틀러의 군중 동원은 여러 가지 면에서 유사하다.

1966년 천안문광장 홍위병 집회에서의 마오쩌둥.

고대 그리스부터 언급되어 온 선동은 오늘날 뇌과학에서 전전두엽 피질(PreFrontal Cortex)의 기능이 퇴화하면 쉽게 선동된다는 식으로 설명할 것이다. 또 여러 사회실험에서 참가자들은 자기 몫이 크지만 남의 몫이 더 커서 상대적 박탈감을 느끼게 되는 상황보다, 자기 몫이 작더라도 남의 몫이 더 작아 상대적 박탈감을 주지 않는 상황을 선호했다. 남의 고통(schaden)을 나의 기쁨(freude)으로 여기는 샤덴프로이데가 인간의 본성에 가깝다는 것이다.

나치와 문혁 모두 선동하기 쉬운 경제 상황 때 발생했다. 1차 세계대전 패전 후 다수의 독일인들은 의회민주주의와 같은 대의제가 독일 경제 문제를 해결하지 못한다고 생각했다. 1921년 히틀러는 제대한 우파 군인을 중심으로 나치돌격대(Sturmabteilung; SA)를 만들어 운영했다. 대

1933년 독일 도르트문트의 나치돌격대 집회에서 연설하는 히틀러.
http://collections.yadvashem.org/photosarchive/s637-469/3211727122963957099.jpg

공황으로 실업자가 대량 발생하면서 1933년 SA의 규모는 200만 명에 이르렀다. 제1차 세계대전 패전 후 법에 의해 10만 명을 넘지 못한 독일 정규군을 압도하는 규모였다. 1922년 SA의 청소년 조직으로 출범하여 개편한 히틀러청소년단(Hitlerjugend; HJ)도 강제적 가입에 힘입어 800만 명에 이르는 대규모였다. 나치는 독일 경제의 불황을 유대인 탓으로 돌려 유대인을 증오 대상으로 만들었는데 SA는 유대인 탄압을 행동으로 옮긴 돌격대였다. 독일인 일부는 유대인 탄압에 환호했다.

1960년대 전반의 중국 역시 흉작과 경제정책 실패로 아사자가 증가했다. 분배할 경제적 재화가 충분하지 못했고 대신에 정서적 유대감이 더욱 필요한 상황이었다. 1963년부터는 중국이 외국과 직접 전쟁을 수

1935년 중국에서 캠프 참가 중인 히틀러청소년단. 30년 후 중국에는 마오쩌둥 홍위병이 등장한다.

출처: 독일연방아카이브

행하지 않아 공공의 외부 적이 뚜렷하지 않았다. 남의 불행을 고소하게 여겨 행복감을 느끼게 만드는 국내적 샤덴프로이데 말고는 당장 가능한 게 별로 없었다. 홍위병은 엘리트 집단을 공개 처단함으로써 한풀이 식의 순간적 희열을 공감했다.

군중 동원의 방식에 있어서도 나치와 문혁은 유사했다. 나치가 전(全) 국민에게 라디오를 보급하면서 선전을 강화하여 정권을 유지하였듯이, 문혁도 1950년대 후반부터 전국에 보급된 라디오를 적극 활용했다. 분서갱유(焚書坑儒)식의 공개적 의식도 있었다. 1930년대 독일대학생협회 주도로 나치즘에 반(反)하는 서적을 공개적으로 불태우는 분서 의식을 행했듯이, 홍위병은 명·청 시대의 유골과 서적을 공개적으로 훼손했다.

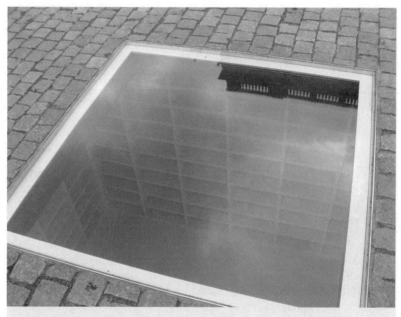

1935년 나치 정권이 수만 권의 책을 불태운 베벨광장의 지하에 설치된 빈 서가 모습의 기념물. 증오와 배척을 통한 대중 동원은 결국 자멸로 이른다.

권력자가 군중 조직으로 권력을 장악한 이후에는 그 조직이 자신을 위협한다면 바로 해체했다는 점 역시 유사하다. 독일 정규군으로 편입하려는 SA의 지도부를 히틀러가 1934년에 처형했듯이, 마오쩌둥도 인민해방군을 동원하여 1968년 홍위병을 해체하여 농촌으로 보냈다. 1934년은 히틀러가 수권법을 통해 독재체제를 구축한 해이듯이, 1968년은 마오쩌둥이 문혁으로 정치적 경쟁자 모두를 제거한 해였다.

　대중과의 연대라고 해서 무조건 나쁜 것은 아니다. 대중과 전혀 소통하지 않는 것보다 민주주의에 더 부합한 행위이다. 실제 나치와 문혁은 모두 초기에 좋은 평가를 받기도 했다. 나치의 군중 동원을 독일 국

영국 엘리자베스 2세(왼쪽에서 두 번째)가 공주 시절인 7세 때인 1933년 왕실 가족과 함께 나치식 거수경례를 하는 모습. 초기 나치즘은 국내외에 인기가 있었다.

출처: The Sun

민의 적극적 참여로 보는 견해도 있었고, 문혁 역시 초기엔 바람직한 새로운 민주주의의 실험이라고 언급되었다.

1968년 프랑스 '68혁명' 때 학생들은 중국 홍위병처럼 마오쩌둥 어록을 갖고 시위에 참여하기도 했으며, 장 폴 사르트르를 비롯한 유럽 지식인들 상당수는 스스로를 마오주의자로 칭하기도 했다. 문혁이 관료주의를 척결하고 만민평등을 실천한 진정한 시민혁명이라고 평가했던 것이다. 문혁을 긍정적으로 평가한 1960년대 후반의 외국 문헌을 10년 지나 구해 읽고 1970년대 후반과 1980년 전반에 걸쳐 한국 내에서 문혁을 극찬하여 소개한 해프닝도 발생했다. 문혁이 끝난 이후의 평가는 '대혁명'이 아니라 '대소란'이었다는 게 중국과 국제사회의 평가이다. 중국에서는 문혁이 시작한 해(1966년)부터 마오쩌둥이 사망하고 4인방이 체포된 해(1976년)까지를 '십년동란(十年動亂)'으로 부르기도 한다.

다수 대중을 동원한 히틀러와 마오쩌둥의 방식은 자신과 의견이 다른 쪽을 공공의 적으로 만들어 말살하려 했기 때문에 반(反)민주적이었다고 평가된다. 다수 쪽이 진실, 진리, 도덕, 선이고 소수 쪽은 그 반대라는, 거짓 민주주의를 내세워 자신과 남을 선악으로 구분한 것이다. 이는 개방에 대한 혐오감을 심어주어 폐쇄적 체제를 유지했기 때문에 단기적으로 가능했던 일이다.

최근 중국에서 문혁 때가 좋았다는 목소리가 일부 나오기도 한다. 중국 내 빈부격차 증대와 부, 학벌, 당직의 세습이 그런 인식을 다시 불러일으키고 있는 것이다. 반(反)엘리트주의는 일종의 포퓰리즘이다. 엘리트가 기득권층일 때도 있고 어떤 경우엔 포퓰리즘에 기반을 둔 권력자가 더 큰 정치적 기득권자일 때도 있다. 지배 엘리트 내의 경쟁에서 밀린 파벌이 대중을 끌어들이는 전략은 민주주의체제에서 나올 수밖에 없다. 그래서 국민이 깨어 있어야 민주주의는 지속 가능하다.

(6) 포퓰리즘

포퓰리즘(populism)은 오늘날 권력자와 대중 간 연대의 효과적인 매개 가운데 하나이다. 포퓰리즘의 대표적 권력자는 아르헨티나의 후안 도밍고 페론이다.

1943년 6월 4일 쿠데타 직후 현역 대령 페론은 국방부에 근무하면서 노동사회보장처를 거의 창설하다시피 해서 6개월 후 노동사회보장처 장관직을 맡았다. 당시 노동사회보장처는 마이너 정부 부처로 간주되었지만, 페론이 주도한 첫 아르헨티나 사회보장제도는 그를 대중적 인기의 정치지도자로 우뚝 세워주었다. 페론은 최대근로시간, 재해보상, 유

1945년 10월 17일 아르헨티나 부에노스아이레스의 정부 청사 앞에서 후안 페론의 석방을 요구하는 데스카미사도(셔츠가 없는 빈곤층을 일컫는데 시위 참가자 대부분은 셔츠를 입고 있음)의 시위 모습. 이날 페론은 석방되었고 아르헨티나 '로열티 데이'의 기원이 되었다.

급휴가, 최저임금, 상여금, 퇴직금 등을 법제화하고 해고조건 강화, 노조 설립 지원, 노사분규 조정, 집세 동결 등 여러 노동·사회복지 정책을 실시했다. 1944년 1월 산후안 지역에서 지진이 발생했을 때 페론은 국민 동원 능력을 마음껏 보여주었다. 그리하여 1944년 2월부터 국방부 장관직을, 7월부터는 부통령직도 겸직했다.

1945년 9월 페론은 "아르헨티나 국민들이 사람답게 살 수 있도록 사회개혁을 이뤘다"고 연설했다. 1945년 10월 군부 내 페론의 경쟁 집단은 페론을 모든 공직에서 해임하여 4일 후 구속시켰다. 그러자 에비타(에바 두아르테) 등이 그의 석방을 요구하는 민중 시위를 전개했다. 10월 17일 석방된 페론은 밤 11시 10분 정부 청사 발코니에서 30만 청중을 상대로 아르헨티나를 '강하고 정의로운 국가'로 만들겠다고 연설했다. 이날은 오늘날 아르헨티나에서 '로열티 데이'로 기념되고 있다. 첫 번째 아내와 사별한 페론은 석방 5일 후 에비타와 결혼했다. 에비타의 합류 후 페론의 주 지지층은 노동자·여성으로 더욱 뚜렷해졌으며, 다음 해 대통령 선거를 향해 더욱 조직화되었다.

1946년 2월 대통령 선거에서 페론은 투표자 과반의 지지를 얻어 6월 4일 대통령에 취임했다. 1951년 11월 아르헨티나 여성에게 처음으로 참정권이 부여된 대통령 선거에서도 페론은 압도적인 표차로 당선됐다. 이듬해 6월 4일 페론은 두 번째 대통령 임기를 시작했지만, 7월 에비타의 사망 이후 국정 운영에 어려움을 겪었다. 이어 1955년 발생한 군부 쿠데타로 대통령직을 잃고 17년 동안 스페인 등지에서 망명 생활을 했다.

1973년 3월 페론의 출마가 봉쇄된 채 실시된 대통령 선거에서 페론이 지명한 후보는 대통령에 당선되어 5월에 취임했다가 페론을 위해 7월 사임했다. 9월 실시된 대통령 선거에 페론은 출마하여 당선됐고 10월에 세 번째 대통령 임기를 시작했으나 9개월도 채우지 못하고 병사했

누마 아이린하크가 그린 페론 부부의 1948년 공식 초상화. 부인을 대동한 유일한 아르헨티나 대통령 공식초상화로 알려져 있다. 노동자·여성이 페론의 주요 지지층이었다.

다. 부통령이자 세 번째 부인인 이사벨 페론이 대통령직을 계승했으나, 1976년 군부 쿠데타로 정권을 잃었다.

페론은 국민 인기를 얻는 데에 뛰어난 소질을 보였다. 특히 두 번째 부인 에비타의 도움이 컸다. 에비타는 사생아로 태어나 여러 고난을 겪었던 이른바 흙수저 출신으로 파격적이고 소탈한 언행으로 데스카미사도(셔츠가 없는)로 불리는 저소득층으로부터 짙은 공감을 얻었다. 에비타를 시성(성인으로 추앙)해달라는 아르헨티나인들의 편지 약 4만 통이 그의 사후에 바티칸으로 쇄도하기도 했다.6

후안 페론에 대한 평가는 오늘날에도 양극화되어 있다. 페론이 한때 베니토 무솔리니와 아돌프 히틀러를 동경했고 나치 전범의 아르헨티나 거주를 허용했다는 사실에서 페론의 정치를 파시즘으로 설명하기도 한다. 또 페론이 마오쩌둥을 직접 언급했고 체 게바라나 살바도르 아옌데 등과 교류했다는 사실에서 사회주의로 설명하기도 한다. 실제로 페론과 에비타를 추종하는 페론주의자들 가운데에는 극우도 있고 극좌도 있다. 좌와 우를 일직선 대신 편자(horseshoe)나 원 모양의 곡선 위에서 분류하는 관점에서는 페론주의를 파시즘·공산주의 모두와 유사하게 분류한다.

페론 집권 시절의 아르헨티나는 산업화를 성공적으로 수행했고 중산층도 두터워졌다는 주장이 있지만, 페론 정권은 아르헨티나 국가 경제를 망가트렸고 국민을 포퓰리즘에 중독되게 하여 늪에서 빠져 나오지 못하게 만들었다는 평가가 주류를 이루고 있다.

포퓰리즘은 그 의미를 다르게 받아들일 때도 있지만, 대체로 대중의 단기적 인기에 영합하는 것을 말한다. 개인이 아닌 단체의 술로 회원들에게 생색을 내는 계주생면(契酒生面), 또는 아침 3개 저녁 4개 주는 것 대신 아침 4개 저녁 3개 주는 것으로 눈속임을 하는 조삼모사(朝三暮四)로 여겨지고 있다.

포퓰리즘이 공격하는 대상은 주로 기득권, 엘리트, 다원주의 등이다.

국민의 인기를 얻으려는 노력 자체는 민주주의적이다. 그런 맥락에서 포퓰리즘이 나쁜 게 아니라는 주장도 있다. 그렇지만 대체로 포퓰리즘은 국가 지속 발전에 필요한 기득권에도 반대하고 또 생산적이지도 않기 때문에 결국 국가 상태를 악화시키는 나쁜 행위로 여겨지고 있다. 특히 자원·노동에서 오는 특정 계층의 가치를 빼앗아 다른 특정 계층에게 이전하는 행위는 결코 민주적이지 못하다.

물론 사회적 약자를 배려하는 것은 공동체의 임무다. 다만 어느 정도까지 배려해야 하는지는 가치관의 문제이기 때문에 사람마다 또 처지에 따라 다를 뿐이다. 불평등이 옳고 그름을 떠나 포퓰리즘은 불평등에 기생한다고 볼 수 있다. 불평등할수록 평등으로 끌고 가려는 정치적 힘이 존재하고, 이를 이용하려는 것이 포퓰리즘이다.

불평등을 나타내는 지표는 여럿이다. 전통적인 지표는 지니 계수다. 가로축에 소득이 낮은 사람부터 높은 사람까지 차례로 누적하고, 또 세로축에 그들의 소득을 누적하여 나타낼 때 소득이 완전 평등하면 $45°$의 선($/$)이 된다. 이 선과 실제 소득 누적 선으로 둘러싸인 면적은 불평등 정도를 나타낸다. 실제 소득 누적 선이 $45°$ 선이면(완전 평등하면) 그 면적은 0이 되고, 소득이 완전 불평등하면(1인이 모든 소득을 차지하고 있으면) ◿ 모양의 면적을 1로 두고 계산한 것이 지니 계수다. 지니 계수 외에도, 상위 10%의 소득을 하위 10%의 소득으로 나눈 10분위 배율, 또 상위 20%와 하위 20%를 비교한 5분위 배율도 불평등 정도를 나타내는 지표이다.

국민을 소득 순으로 배열했을 때 딱 중간에 있는 소득자를 중위 소득자로 부른다. 소득이 중위 소득자의 절반이 되지 않는 계층의 비율을 나타내는 상대적 빈곤율도 불평등 정도를 보여주는 지표이다. 또 상위 1%, 5%, 10% 등의 소득이 전체 소득에서 차지하는 비율인 소득집중도도 있다. 그런데 이런 불평등 지표들은 정치적 역동성을 잘 보여주지 못한다.

어떤 불평등 상황에서 포퓰리즘이 잘 받아들여질까? 부자와 빈자의 구성비가 9:1로 나뉘는 상황 그리고 1:9로 나뉘는 상황을 비교해보자. 90%의 부자가 십시일반으로 10%의 빈자를 도와주는 방안은 부자에게 부담이 작으면서 빈자는 큰 도움을 받을 수 있는 상황이다. 이에 비해 10%의 부자가 90%의 빈자를 돌보기는 부자에게 큰 부담이 되어도 빈자에게는 별 도움이 되지 않는 상황이다. 그래서 부자 1, 빈자 9의 상황보다 부자 9, 빈자 1의 상황일 때 재분배가 더 잘 이루어질 것 같지만, 선거와 같은 현실적 정치과정에서는 정반대다. 재분배는 9:1 상황보다 오히려 다수가 재분배를 원하는 1:9 상황에서 정치적으로 실현될 가능성이 더 크다.

실제 사회에서 세금 징수와 재정 분배의 구조는 복잡하다. 누진세제로 징수되는 데다가 또 분배되지 않고 정부가 쓰는 몫이 크며 또 재분배가 특정 집단에게 집중되기도 하기 때문이다. 여기서는 설명을 위해 단순하게 부자에게 세금을 더 징수해서 정부가 쓰지 않고 빈자 중심으로 재분배한다고 가정해보자. 그렇다면 평균 소득 이하의 계층은 포퓰리즘의 잠재적 수혜자이고 따라서 잠재적 지지자다. 한국노동연구원 추계에 따르면 2015년 상위 10% 한국인의 소득은 전체 소득의 48.5%를 차지하고 있다. 이 추계와 위 가정에 기초해본다면, 한국에서 포퓰리즘의 잠재적 지지자가 거의 90%에 이른다고 해석할 수 있다.

포퓰리즘은 평균 소득 이하의 사회 구성원이 많으면 많을수록 잘 받아들여진다. 중위 소득자는 소득 기준으로 국민을 절반씩 나누는 경계선이다. 만약 중위 소득이 평균 소득보다 크다면, 평균 소득 이하의 국민이 절반에 미치지 못하기 때문에 포퓰리즘의 잠재적 지지자는 소수이고 따라서 포퓰리즘이 파급적이지 않다. 예컨대 앞서의 9:1 상황처럼 극소수의 극빈자가 있고 나머지 대부분은 평균보다 약간 더 큰 소득만을 갖는다면, 포퓰리즘이 그렇게 효과적으로 작용하지 않는다.

반대로 만약 중위 소득이 평균 소득보다 작다면, 평균 이하 소득을 가진 잠재적 포퓰리즘 지지자는 전체의 과반이 되고 따라서 포퓰리즘이 통할 가능성은 높아진다. 대개 중위 소득은 평균 소득보다 작다. 중위 소득이 평균 소득보다 더 작으면 작을수록 포퓰리즘의 잠재적 지지자는 증가된다. 즉, 포퓰리즘이 잘 통할 국가나 시대는 중위 소득이 평균 소득보다 얼마나 더 작으냐에 따라 판별할 수 있다.

포퓰리즘이 확산되지 않으려면 어떻게 해야 할까? 무엇보다도 불평등하지 않으면 되는데, 동서고금을 다 살펴봐도 완전 평등이 이뤄진 예는 없다. 대신에 불평등하더라도 계층 간 이동이 용이하면 포퓰리즘 여지가 줄어든다. 정치문화도 포퓰리즘 확산 여부에 중요하다. 포퓰리즘의 부정적 장기 효과에 대해 인식과 교육 그리고 사회적 합의가 있으면 포퓰리즘이 자리를 잡기 어렵다.

정부로서 듣고 싶지 않은 평가 가운데 하나는 포퓰리즘일 것이다. 대통령직인수위원회나 국정기획자문위원회는 대통령 선거 공약의 실현성과 국정 효율성을 심도 있게 따져보는데, 그냥 재분배하는 방식보다 진정한 공공 마중물로 생산성을 높이는 방식으로 국정을 짜야 할 것이다.

대한민국 역사에는 성공한 대통령이 없다는 자조적 인식이 팽배하다. 계주생면이나 조삼모사도 '계 탔다고 좋아하다 집까지 팔게 되는' 계원 그리고 '조삼모사와 조사모삼을 구분 못하는' 원숭이에게나 가능한 것이지, 현명한 국민에게는 잘 통하지 않는다. 민주주의 시대의 훌륭한 국가지도자는 훌륭한 국민이 만든다.

(7) 진영 대결

대중과의 연대는 1인자뿐 아니라 대중이 거의 자발적으로 결집하는 경우도 있다. 19세기 말에서 20세기 초에 걸쳐 프랑스에서 전개된 이른바 드레퓌스 사건은 대중 간의 연대(결집) 또는 세 대결을 보여준다.

1894년 12월 22일, 프랑스 군사법정은 만장일치로 알프레드 드레퓌스 대위에게 종신유배형과 공개 군적박탈식을 선고했다. 유대계 프랑스 장교인 그가 적대국 독일에게 군사정보를 제공했다는 혐의였다. 당시 헌법이 정치범 사형을 금지했기 때문에 종신형은 최고형이었다.

군적박탈식은 선고 2주 후 집행됐다. 육군사관학교 광장에서 드레퓌스의 계급장, 단추, 바지 옆줄은 모조리 뜯겨졌고 군검도 조각났다. 군중들의 야유도 있었다. 태워죽이지 않았다는 점 말고는 마녀화형식과 별 차이가 없었다. 다시 2주 후, 드레퓌스는 유배지로 가던 도중에도 군중에 둘러싸여 폭행당하는 곤욕을 치러야했다.

이렇게 끝난 것 같았던 드레퓌스사건은 어떤 인물 때문에 새로운 국면에 들어갔다. 거짓을 보고 그냥 넘어가기 어려운 성격의 소유자 마리 조르주 피카르 중령이었다. 피카르는 본래 드레퓌스 유죄를 의심치 않던 인물이었으나, 참모본부 정보부장 자격으로 첩보자료를 보고 관련 혐의자를 조사하면서 드레퓌스 유죄에 대해 의구심을 갖게 되었다. 그냥 덮으라는 상관의 요구에 불응하고 조사를 계속했으며 관련 사실을 밝히기 시작했다. 그러다가 다른 지역으로 발령 받았고 뒤에 수감되기도 했다.

피카르보다 더 큰 파급효과를 가져다준 인물은 에밀 졸라다. 반(反)유대주의를 비난해온 졸라는 1898년 1월 13일 '나는 고발한다'를 『로로르(L'Aurore)』에 게재했다. 본래 '대통령에게 보내는 편지'라는 제목이었는데 발행인이자 편집인인 조르주 클레망소가 제목을 바꿨다. 드레퓌스사건에 연루된 군인과 필적감정가 그리고 군사기관의 실명을 거론하면서 고발하고 명예훼손죄 처벌을 감수하겠다는 내용이었다. 졸라는 많은 성원을 얻었지만 동시에 각종 위협에 시달렸고 실제 징역형과 벌금형을 선고받았다.

Le Petit Journal

SUPPLÉMENT ILLUSTRÉ

Huit pages : CINQ centimes

Le Petit Journal
Le Supplément Illustré

Cinquième année   DIMANCHE 23 DÉCEMBRE 1894   Numéro 214

Le capitaine Dreyfus devant le conseil de guerre

1894년 12월 재판 피고인석에서 드레퓌스가 자신을 반역자로 지목한 증인을 내려다보고 있다.

출처: 『르 프티 주르날』 1894년 12월 23일자

드레퓌스파와 반(反)드레퓌스 간의 진실공방은 정권획득 경쟁과 밀접한 관련을 가졌다. 1898년 5월 의회선거에서 반(反)유대, 반(反)드레퓌스파가 승리했다. 졸라와 피카르가 곤욕을 치르던 시절이었다. 그러다가 1902년 의회선거에서는 드레퓌스 지지를 매개로 한 사회당, 급진당, 공

1895년 1월 5일 드레퓌스 군적박탈식을 묘사한 앙리 메예(1844~1899)의 그림.

출처: 「르 프티 주르날」 1895년 1월 13일자

화좌파 등 좌파 연합이 승리했다. 선거 승리는 드레퓌스파에게 정치적 보상을 제공했고 동시에 드레퓌스 사건의 종결을 가져다주었다.

1903년 드레퓌스는 자신에 대한 판결의 재심을 요청했다. 1906년 통합법정은 드레퓌스의 무죄를 선언하고 드레퓌스를 복권시켰다. 드레퓌스는 기병대 소령으로 복귀했고, 군적박탈식을 당했던 육군사관학교 광장에서 훈장수여 열병식을 받았다. 이 때 내무장관은 클레망소였고, 클레망소는 몇 달 후 총리가 되었다. 피카르도 군에 복귀하면서 중령에서 준장으로 승진했고, 10월에는 클레망소에 의해 국방장관에 임명되었다. 1908년 졸라의 유해는 프랑스 위인들의 안식처 팡테옹으로 이장되었다.

드레퓌스사건의 전략적 키워드는 마녀사냥, 사실왜곡, 폭로, 결집, 양극화 등이다. 먼저, 드레퓌스사건은 유대인에 대한 반감에서 시작했다. 19세기와 20세기 전반 유럽 곳곳에는 실업자수와 유대인수를 동일한 숫자로 표시한 선전구호가 유행했다. 유대인 때문에 직장을 얻지 못한다고 선동하는 문구였다. 남들이 싫어하는 존재(마녀)가 있으면 이를 악용하려는 자가 있게 마련이다.

드레퓌스를 희생양으로 하는 마녀사냥이 성공하려면 잘못된 정보가 일단 사실로 받아들여져야 한다. 사실왜곡은 그렇게 어렵지 않다. 다수가 거짓을 강경하게 주장하면 진실을 말하던 소수도 다수의 거짓 의견을 따르게 됨을 보여주는 실험결과는 많다. 세 사람이면 없던 호랑이도 지어낼 수 있다는 삼인성호(三人成虎)가 현실에 존재하는 것이다. 진실은 다수결로 정할 수 있는 성질의 것이 아닌데, 대중들은 간혹 다수결로 진위여부를 판단한다. 그래서 드레퓌스사건 초기에는 프랑스사람 대부분이 드레퓌스의 유죄를 의심치 않았다.

엄밀하게 말하면 애초 드레퓌스의 유죄를 확신했던 사람들은 다수가 아니었다. 비공개 군사재판이었기 때문에 대부분 사람들은 모를 수밖에 없었다. 모르거나 말없는 다수가 아니라, 목소리 큰 소수가 전체 의사를 대변했을 뿐이다. 따라서 드레퓌스사건 초기의 여론은 목소리 큰 소수의 의견대로 드레퓌스가 유죄라고 믿었다.

드레퓌스사건은 독일에 대한 당시 프랑스의 콤플렉스에서도 연유했다. 1870년 프로이센에게 먼저 선전포고했지만 전쟁에서 지고 또 자신의 안방 베르사유 궁전에서 독일제국 선포식을 바라만볼 수밖에 없었던 프랑스로서는 독일에 대한 감정이 좋을 리 없었다. 그렇지만 프랑스는 독일의 첩보활동을 정말 처단하기 위해 독일과 전쟁까지 불사하려는 자세를 보이지는 않았다. 프랑스 군사력이 독일에게 대항할 정도로 강하지 않았으며 독일과의 정면승부 대신에 국내 마녀사냥을 선택했다. 15세기 잉글랜드의 지배에서 프랑스를 해방시킨 잔 다르크가 화형되는 것을 프랑스 국왕 샤를 7세가 방치했듯이, 국내정치가 우선이었다.

드레퓌스의 결백을 밝히려는 행동은 집단적으로 방해받았다. 관련 자료를 조사하고 공개하는 것 자체가 프랑스 안보에 위협된다고 반(反)드레퓌스파에서 주장했다. 마녀사냥에 박수치지 않으면 마녀 편에 선 것으로 간주하겠다는 압력이었다. 어느 나라에서나 군부를 개혁하자고 하면 적대국을 돕는 이적행위라는 반발이 나오게 마련이다. 정상적인 과정을 통한 진실규명이 어렵다보니 취한 선택은 폭로였다.

폭로가 폭로에만 그치지 않고 세의 규합으로 연결되면 그 파급효과는 크다. 당시 프랑스 사회는 졸라의 '나는 고발한다'를 계기로 드레퓌스파와 반드레퓌스파로 양분되기 시작했다. 즉, 드레퓌스를 옹호하는 세력의 결집이 시작된 것이다. 졸라의 '나는 고발한다'에 수천 명의 지지 서명이 뒤따랐고, 1898년 11월 『로로르』에 실린 피카르 옹호탄원서에도 만 명이 넘는 지지 서명이 있었다. 반드레퓌스파도 각종 서명과 글들로 결집했음은 물론이다.

오늘날 미국에서는 도널드 트럼프 대통령을 두고 언론이 양분되어 있다. 지상파 TV네트워크(CBS, NBC, ABC), 케이블뉴스채널(CNN), 신문(뉴욕타임스, 워싱턴포스트) 등은 트럼프를 비판적으로 보도하는데, 이에 대해 전국 단위의 FOX뉴스 그리고 약 200개의 지방 방송국을 소유한 싱클레어방송그룹(Sinclair Broadcast Group; SBG)이 트럼프를 옹호하고 있다. 무엇보다도 5000만 명의 팔로워(follower)를 거느린 트럼프의 개인 트위터(@realDonaldTrump)가 1인 미디어로 트럼프 언론동맹의 주 구성요소이다.

조직화나 결집은 영향력을 극대화하는 효과적인 전략이다. 소셜미디어가 발달한 오늘날 한국사회는 마녀사냥도 쉽고, 이에 대항하는 측의 동원도 쉽다. 쿠데타 자체가 조직적 특정인들에 의해 추진되듯이, 이에 저항하는 민주화투쟁도 조직화될 수밖에 없다. 진실을 밝히려는 측뿐 아니라 은폐하려는 측 또한 선악의 대결에서 자신이 선이라고 생각하면서 결집했다. 결집이 지속되면 진영이나 패거리로 불린다.

진영에 집착하다 보면 양극화가 심화된다. 극단적 대립은 집단화될 때 심화되는 반면, 집단화되지 않을 때 완화된다. 어떤 실험연구에서, 누가 찬반인지 알려주지 않고 좌석도 무작위로 했을 때 타협의 빈도가 높았고, 반면에 찬반으로 나누어 좌석을 배치하고 이를 미리 알려주었을 때 타협의 빈도는 현격히 떨어졌다. 계층 간 소통은 없고 대신에 계층 내 소통만 활성화되어 있을 때에는 양극화되기가 쉽다. 양극화된 진영 간 소통은 논리보다 기 싸움이다. SNS에서의 다른 의견에 대해 "너 알바지?"라는 대응이 그런 예다. 이런 인신공격이 합리적인 인식 공유를 가져올 리 만무하다. 결집에 결집으로 대응하는 것은 진화된 모습이지만, 그런 양극화가 영구적인 것은 아니다. 냉전의 역사에서 보듯이, 다극화되기도 하고 또 내부적 양극화로 대체되기도 한다.

결집한다고 해서 승리가 보장되지는 않는다. 성공적인 결집이 되려면 공동이익뿐 아니라 진실이 담보되어야 한다. 다수 혹은 목소리 큰 소수를 통해 진실을 호도할 수 있더라도 영원히 그렇게 하기란 거의 불가능하다. 마녀 편이라고 규정되더라도 진실 쪽이면 결집도 용이하고 또 정치적 이익도 얻게 된다. 진실공방게임과 마녀사냥의 당사자들이 숙지해야 할 점이다.

하나의 연대는 그 연대로 그치지 않고 상대 쪽에도 연대를 파생시킨다. 진영 간 대결이 그 대표적인 예이다. 대중 차원뿐 아니라 국가 간의 연대도 마찬가지다. 중국 전국시대 합종연횡(合從連衡)이 그런 예이다. 사마천 『사기』의 소진(蘇秦)열전과 장의(張儀)열전에 따르면, 소진은 연(燕), 조(趙), 한(韓), 위(魏), 제(齊), 초(楚) 등 6개국에게 소 꽁무니가 되는 것보다 닭 주둥이가 낫다고 설득하면서 서쪽의 최강국 진(秦)나라를 견제하는 남북 6개국의 연대, 즉 합종을 제의하였다. 6개국은 동맹을 맺고 약 15년 동안 평화가 유지되기도 했다. 그러다가 위나라 출신 장의가 6개국을 돌며 진의 보호를 얻기 위해 개별적으로 진과 동서로 연결하는 연횡을 맺도록 설득했고 결국 진은 합종을 타파한 뒤 6개국을 차례로 멸망시켜 중국을 통일하였다. 합종과 연횡은 그 시작부터가 상호적이었고, 결국에는 하나가 다른 하나에게 이김으로써 끝을 맺었으며, 이후 새로운 나뉨과 연대가 등장하고 소멸하는 것이다.

6
준연대의 양태

전형적인 연대는 하나로 합치는 것이지만, 서로 독립적으로 존재하면서 협력이 이뤄지는 것도 넓은 의미의 연대, 즉 준(準)연대에 속한다. 여기서 소개하는 첫 번째 준연대는 서로 달라 하나로 합쳐지기 어렵지만 부족한 면을 서로 보완해주는 이질적 제휴이다. 두 번째 준연대는 표면적으로 대립되어 있지만 실질적으론 역할 분담을 통해 서로 협력하는 관계이다. 세 번째 절은 개방을 광범위한 연대 파트너라는 관점에서 다룬다. 네 번째 절은 연대 파트너를 조금 좁혀 양자 대결에서 중간과 연대하는 이른바 중도 클릭의 효과에 대해 설명한다.

이 장에서 다루는 다섯 번째 준연대는 선거에서 승리하기 위해 한 후보로 단일화하는 후보 간 연대이다. 여섯 번째 준연대는 후보 간의 합의가 없어도 유권자들이 차선의 결과를 얻기 위해 전략적으로 한 후보에게 표를 몰아주는 전략적 쏠림 현상이다. 끝으로, 상대가 원하는 사안에서 서로 밀어주는 이른바 로그롤링(logrolling)을 준연대로 소개한다.

(1) 이질적 제휴

연대가 작으면 승리 시 각자의 몫은 커질 수 있으나 승리 가능성은 대체로 낮아진다. 일단 승리를 확보하려는 측은 연대를 확장하려고 하고 그 연대 파트너를 내부나 근처뿐 아니라 바깥에서도 찾는 경향이 있다. 서로에게 도움이 된다면 안이든 바깥이든 연대 파트너가 될 수 있다.

추가적인 연대 효과는 동질적인 구성원 간보다 서로 이질적인 멤버 간에 더 크다. 잠재적으로 서로에게 주고받을 게 많기 때문이다. 실지로 미국과 스위스의 결혼정보업체 가운데 남녀의 유전자로 면역시스템의 일치 비율을 분석하여 불일치하는 커플을 정해 추천해주는 곳도 있다. 다른 유전자 간의 결합에 의해 탄생된 인간이 경쟁력을 가져 그러한 인간 행태로 진화된 것이다.

1999년 3월 27일, 프랑스 자동차회사 르노와 일본 자동차회사 닛산은 전략적 제휴를 맺었다. 인수·합병의 형태 대신에 주식의 교차 보유로 르노-닛산 얼라이언스를 구축했다. 르노가 닛산 주식의 약 ⅓을 매

입했고, 닛산은 프랑스 국내법상 거의 국영기업인 르노의 지분 약 $\frac{1}{7}$을 의결권이 없는 주식으로 취득했다.

르노-닛산 얼라이언스는 양측이 대등한 주식을 보유하지 않아 르노가 닛산을 인수한 것에 불과하다는 해석도 있었다. 하지만 닛산이 독립 브랜드로 유지되고 있고 또 공식 명칭이 얼라이언스라는 점에서 인수라고 부르기도 어렵다. 실제 르노-닛산 얼라이언스는 괄목할 만한 경영 성과를 이루었고 다른 나라 자동차회사 간 제휴의 성공적인 모델로 자리매김하고 있다.

르노와 닛산의 전략적 제휴는 양사 모두 그 필요성을 느꼈기 때문에 가능했다. 무엇보다도 닛산은 쌓여 온 적자로 재정난에 허덕이고 있던 차라 자금 지원이 간절했다. 또 르노는 차량 판매의 80~90%가 유럽에서만 이뤄지던 터라 세계 시장에 적극적으로 진출하려면 일본 회사와의 협력이 필요했다.

유럽 기업과 아시아 기업은 지리적으로 멀리 떨어져 있다는 점뿐 아니라 생산과 판매 방식에 있어서도 서로 달랐기 때문에 제휴로 큰 변화가 기대되었다. 두 회사는 각자 보유한 개발모형, 플랜트, 플랫폼, 부품 가운데 더 나은 것을 선택하여 공유했다. 생산뿐 아니라 판매에서도 선적, 통관, 보관 등을 공유하여 비용을 절감했다.

얼라이언스 출범 전 닛산은 도쿄대 출신이 가장 많은 자동차회사였다. 다수의 도쿄대 출신 임원들이 퇴직 후 닛산 계열사에 근무하면서 본사 및 계열사의 임원들은 서로 학연으로 얽혀 있었다. 따라서 닛산 계열 내의 거래는 영업 이익에 충실하지 못했다. 내부의 인물이 이를 바로잡으려면 배은망덕하다는 비판과 반발에 직면할 수밖에 없다. 그런 점에서 내부 적폐의 척결은 외부의 인물이 주도하는 것이 더 적절하다.

르노-닛산 얼라이언스의 경영 책임자 카를로스 곤은 비용 절감의 귀재로 평가 받는 인물이다. 그는 브라질에서 태어났고, 조부의 고국인

레바논에서 어린 시절을 보냈으며, 프랑스에서 학교 교육을 마쳤다. 브라질, 레바논, 프랑스의 삼중국적자인 곤은 도쿄대 학연이 지배하던 닛산의 의사결정시스템을 과감하게 척결하지 못할 이유가 없었다. 더구나 르노가 닛산을 거의 지배하는 관계였기 때문에 닛산의 일부 임원이 구조조정에 저항할 처지도 아니었다. 곤은 본사와의 거래에만 의존하던 닛산 계열사를 대폭 정리해 버렸으며 그때 '계열사 킬러'라는 별명을 얻었다. 곤은 거의 20년 동안 르노-닛산 얼라이언스의 최고경영자로서 구조조정과 제품개발을 주도하여 왔으며, 각종 여론조사에서 레바논 대통령감이나 일본 총릿감으로 언급될 정도의 평판을 얻었다.

제휴가 성사된 1999 회계연도(1999년 4월~2000년 3월)에 약 60억 달러의 적자를 보였던 닛산은 다음 회계연도에 약 30억 달러의 흑자를 기록했다.7 닛산의 순부채는 2002년에 0으로 되었다. 르노-닛산 얼라이언스는 2010년대에 들어와서 약간 주춤했지만 여전히 세계 4위 규모의 자동차회사로 성장해 있다.

전략적 제휴는 제조업 부문보다 사람, 물건, 정보 등을 실어 나르는 유통 부문에서 더욱 빈번하게 등장한다. 노선, 망, 수송수단, 터미널, 현지인력, 영업 등 각종 서비스를 공유하면서 비용을 대폭 절감할 수 있기 때문이다. 한국의 이동통신사들만 봐도 몇 차례의 인수합병 과정을 거쳤고 합병 이후에도 여러 제휴 관계를 맺고 있다. 또 국제항공업계에서도 스타얼라이언스(아시아나항공 참여)와 스카이팀(대한항공 참여) 등 여러 항공사 동맹이 운영되고 있다.

해운 동맹도 매우 중요한 운수 동맹이다. 해운업 서비스는 정기선(정기적으로 운행하는 선박)과 부정기선(부정기적으로 운행하는 선박)으로 운영된다. 오늘날 물동량 기준의 운송은 단순 구조의 벌크선으로 주로 운영되는 부정기선이 정기선보다 더 많다. 하지만 매출액 기준으로는 컨테이너를 운반하는 정기선이 부정기선보다 더 큰 액수를 기록하고 있다. 19세기 후반에 시작된 해외 정기선 해운업은 독점을 유지하려는 해운사와 시장에 진입하여 이윤을 나누려는 해운사 간의 치열한 경쟁으로 점철되어 있다. 해운사들은 기본적으로 운임을 담합하여 이익을 늘이는 방식을 택한다. 만일 경쟁 해운사가 등장하면 이른바 돌격선(fighting ship)을 그 경쟁 해운사의 항로와 시간대에 아주 저렴한 운임으로 배선하여 경쟁 해운사를 그 노선에서 축출했다. 1970년대 유엔무역개발기구(UNCTAD)는 개발도상국을 위해 운송권을 배분하는 협약을 체결했지만 잘 준수되지 않았다.

• 해운 동맹 체제의 2017년 변화

2M 　　　　머스크(덴마크) 　　　　MSC(스위스)	**2M** 　　　　머스크(1위, 덴마크) 　　　　MSC(2위, 스위스) 　　현대상선(동맹이 아닌 협력 관계, 　　　　13위, 한국)
CKYHE 　　　　COSCO(중국) 　　　　K라인(일본) 　　　　양밍(대만) 　　　　한진(한국) 　　　　에버그린(대만)	**오션 얼라이언스** 　　　CMA-CGM(3위, 프랑스) 　　　　COSCO(4위, 중국) 　　　　에버그린(5위, 대만) 　　　　OOCL(8위, 홍콩)
G6 　　　하파로이드(독일) 　　　　OOCL(홍콩) 　　　　MOL(일본) 　　　　NYK(일본) 　　　현대상선(한국) NOL(싱가포르, CMA-CGM에 인수)	**디 얼라이언스** 　　　하파로이드(6위, 독일) 3J(MOL 10위 + NYK 12위 + K라인 　　　14위, 일본) 　　　　양밍(7위, 대만) 　　　UASC(11위, 쿠웨이트)
O3 　　　CMA-CGM(프랑스) 　　　UASC(쿠웨이트) CSCL(중국, COSCO에 인수)	

해운사 순위는 알파라이너 2017년 3월 22일자 기준.
9위 독일 해운사 함부르크 쥐드는 비동맹 정책을 채택하였음.

1990년대 해운사들은 다른 해운사와의 전략적 제휴를 통해 생존과 이윤을 추구하기 시작했다. 즉, 해운 동맹이 정기선을 운행하는 해운사들의 연대 단체로 등장한 것이다. 따라서 해운 동맹에 참여하느냐 못하느냐, 또 어떤 해운 동맹에 어떤 조건으로 참여하느냐에 따라 해운사의 존속과 성장이 결정되다시피 하고 있다. 1994년 미국, 독일, 일본, 홍콩, 말레이시아의 5개 해운사가 참여한 글로벌 얼라이언스(Global Alliance)가 최초의 해운 동맹으로 일컬어진다.

해운 동맹은 2016년 세계 시장의 주목을 끌었다. 2017년 3월에 효력이 끝나는 해운 동맹이 어떻게 새롭게 재편되느냐는 것이었다. 당시 해운 동맹은 2M(2개 해운사로 구성), CKYHE(5개 해운사), G6(6개 해운사), O3(3개 해운사) 등이었다. 2016년에 CKYHE의 COSCO(중국)가 O3의 CSCL(중국)을 인수하고 또 O3의 CMA-CGM(프랑스)이 G6의 NOL(싱가포르)을 인수하면서 기존의 CKYHE, G6, O3 등 세 개의 해운 동맹 관계가 얼크러졌다. 이에 CMA-CGM(2017년 3월 기준 3위 해운사)과 COSCO(4위 해운사)가 COSCO의 CKYHE 파트너인 에버그린(5위 해운사, 대만) 그리고 NOL의 G6 파트너였던 OOCL(8위 해운사, 홍콩)과 제휴하여 새로운 해운 동맹이 결성되었다. 이것이 바로 오션 얼라이언스(Ocean Alliance)이다.

1위 해운사 머스크(덴마크)와 2위 해운사 MSC(스위스)로 구성된 2M 해운 동맹은 새로운 해운 동맹 체제에서도 거의 그대로 유지하기로 했다. 머스크가 9위 해운사인 독일의 함부르크 쥐드를 인수했을 뿐이다. 2M과 오션의 양대 해운 동맹에 가입하지 못한 독일 및 일본의 해운사들로 구성된 제3의 해운 동맹이 디 얼라이언스(The Alliance)이다. 이렇게 하여 2M, 오션 얼라이언스, 디 얼라이언스 등으로 구성된 새로운 해운 동맹 체제가 2017년 4월에 출범했다. 이어 새로운 동맹 체제 내에서 추가적인 인수합병이 이뤄졌다.

세계 8~9위 해운사로 CKYHE에 소속되어 있던 한진해운은 새로운 동맹 체제에서 디 얼라이언스에 속하기로 한때 합의되었으나, 한국 내에서 법정관리를 피하지 못했고, 이에 CKYHE로부터 퇴출을 통보받았다. 또 G6에 포함되었던 현대상선은 새로운 해운 동맹의 정식 멤버로 가입하지 못한 채 2M과 전략적 협력 관계 체결에만 성공했다. 재정 문제 등으로 회사 자체가 불안정하면 동맹 가입 협상에서 매우 불리하게 작용한다. 설사 동맹에 가입하고 있다 하더라도 언제든지 퇴출될 수 있는 것이다. 2017년 8월 현대상선, 고려해운, 흥아해운 등 한국의 14개 컨테이너 선사가 한국해운연합을 결성했다. 현재 한국해운연합은 동맹으로 불릴 강한 조율이 없고 또 연합 참여로 인해 서로가 이익을 보는 상황이 아니기 때문에 그 효과는 미미한 편이다.

모든 업체가 참여하는 제휴는 독점 또는 담합으로 규정될 수 있기 때문에 오늘날 법 체제에서는 불가능하다. 참가자가 고정되어 있고 또 참가자 몫의 합이 고정되어 있는 제로섬(zero-sum) 상황일 때 제휴와 연대는 파트너와 손을 잡고 다른 참가자의 몫을 뺏어가는 방식으로 추진된다. 이는 전형적인 동맹이 결성되는 상황이다.

모든 후보가 당선되는 선거 결과는 존재하지 않는다는 점에서 선거는 가장 제로섬적이다. 그런데 2등에게 아무런 과실이 돌아가지 않고 오직 1등만이 100%를 가져가는 승자독식의 상황에서는 제휴와 연대의 연결고리인 지분 합의가 쉽지 않다. 그래서 후보 간의 지분 배분은 다른 형태로 추진된다. 예컨대 대권과 당권을 분리하여 권력을 분점하거나, 아니면 국회의원선거와 지방선거 등 다음 선거에서의 지분으로 권력을 분점할 수도 있다. 대통령 선거에 당선되자마자 대통령에 취임해야 하는 상황에서는 선거 전에 예비 내각을 발표함으로써 약간의 권력 분점이 가능하다.

산업계의 전략적 제휴 사례가 선거에 시사하는 바도 있다. 학연으로 구성된 닛산의 의사결정시스템을 르노가 정리했듯이, 외부 인물을 영입하여 정파 내 적폐를 척결하여 일반 유권자의 호응을 높일 수 있다. 2012년과 2016년 국회의원선거에서 각각 새누리당과 더불어민주당이 제1당의 의석을 얻은 것도 그런 맥락에서 설명할 수 있다. 또 세계 10위 전후의 국내 해운사들이 심각한 재정 문제로 새로운 해운 동맹에 가입하지 못했듯이, 자체적인 지지 기반이 약하면 연대 협상에 있어 매우 불리하게 작용한다. 탄탄한 지지 기반이 연대 협상에서 적절한 몫을 보장해준다.

연대에 자신이 기여하는 바가 있어야 연대 참여가 쉽고 또 자기 몫도 커진다. 승리에 대한 자신의 기여 극대화라는 측면에서는 지역 단위의 연대가 효과적일 때도 있다. 예컨대 특정 지역에 강력한 지지 기반을 가진 정치인은 연대하는 다른 후보에게도 지지를 이전시킬 여지가 크기 때문에 서로 다른 지역끼리 추진되는 연대는 지지도가 더해지는 연대가 가능하다. 지역 간 감정이 좋지 않으면 계산이 달라짐은 물론이다. 김영삼 후보와 김대중 후보는 지역 간 연대로 볼 수 있는 1990년 3당 합당과 1997년 DJP 연합을 각각 거친 후에야 대통령에 당선될 수 있었다.

서로 다른 이념 간에 추진되는 연대는 지지도가 단순하게 더해지지는 않는다. 다른 이념과 연대하게 되면 자신의 이념적 선명도가 급격히 떨어져서 자신의 이념이 유권자에게 다르게 인식되기 때문이다. 특정 후보의 이념을 경계하던 유권자들이 그 후보의 연대 행위를 관찰한 후 그 경계심을 누그러뜨릴 수도 있지만, 반대로 그 특정 후보의 본래 이념을 지지하던 유권자들은 이념적 순수성이 훼손되었다고 생각하여 그 후보를 지지하던 것에서 이탈할 수도 있다. 유권자는 자신을 대변해주던 정파가 새로운 연대에 참여함으로써 더 이상 자신을 제대로 대변할수 없고 연대의 중심에 있는 싫어하는 다른 정파의 들러리에 불과하다고 생각할 수 있다. 실제 어떤 연대는 연대 이전에 각자가 얻었던 지지의 합보다 못하기도 했다.

동질적인 연대 파트너가 유리할 때도 있고 이질적인 연대 파트너가 유리할 때도 있다. 선거에서 동질적인 정파와 연대해서 집토끼를 확실하게 확보할 것인지, 아니면 이질적인 정파와 연대해서 산토끼를 잡아볼 것인지 하는 것은 잃을 토끼와 얻을 토끼를 비교해서 결정할 문제다. 유권자들이 자신의 이상형 후보에게만 투표한다면 집토끼 확보가 우선이고, 반대로 유권자들이 상대적으로 나은 후보에게 투표한다면 산토끼 확보가 우선이다.

연대는 시너지(synergy) 효과가 있어야 잘 추진된다. 그런데 새로운 연대의 지지율이 연대 참여 각 정파의 본래 지지율 합보다 늘었느냐(덧셈의 연대이냐) 아니면 줄었느냐(뺄셈의 연대이냐)로 연대 여부를 단순하게 결정해서는 좋은 결과를 얻지 못한다. 더구나 단순한 여론조사로 연대의 효과가 정확하게 예측되는 것도 아니다. 유권자의 지지 후보가 바뀌는 정도뿐 아니라 유권자의 투표 참여 여부가 바뀌는 정도를 함께 계산해야 한다. 게다가 적절한 연대 파트너는 상대 진영의 연대 상황에 따라 달라진다. 연대 후 경쟁 후보에게서 뺏을 표수와 경쟁 후보에게 빼앗길 표수를 모두 비교해서 연대 파트너와 연대 여부를 선택해야 나은 결과를 얻을 수 있다.

(2) 역할 분담

영화 등에서 드센 형사와 순한 형사가 각각 악인(bad guy)과 선인(good guy)이라는 역할 분담을 통해 범죄자에게 양보를 얻는 장면은 자주 나온다. 강경파와 온건파가 표면적으론 서로 대립하는 것처럼 보이지만, 이면적(裏面的)으로 공통의 목적을 얻어내기도 한다. 6.25전쟁 중의 포로 문제와 관련된 한국과 미국 간의 관계도 그렇게 볼 수 있다.

1953년 6월 18일 새벽 0시 이승만 대통령은 8개 포로수용소의 반공

포로를 전격 석방했다. 포로수용소에서 근무 중인 소수의 유엔군을 제압하거나 전력 공급을 끊어 수용소 문을 개방했는데, 남·북한 출신 반공 포로 35,698명 가운데 27,389명이 탈출했다. 61명은 탈출 과정 중에 사망했고, 나머지 8,248명은 탈출하지 못했다.[8] 친(親)공산 포로가 많은 거제도 수용소에서는 석방을 아예 시도하지 않았다.

　1951년 7월에 시작해서 만 2년을 끌었던 6.25전쟁 휴전 회담에서 합의의 큰 장애물 하나는 포로 문제였다. 양측이 주장하는 포로 수가 많이 달랐고, 또 공산군 측에 잡혔지만 실종 처리된 포로의 문제가 있었다. 무엇보다도 첨예한 대립을 보인 포로 문제는 포로 송환이었다. 공산군 측으로 송환되기를 거부하는 반공 포로들은 개인 의사에 따라 송환되지 않아야 한다는 것이 유엔군 측 애초의 입장이었고, 공산군 측의 입장은

6.25전쟁 어느 날 논산 제6수용소에서 북한군 포로들이 찬송가를 부르고 있다. 1953년 6월 이승만 대통령의 반공포로 석방은 한국과 미국 간에 갈등을 일으켰으나 동시에 한미 간 역할 분담의 연대로도 해석되고 있다.

출처: 호주 출신 유엔 전쟁통신원 더글러스 부시비의 촬영

1953년 석방된 북한 출신 반공 포로들이 서울에서 태극기를 흔들고 있다.

포로 전부를 강제적으로 송환해야 한다는 것이었다. 그러다가 1953년 6월 8일 판문점에서 유엔군과 공산군은 합의에 이르렀는데, 본국 송환에 반대하는 포로를 중립국관리위원회의 감독 하에 일단 두고 귀환을 설득해본다는 내용이었다. 남한 정부는 공산 진영과 가까운 국가로 여겨지던 인도 등 이른바 중립국에서 포로 송환을 관리하는 방식에 반대했고, 결국 유엔군·공산군 합의를 뒤집고 포로 석방을 단행했다.

일방적 포로 석방은 남한에게도 시련을 가져다주었다. 북측이 남측 포로를 억류하는 빈도와 정도는 7월 정전협정 전후에 더 많아졌고 세졌다. 또 6~7월에 거쳐 중공군과 북한군은 국군이 방어하고 있던 이른바 금성 돌출부를 대규모로 공격했다. 일방적인 포로 석방 후 미군은 국군 방어에 소극적으로 협력했고 결과적으로 남측은 북쪽으로 깊숙이 들어간 지역을 잃게 되었다. 7월 11일 이승만 정부는 휴전에 반대하지 않는다는 공식 입장을 밝혔다.

이승만 대통령의 완고한 태도로 교착된 휴전 협상을 타결하기 위해 미국 정부는 이승만을 제거하는 이른바 에버레디(Everready) 계획을 검토한 바 있다. 미국 대통령 보좌관 셔먼 애덤스에 따르면, 아이젠하워 대통령은 이승만을 제거할 수 있는지 검토했으나 이승만 정권의 국내 지지 기반을 확인한 후 에버레디 계획을 포기했다(Adams 1961, 100~101). 포로 석방 후 이승만의 국내 인기는 치솟았다. 또한 제2차 세계대전 포로들이 본국에 송환된 후 겪은 비인권적 탄압이 알려지던 차였기 때문에 이승만의 포로 석방은 국제 여론에도 부합했다. 미국은 수많은 인명 피해를 입은 후 미군을 철수해서 한반도를 공산권 수중에 둘 수는 없었기 때문에 이승만이 요구한 한미 동맹을 결국 받아들였다.

그렇다고 이승만이 미국 이익을 배제하고 남한만의 이익을 추구한 것은 아니다. 이는 1953년 11월 이승만 대통령을 예방한 미국 부통령 리처드 닉슨의 출장 보고서 및 회고록에서 확인된다.9 닉슨 회고록이 전하는 이승만의 발언은 다음과 같다(Nixon 2013, 126~129).

"미국이 이승만을 통제한다고 공산주의자들이 확신하는 순간 당신네는 가장 효과적인 협상 포인트 하나를 이미 잃은 게 되고 우리도 모든 희망을 잃은 게 된다. 내가 도발적 행동을 할지 모른다는 우려가 공산주의자들에게 지속적인 견제가 된다. (중략) 미국은 평화를 몹시도 원하기 때문에 뭐든 평화적이면 할 것이라고 공산주의자들은 생각한다. (중략) 그러나 내가 있는 한 그들은 그렇게 생각하지 않는다. (중략) 내일 아이젠하워 대통령에게 답신을 보내겠다. 내 편지는 아이젠하워 대통령이 직접 펴 읽어본 후 없애버렸으면 한다. (중략) 수많은 신문 기사들은 이승만이 일방적으로 행동하지 않기로 약속했다고 보도한다. 그런 인상은 우리 선전과 맞지 않다. (중략) 한국의 일방적 행동에 관한 내 발언 모두가 미국을 도와주기 위함이었다. 한국은 그렇게 독자적으로 행동하는 게 가능하지 않음을 마음속으로 알고 있다."

닉슨은 귀국 후 미국 국가안전보장회의(NSC)에 이승만의 공개적 행동과 속내를 구분해야 한다고 보고했다.[10] 닉슨은 회고록에서 이승만의 전략을 높게 평가한 바 있다. "나는 한국인들의 용기와 인내, 그리고 이승만의 강인함과 총명함에 감명을 받고 한국을 떠났다. 공산주의자를 다룰 때 스스로를 예측 불가능하게 만드는 것이 중요하다고 한 이승만의 식견을 많이 되새겨 보았다. 나는 훗날 세계를 많이 돌아다닐수록 또 많이 배울수록 이 노인이 매우 지혜로웠음을 더욱 인정하게 되었다."

(3) 개방[11]

연대 파트너의 극단적인 확장은 바로 개방이다. 개방은 넓은 외부 세계와의 연대로 이해할 수 있다. 개방은 부국강병과 밀접한 관련을 갖는데, 그런 사례로 언급되는 나라 가운데 하나는 독일이다. 독일의 부국강병은 1685년 11월 8일(그레고리력)에 시작되었다고 말할 수 있다. 브란덴부르크−프로이센 공국의 선제후인 프리드리히 빌헬름이 포츠담 칙령을 공포한 날이기 때문이다.

　포츠담 칙령의 공포 직전은 종교 자유를 허용한 낭트 칙령을 프랑스 루이 14세가 폐지함에 따라 프랑스의 개신교 신자들, 즉 위그노들이 외국으로 망명하려던 차였다. 프로이센 발전을 위해 무엇보다도 인재가 필요하다고 생각한 프리드리히 빌헬름은 이들을 적극적으로 유치하고자 각종 혜택을 제공하겠다고 약속했다. 이 포츠담 칙령으로 약 2만 명의 위그노와 유대인이 브란덴부르크로 이주했다. 이들에 의해 브란덴부르크 공국은 급속히 발전하게 되었다.

　프리드리히 빌헬름의 사망 후 그의 아들 프리드리히 3세가 계승하

1685년 포츠담에서 프리드리히 빌헬름이 프랑스 위그노들을 환영하고 있다. 휴고 포겔의 1884년 그림.

프로이센 왕국이 위그노들을 위해 세운 베를린 프랑스성당.

프랑스풍 상수시 궁전의 오늘날 모습.

여 개방정책을 이어갔다. 1701년 브란덴부르크 – 프로이센 공국은 프로이센 왕국으로 승격했고 공국의 프리드리히 3세가 프로이센 초대 국왕 프리드리히 1세로 즉위했다. 베를린 헌병광장에서 오늘날에도 위용을

프랑스풍 상수시 궁전에서 프리드리히 대왕(테이블 맨 왼쪽에서 다섯 번째로 앉은 사람)이 프랑스의 볼테르(맨 왼쪽에서 세 번째로 앉은 보라색 코트) 말에 경청하고 있다. 아돌프 폰 멘첼(1815~1905)의 그림.

자랑하는 프랑스성당은 이 때 위그노들에게 제공한 여러 혜택 가운데 하나였다.

이런 외국 문물의 수용은 흔히 프리드리히 대왕으로 불리는 프리드리히 2세 때 극에 달했다. 그는 프랑스인 가정교사의 교육 때문인지 프랑스 문화를 동경했다. 황태자 시절 외국 문화예술에 대한 관심은 아버지 프리드리히 빌헬름 1세와 심각한 불화를 가져올 정도로 지대했다.

프리드리히 2세는 자신이 직접 그린 도면으로 포츠담에 '근심 없는'이라는 뜻을 가진 프랑스어 이름의 상수시 궁전을 짓게 했다. 상수시 궁전의 양식은 18세기 프랑스를 중심으로 발달한 로코코 양식으로 언덕 위에 조성되었다는 점뿐 아니라 정원, 숲, 조각상 등이 프랑스 궁전의 모습을 연상시킨다. 프리드리히 2세는 궁전이 완성되자 오래전부터 친하게 지낸 프랑스의 계몽주의 철학자 볼테르를 초청했다. 프리드리히 2세는 자신의 궁전에서 볼테르의 편지를 낭독했고 볼테르는 프리드리히 2세의 편지를 파리에서 낭독하기도 했다. 볼테르는 상수시 궁전에 머물면서 역사서 『루이 14세의 세기』를 완성했다.

프리드리히 2세는 볼테르뿐 아니라 루소 등 다른 프랑스인들과도 교류했다. 상수시 궁전 서재에는 2천여 권의 책들이 보관되어 있는데 대부분 프랑스어로 되어 있다. 프랑스어를 사용하던 당시 유럽의 귀족들처럼 프리드리히 2세도 독일어보다 프랑스어에 훨씬 익숙했다. 그가 쓴 저서들도 프랑스어로 되어있다.

부국강병을 이룬 프리드리히 2세는 당시 민족국가의 개념이 없던 독일의 여러 작은 공국 사람들에게 독일 민족의 자긍심을 심어주었다. 히틀러를 비롯한 독일의 여러 정치인들은 프리드리히 2세를 자신의 롤 모델로 내세우면서 국민 지지를 동원했다. 그러나 프리드리히 2세 등 독일민족주의의 상징적 인물 다수는 당시 프랑스 문물의 추종자였다. 프로이센은 프랑스와의 전쟁을 통해 독일 통일을 이루었는데 역설적이

독일 헤렌킴제 궁전 거울홀.

프랑스 베르사유 궁전 거울홀.

게도 그 독일 힘의 원천은 프랑스 선진 문물의 적극적 수용이었던 것이다.

외국의 선진 문물을 무작정 받아들인다고 해서 부국강병이 될까? 바이에른 왕국은 프로이센 왕국과 더불어 독일의 대표적인 큰 영방(領邦)이었다. 바이에른의 루트비히 2세는 프랑스 문화에 대한 동경심에서 그 누구에게도 뒤지지 않았다. 독일 통일을 두고 프랑스와의 전쟁이 일어났을 때에도 루트비히 2세는 프랑스풍 궁전 건축에 몰두했다. 루트비히 2세가 지은 궁전 가운데 킴 호수의 작은 섬에 건축된 헤렌킴제 궁전은 그가 얼마나 프랑스 궁전을 좋아했는지를 잘 보여준다. 자금 부족으로 본관만 지어진 헤렌킴제 궁전은 전쟁홀, 거울홀, 평화홀의 홀 배치 순서를 포함해 베르사유 궁전을 거의 그대로 재현한 건물이다.

루트비히 2세의 재위 시절 바이에른 왕국은 프로이센-오스트리아 전쟁 때 오스트리아 편에 참전했다가 패전했으며, 프로이센-프랑스 전쟁 때에는 프로이센에 가담하여 독일 제국 성립 후 연방에 편입되었다. 바이에른의 국력은 프로이센에 전혀 미치지 못했다.

프로이센의 외국 문물 수용이 궁극적으로 새로운 생산자로 자리매김이었던 반면, 바이에른 루트비히 2세의 문물 수용은 소비자에 머문 행위였다. 무조건 외국 문물을 받아들인다고 해서 부국강병이 되는 것은 아니다. 소비 차원에 그치지 않고 생산 차원으로도 내재화해야 부국강병이 된다.

외국 문물의 적극적 수용으로 부국강병의 길로 가던 독일은 그 위기가 외국 문물의 배척에서 왔다. 포츠담 칙령 공표 꼭 252년 후인 1937년 11월 8일, 나치 정권은 유대인을 인간세계에 가장 위험한 존재로 단정하는 '영원한 유대인' 전시회를 개최했다.

다시 1년 후인 1938년 11월 9일, 독일과 오스트리아에서는 유대인들을 무차별 공격했다. 깨진 유리 파편들이 크리스털처럼 빛나던 밤이라고 해서 흔히 '크리스털 밤'으로 불리는 날이다. 거의 100명에 이르는 유대인이 살해되었고 약 3만 명의 유대인이 체포되었으며 약 7,000곳의 유대인 가게가 파손되었다. 독일에 살던 폴란드 국적의 유대인들은 외국으로 추방되었다.

나치 정권이 출범한 1933년부터 1941년까지 독일에서 해외로 망명한 수는 10만 명을 넘었다. 이는 독일의 국부 유출이었고, 독일은 핵무기와 같은 첨단군사기술에서 뒤져 세계대전에서 패하고 말았다. 독일의 흥성이 외국 인재의 국내 유입에서 왔다면, 쇠퇴는 국내 인재의 외국 유출에서 왔던 것이다.

프로이센이 독일 통일을 위한 예비전쟁으로 오스트리아와 전쟁을 벌인 1866년(병인년), 한반도에서도 종교적 사건이 발생했다. 프랑스에서 종교박해를 받던 위그노를 프로이센으로 유치한 프리드리히 빌헬름과 달리, 조선의 흥선대원군은 천주교 금압령을 내려 프랑스 신부와 수천 명의 조선인 천주교도를 처형했다. 이에 프랑스는 조선을 응징하기 위해 7척의 군함을 출정시켰고 어려움 없이 강화도를 점령했다. 그 후 조선군은 프랑스군에게 발각되지 않고 정족산성에 잠입하는 데에 성공했다. 1866년 11월 9일, 프랑스군은 우세한 화력을 내세워 정족산성을 공략했지만 양헌수를 수성장으로 한 조선군이 이를 격퇴시켰다. 다음 날 프랑스 함대는 철수했다.

양헌수 부대가 정족산성으로 잠입할 때 이용했던 경로는 덕진진이다. 덕진진 남쪽 끝 덕진돈대 해안가에 이른바 경고비로 불리는 비석이 하나 있다. "바다 문을 지키고 있으니 타국선박은 삼가 통과할 수 없다(海門防守 他國船愼勿過)"는 문구가 새겨져있다. 흥선대원군은 경고비뿐 아니라 전국 곳곳에 척화비를 세웠다. 척화비의 큰 글은 "洋夷侵犯 非戰則和 主和賣國(서양오랑캐가 침범하는데 싸우지 않으면 화친하는 것이고 화친 주장은 매국이다)"는 12자이다. 척화비의 작은 글은 "戒我萬年子孫 丙寅作 辛未立(우리 만대 자손

강화도 덕진돈대의 해관비(경고비).

에게 알림 **병인년에 만들고 신미년에 세움**)"이다. 척화비를 병인년에 만들어 신미년에 세웠다는 문구는 병인양요와 신미양요(1871년)를 외적에게 이긴 전쟁으로 본 자신감의 표현일 수 있다. 만일 그런 무모한 착각을 한 게 아니라면, 이긴 전쟁인 양 국내에 호도한 것이다.

멀리 갈 것 없이 오늘날 경고비 근처에는 프랑스와 미국과의 전투에서 전사한 참혹한 조선인 시신의 사진들이 전시되어 있다. 조선과의 전투에서 실제 승리한 프랑스와 미국은 큰 이해관계가 없어 철수한 것인데, 조선 위정자들은 이를 전쟁 승리라고 우기며 개방하지 않고 쇄국을 고수하다 결국 강대국도 아닌 인접국 일본의 함대에 굴복하게 되었다. 개방이 아니라 쇄국이 나라를 식민지로 전락시킨 것이다. 이웃 강대국의 종교탄압을 자국 성장의 기회로 삼아 개방한 프로이센의 프리드리히 빌헬름과 달리, 조선의 지배세력은 기득권 유지를 위해 쇄국하여 자국 내 종교 자유를 탄압했고 결과적으로 매국했던 것이다.

루이 14세나 히틀러뿐 아니라 누구에 의해 퇴출되었다 해서 다른 쪽에서도 반드시 불필요한 존재는 아니다. 남이 버린 것 가운데 가치 있는 것도 있다. 고물상 가게나 헌책방에서도 골동품이나 희귀본 서적을 건질 수 있다. 한나라 유방이 등용한 인재 대부분도 세상이 버린 인물들이었다. 남이 버린 인물들의 옥석을 가릴 수 있는 안목이 매우 중요하다.

모든 분야에서 열악한 국가도 비교우위의 분야는 있게 마련이다. 개방은 비교열위의 분야를 수입하고 비교우위의 분야를 수출하는 것이다. 다만 위정자들이 개방을 제대로 관리하지 못하거나 정치적으로 이용하여 나라가 구조적 종속에 빠지는 경우도 있다. 그럼에도 불구하고 일반 국민에게는 개방이 쇄국보다 훨씬 더 나았음은 역사가 증빙한다.

(4) 중도 클릭

회의체 의사결정, 국제관계 타결, 선거 등은 양자 대결로 전개될 때가 많다. 상대와 일대일로 경쟁할 때에는 제3자 특히 중간에 있는 세력으로부터의 도움을 받느냐는 여부가 승패를 결정하기도 한다. 이른바 중도 클릭 또는 중도와의 연대이다.

먼저, 동서독 및 남북한 문제의 유엔 결의를 살펴보자. 1973년 9월 18일, 동독과 서독은 유엔에 동시 가입했다. 그로부터 18년 후인 1991년 9월 18일(한국 시각)에는 남한과 북한이 유엔에 동시 가입했다. 동서독은 1949년에 각각 정부를 수립한 후 24년 만에, 그리고 남북한은 1948년 정부 수립 후 43년 만에 유엔 정식 회원국이 된 것이다. 자국만이 해당 민족국가를 대표한다고 주장하면서 상대가 국가로 인정되는 것에 반대한 분단국의 이전 관례에서 크게 벗어난 사건이었다.

남한은 1948년부터 유엔 총회에 옵서버로 참가했다. 서독은 1955년에 유엔 옵서버 자격을 얻었다. 남한과 서독의 옵서버 자격은 당시 미국이 유엔을 주도했기 때문에 가능했다. 1960년대 들어서 유엔은 더 이상 미국이 주도하는 국제기구가 아니었다. 1971년 중공이 대만 대신에 중국을 대표하게 되면서 동독과 북한은 각기 1972년과 1973년에 유엔 옵서버 자격을 취득했다.

냉전시대 분단국들은 스스로를 합법적 유일 정부라고 주장해 왔기 때문에 유엔에 자국만 가입하고 상대국은 가입해서는 안 된다고 주장해 왔다. 이런 남한의 입장은 1970년대부터 변화하기 시작했다. 남한 정부는 남북한도 유엔에 동시 가입할 수 있음을 비추었다. 이는 1972년 7.4 남북공동성명 직후 이후락 중앙정보부장의 발언과 1973년 박정희 대통령의 6.23 선언에 포함되었다. 1973년 6월 22일은 유엔 안전보장이사회가 제335호 결의로 동서독의 유엔 정회원 가입을 총회에 권고한 날이기도 하다. 공산 진영은 동서독과 달리 베트남공화국(남베트남)과 베트남민주공화국(북베트남) 그리고 남북한의 유엔 동시 가입에는 반대했다.

국제관계는 1970년대 데탕트와 1980년대 신냉전을 거친 후, 1990년대 탈냉전의 시대로 들어섰다. 1990년 북한은 남북한이 유엔에 개별 의석으로 가입하면 분단이 고착화하니 단일 의석으로 가입해야 한다고 주장하면서 동시 가입에 반대했다. 이에 남한은 동서독이나 남북 예멘이 개별 의석으로 가입한 후에 통일되었다면서 남북한의 동시 가입을 제안했다. 북한이 동시 가입에 계속 반대하자 남한은 남한만의 단독 가입을 추진하겠다고 밝혔다. 1991년 5월 28일 북한은 단일 의석 가입을 포기하고 개별 의석으로 가입한다는 의사를 처음으로 발표했으며, 7월 8일 가입 신청서를 유엔에 제출했다. 남한도 8월 5일 유엔 가입 신청서를 제출했으며, 8월 8일 유엔 안전보장이사회는 제702호 결의로 남북한의 동시 가입을 총회에 권고했다.

동서독과 남북한의 유엔 동시 가입은 각각 서독 동방정책과 남한 북방정책의 성과로 평가되기도 하고 또 분단국이 민족 정통성을 독점하지 않고 민족 공존의 길을 선택한 것으로 설명되기도 한다. 정확히 말하면 유엔 동시 가입은 분단국의 정책이나 결심에서 시작된 것이라기보다, 데탕트 또는 탈냉전의 당시 국제정세를 분단국이 적극적으로 활용한 결과이다. 동서독이나 남북한의 유엔 동시 가입은 그에 관한 주변 강대국의 선호 분포가 변했기 때문에 가능했다. 힘 분포에 따라 좌우되는 국제관계에서는 유엔 가입 문제도 관련 국가들의 선호로 전망할 수 있고 또 특정 국가와의 협력을 통해 추진하거나 또는 반대로 저지할 수 있다.

남북한이 동시 가입하는 안이 현상유지를 포함한 어떤 대안과 경쟁해도 더 큰 지지를 얻기 때문에 남북한 동시 가입이 실현될 것으로 가입 반 년 전에 예측된 바 있다(Kim 1991). 이 예측은 중간투표자정리(median voter's theorem)를 이용한 모델에 기초한 것이다(Bueno de Mesquita,

Newman, and Rabushka 1985). 각 가능한 대안들을 하나의 기준에 의해 일직선 위에 배열할 수 있고 또 각 행위자는 자신이 가장 선호하는 점(대안)에서 멀리 떨어진 대안일수록 덜 선호한다고 할 때, 최종적으로 합의되기 쉬운 대안은 중간 입장이다. 여러 대안이 있어도 결국 협상은 일대일의 대안 비교로 진행되기 때문에 다른 모든 대안과 일대일로 경쟁하여 더 큰 지지를 받는 대안이 최종적으로 받아들여진다는 것이다.

예컨대 A, B, C의 세 가지 대안 가운데 하나를 선택해야 하는 상황에서, A안을 지지하는 비율이 45%, B안과 C안은 각각 20%와 35%를 얻고 있다고 하자. 만일 A안 지지자가 B안을 차선으로, C안을 최악의 대안으로 여기고, 또 C안 지지자는 B안을 차선으로, A안을 최악의 대안으로 여긴다면, 최종적으로 채택될 대안은 B안일 가능성이 크다. 왜냐하면 B안은 A안과 일대일로 경쟁하면 B안 지지자(20%)와 C안 지지자(35%)의 도움으로 55 : 45로 승리하고, 또 B안이 C안과 일대일로 대결하게 되면 B안 지지자(20%)와 A안 지지자(45%)의 지원으로 B안이 65 : 35로 승리하기 때문이다.

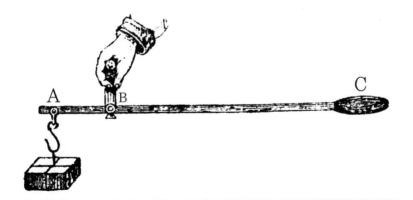

대저울의 중심은 막대 길이의 중간이 아니라 무게중심에 위치한다. 자신이 무게중심에 있게끔 힘들을 배열할 수 있으면 자신이 선호하는 결과를 얻을 수 있다.

1991년 당시 남북한 유엔 가입을 둘러싼 관련 6개국의 입장을 이슈 스펙트럼 위에 표시할 수 있었다. 남한은 '남한만 가입'을 가장 선호하며, 이것이 불가능하면 '남북한 동시가입'을 희망하고, '북한만 가입'이 성사되기보다는 차라리 남북한이 모두 가입하지 못한 '현상유지'가 낫다고 여긴다고 전제했다. 북한도 유엔에 자국만 가입하는 것을 가장 선호하고, 그러지 못할 바에야 아무도 가입하지 않기를 원하며, 남한이 단독으로 가입하는 것을 최악으로 여긴다고 가정했다.

이슈에 따라 각국이 받아들이는 중요도가 달라지고 또 각국의 영향력도 달라지며 따라서 영향력을 계산한 중간 입장의 위치도 달라진다. 유엔 가입 이슈에서 각국이 행사할 영향력은 군사력 및 경제력에 바탕을 둔 국력뿐 아니라 그 이슈에 얼마나 심각하게 대응하느냐 하는 중요도에 의해서도 결정된다. 국력과 중요도는 가장 높은 점수를 100으로 두었다. 남한, 미국, 일본, 소련, 중국, 북한의 국력은 5점 단위의 추정에서 각각 15, 100, 40, 70, 60, 10으로 조사되었고, 또 중요도(힘을 사용할 의지)는 10점 단위의 추정에서 각각 100%, 50%, 30%, 40%, 40%, 100%로 입력되었다. 즉, 남북한 유엔 가입 관련 남한, 미국, 일본, 소련, 중국, 북한의 영향력은 국력과 중요도를 곱하여 각각 15, 50, 12, 28, 24, 10으로 계산되었다.

이제 대안 간 우열 관계를 살펴보자. '남북한 동시가입'의 대안은 '남

• 동북아 6개국의 남북한 유엔가입 입장

남한	미국	일본	소련	중국	북한
남한만 가입		남북한 동시가입		현상유지	북한만 가입

출처: Kim(1991)

한만 가입'의 대안과 경쟁했을 때 일본+소련+중국+북한(12+28+24+10=74)의 지원을 받기 때문에 남한+미국(15+50=65)의 지원을 받는 '남한만 가입' 대안보다 우위에 있었다. 이렇게 계산해 보면, 영향력 분포에서 중간 입장인 '동시가입' 대안이 어떤 다른 대안과 일대일로 경쟁해도 승리하기 때문에 최종적인 협상 결과로 된다는 예측이었다.

1990년대와 달리 1970년대에는 '남북한 동시가입'이 중간 입장이 아니었기 때문에 동시 가입이 성사되지 못했다. 소련의 국력이 더 강했고, 또 소련과 중국의 입장이 '북한만 가입' 쪽으로 더 기울었다. '현상유지', 즉 남북한 모두 정식 회원국이 되지 못하고 옵서버 자격만 갖는 상황이 1970년대 영향력을 감안한 선호 분포의 중간 입장이었다고 할 수 있다. 이런 상황이 남북한의 유엔 동시 가입으로 바뀌게 된 것은 남북한의 새로운 합의보다 이해 관련국의 선호 변화에서 온 것이다.

1973년 동서독의 유엔 가입 역시 당시 이해 관련국의 영향력을 반영한 선호의 분포에서 중간 입장이었기 때문에 실현되었다고 할 수 있다. 동서독이 유엔에 개별 의석으로 동시에 가입하는 대안이 일방만이 단독으로 가입하는 대안이나 아무도 가입하지 않는 대안보다 더 큰 지지를 받았던 것이다. 1990년 동서독의 통일도 마찬가지이다. 서독이 기존 국경선을 확약하면서 동독을 흡수 통일하는 방안은 어떤 다른 대안보다 더 큰 지지를 받았다고 할 수 있다.

이런 공간 모델은 어떻게 최종 결과를 바꿀 수 있는지에 대해서도 알려준다. 중간 입장에 있는 국가나 집단을 움직일 수 있다면 중간 위치 역시 이동하기 때문에 판도를 바꿀 수 있다. 그들이 바로 압력을 가하거나 설득할 대상이다. 그런 설득은 상대방 국익과 부합한다는 점을 드러내는 것이지, 그냥 애원하는 것은 아니다. 중간 위치를 계산하고 또 중간 위치에 영향을 줄 특정 국가의 입장 변화 요인을 알아내서 대처하는 것이 성공적 외교의 비결이다.

더 혁신적인 외교는 자국이 중간에 위치하게끔 이슈 스펙트럼을 구축하는 것이다. 즉, 자국이 갈등 축의 한 쪽 끝에 있지 않도록 만드는 것이다. 만일 불가피하게 한 쪽 축에 있을 때에는 자국이 포함된 진영이 중간 위치까지 차지하도록 이슈 프레임을 짜야 한다. 이는 대세에 따라 힘 있는 쪽으로 자주 편승하라는 의미는 아니다. 편 바꾸기가 그렇게 쉬운 것도 아니고, 또 편을 바꿔서는 더 큰 곤욕을 치를 가능성이 크다는 점은 역사적 사례가 보여주고 있다.

같은 사건을 두고도 다른 이슈 프레임으로 각국의 입장을 다르게 배열할 수 있다. 외교 이슈를 선도할 수 있으면 국제관계를 바꿀 수 있는 것이다. 이슈 프레임을 바꿀 수 없을 때에는 관련 국가들의 선호와 영향력을 파악하여 그 분포를 정확히 계산하는 것이 필요하다. 그러한 판도 분석에 따른 맞춤식 외교를 추진해야 한다. 즉, 중도와 연대하는 것이 승리에 더 가까이 가게 해주는 것이다.

좌우 정당 간 경쟁에서 중도와의 연대가 도움 될까? 좌로 이동하는 이른바 좌(左) 클릭이 보수정당에 도움이 되느냐 그리고 진보정당의 우(右) 클릭이 자신에게 도움 되느냐는 문제이다. 어떤 면에서 좌와 우의 진영 가운데 중도가 지지하는 진영이 승리하기 때문에 중도는 늘 승리연합에 낀다고 할 수 있다. 중도를 지지하는 유권자가 좌를 지지하는 유권자나 우를 지지하는 유권자보다 많다고 해서 중도로 출마해서 승리하기란 쉽지 않다. 좌나 우는 이미 조직화가 잘 되어 있기 때문이다. 그래서 킹은 되지 못해도 탁월한 킹메이커 역할을 할 수 있는 것이 중도이다.

한국정치사에서 대통령급 정치지도자 가운데 가장 오래 기간 진보적 이미지를 지녔던 이는 김대중(DJ) 전(前)대통령이다. 네 차례 대통령후보 시절의 DJ 이미지를 비교하면 1997년 때가 가장 덜 좌파적이었고 이때 DJ는 대통령에 당선됐다. 1997년 대통령선거 시기와 그 직전 선거인

1992년 선거를 앞두고 DJ는 어떤 색깔의 이미지를 만들었는지 비교해보자.

먼저, 1989년 8월 2일로 거슬러 올라가보자. 이날 DJ는 서경원 의원북한 밀입국 사건과 관련되어 국가안전기획부(국가정보원 전신)에 의해 강제구인되어 조사받았다. DJ는 서 의원의 방북 사실을 사전에 몰랐고 인지한 즉시 서 의원을 당국에 출두하게 했으며 북한 자금을 받은 적이 없고 서 의원 공천에 관여한 적이 없다고 주장했다. 강제구인 이전인 6월에 이미 대(對)국민사과성명을 발표하고 서 의원을 당에서 제명했다.

이를 두고 같은 편에서는 배신이라고 하고 상대편에서는 도마뱀 꼬리자르기의 위장이라고 말한다. 색깔문제로 피해를 본 정치인으로서 잘수습했다는 평가도 있을 것이다. 평가가 어떠하든 DJ는 북한 밀입국 사건이라는 정치적 위기를 극복했다.

DJ의 좌파적 이미지는 1990년에 단행된 이른바 3당 합당으로 다시짙어지게 되었다. 김영삼(YS) 민주당 총재와 김종필(JP) 공화당 총재가노태우 대통령 측에 가담하여 민주자유당이라는 거대 보수정당을 창당했기 때문이다. 1992년 대통령선거는 그런 이념적 스펙트럼에서 실시됐다.

선거를 20여일 앞두고 DJ는 전교조, 전노협, 전농, 전대협, 전빈련등 민족민주를 주창하는 단체의 총연합체인 전국연합과 연대했고, 범민주단일후보로 추대됐다. 집토끼(전통적 지지자), 즉 좌파성향 유권자의 적극적 지지를 받아 대통령에 당선하려는 전략이었으나, 선거 결과 집토끼보다 훨씬 많은 산토끼(부동표, 浮動票)를 놓친 것으로 드러났다.

YS와의 대결 구도에서 DJ는 전국연합과 연대함으로써 좌측으로 이동했는데, 이동 전에 YS보다 DJ를 더 가깝게 여겼던 유권자 일부(■)는 DJ의 좌 클릭 후 DJ보다 YS를 더 가깝게 인식하게 되었다. 결과적으로 DJ는 자신이 좌측으로 이동한 거리의 절반을 YS에게 넘겨주고 804

만 표(33.8%)를 얻었다.

1992년 선거 패배 직후 DJ는 정계를 은퇴했다가 1995년 7월 다시 정계로 복귀했다. 1997년 대통령선거를 앞두고 DJ가 취한 선택은 우 클릭이었다. 1992년 선거에서 좌 클릭으로 낙선이 더욱 불가피했다는 지적(김재한 1993)을 수용한 듯한 행동이었다. DJ는 스스로를 온건보수, 개혁적 보수로 부르고 당시 여당인 신한국당(한나라당)을 수구냉전, 보수꼴통으로 불렀다. 실제 DJ가 개혁적 보수였는지 아니면 위장된 보수였는지는 호불호에 따라 다르게 평가되고 있음은 물론이다.

DJ는 1996년 여름부터 영남 지역과 보수 성향 단체에 구애를 펼치는 등 우파적 행보를 이어갔다. 8월 연세대 특강에서는 한총련이 민주세력과 건전통일 세력에 피해를 주니 자진 해산을 주장하기까지 했다. 9월 강릉에서 북한 잠수함이 좌초한 후 무장공비가 도주한 사건이 발생하자 10월 내내 북한을 강하게 규탄하고 국방비 증액과 군인 사기 진작 등을 주장했다. 1997년 3월에는 노동자가 임금 인상 요구를 자제해야 한다고 주장했다. 4월 미국 방문 때에는 주한미군이 북한의 남침 억제뿐 아니라 북한위협 소멸 후의 동북아 평화유지에도 필요하다고 역설했다.

결정적인 우 클릭은 DJP 연합, 즉 YS측에서 이탈한 JP와 연대한 것

• 1992년 대선에서의 DJ 위치 변경에 따른 지지율 변화

DJ–전국연합 연대 이전의 지지비율

DJ	YS

DJ–전국연합 연대 이후의 지지비율

DJ			YS

출처: 김재한(1993)

이었다. 1997년 11월 3일 국회의원회관에서 DJ와 JP는 대통령후보 단일화 합의문에 서명했다. DJ와 JP의 가치관이 다르기 때문에 연대하게 되면 DJ와 JP의 지지자 일부는 이탈할 수밖에 없었다. 집으로 들어올 산토끼(추가될 지지)가 집을 나갈 집토끼(빠질 지지)보다 더 많다고 판단했기 때문에 연대가 성사됐다.

1997년 대통령선거를 앞두고 DJ는 이회창(昌)후보와의 일대일 대결에서 밀렸다. DJ는 DJP연합을 통해 우측으로 이동했는데, 본래 DJ보다 昌을 더 가깝게 여긴 유권자 일부(■)는 DJP연합 이후 DJ를 더 가깝게 받아들였다. DJ가 우측으로 이동한 거리의 절반만큼 昌에게서 뺏은 결과가 되었다(김재한 2012). 상대에게서 한 개를 뺏으면 득표차는 두 개가 되니 결국 이동한 거리만큼 득표차 효과를 본 것이다. DJ는 1,033만 표(40.3%)를 얻었다.

물론 1997년 대통령 선거 결과는 제3의 후보(이인제) 출마와 외환위기에 의해 영향을 받았다. 사실 1992년 선거에서도 정주영 후보와 박찬종 후보라는 결코 무시할 수 없는 제3의 후보 등 다른 주요한 요인이 있었다. 따라서 DJ의 득표율이 1992년 33.8%에서 1997년 40.3%로 6.5%포

- 1997년 대선에서의 DJ 위치 변경에 따른 지지율 변화

DJP연합 이전의 지지비율

DJ	昌

DJP연합 이후의 지지비율

DJ		昌

출처: 김재한(2012)

인트 증가한 것에는 우 클릭의 영향이 지대했다고 말할 수 있다.

2012년 총선과 대선은 양자 대결이었다. 공약 기준으로 보자면 미투이즘(me-too-ism)이나 판박이로 표현될 정도로 유사했고 중도층의 지지를 얻으려는 노력도 있었다. 하지만 연대 파트너 기준으론 중간으로 간 것이 아니었다.

민주통합당은 반(反)MB 혹은 반(反)새누리당의 연합군사령부를 자처하고 양자 대결구도로 몰았다. 2012년 총선에서 민주통합당은 막말파문을 일으킨 후보를 내치지 못했다. 또 통합진보당과의 연대 때문에 한미자유무역협정(FTA)과 제주해군기지 이슈에서 좌파적 입장을 표명했다. 2012년 대선에서도 통합진보당은 민주통합당을 지지했다. 민주통합당에 호의적이던 유권자 가운데 일부는 민주통합당이 좌경화되었다고 생각했을 것이다.

새누리당도 대선을 앞두고 이인제 대표의 선진통일당과 합당했다. 그렇지만 당명, 인사, 공약 등을 통해 좌 클릭의 모습을 보임으로써 민주통합당보다 더 중간으로 갔다.

2012년 선거에 관한 그림에서의 ■는 민주통합당−통합진보당 연대 및 새누리당 좌 클릭 이전에 새누리당보다 민주통합당을 더 가깝게 받아들였던 유권자이다. 이들은 두 야당의 연대 및 새누리당의 변신 후

• 2012년 선거에서의 양당 위치 변경에 따른 지지율 변화

민주통합당−통합진보당 연대 및 새누리당 좌 클릭 이전의 양당 지지비율

민주통합	새누리당

민주통합당−통합진보당 연대 및 새누리당 좌 클릭 이후의 양당 지지비율

민주통합			새누리당

에 민주통합당보다 새누리당을 더 가깝게 인지하여 새누리당에 투표했다. ■는 3.5%포인트라는 박근혜－문재인 두 후보 간 득표율차를 설명하기에 충분한 크기이다.

이런 선거에서 관찰되는 법칙 하나는 "투표자들을 한 직선 위에 이념 순으로 배열했을 때 그 중간에 위치한 후보는 다른 후보와 일대일로 대결해서 지지 않는다"는 '중간투표자정리'다. 유권자 모두가 투표에 참여하고 양당 가운데 하나를 선택하는 상황에서는 중간으로 가기가 승리의 길이다. 중간으로 가기는 투표에 참여하고 싶은데 누구를 찍을까 고민하는 유권자에게 구애 또는 연대하는 행위이다.

좌파 정당에게 우 클릭이, 우파 정당에게는 좌 클릭이 유리한 선택이 각각 되려면 몇 가지 조건이 충족되어야 한다(김재한 2012). 먼저, 좌우나 보혁 등 하나의 기준으로 유권자를 배열할 수 있어야 한다. 여러 기준으로 다차원 공간에 배열되어야 한다면 늘 유리한 위치는 존재하지 않는다.

둘째, 유권자는 입장이 달라도 가깝기만 하면 그 가까운 정당에게 투표해야 한다. 만일 자신과 아주 가깝게 위치한 후보가 없을 때 아예 기권하는 유권자가 다수라면, 중간 위치 대신에 가장 많은 유권자가 몰려있는 위치로 가야 유리하다.

셋째, 기본적으로 양당제여야 한다. 새로운 유력 정당의 등장이 용이하다면 중간으로 가는 것은 위험을 수반한다. 좌 클릭 혹은 우 클릭 후 생긴 빈 공간에 신당이 진입하여 기존 정당의 집토끼를 가져갈 수 있기 때문이다.

끝으로, 유권자가 정치인의 입장변화를 수용해야 한다. 중간으로 가기는 일종의 박리다매(薄利多賣)다. 자신 입장을 포기하고 많은 지지를 받아 선거에서 승리하려는 것이다. 만일 타협에 대한 유권자의 거부감이 크다면, 자신 입장을 고수하여 소신의 정치인이라는 평판을 얻는 것이 현명하다. 비슷한 생각을 가진 소수로부터 강한 지지를 받는 전략은 후

리소매(厚利少賣)로 부를 수 있다.

정치노선 변경은 자칫하면 의리 없는 정치인, 변절자, 철새, 사쿠라 등의 새로운 낙인을 가져다줄 수 있다. 또 당내 경선에서 취한 입장을 본선에서 바꾸기란 쉽지 않다. 뒤집어 말하면 본선에서 경쟁력이 있는 중간적 입장은 특정 이념이 중시되는 당내 경선을 통과하기 어렵다.

2002년 대선의 새천년민주당 당내 경선과 2007년 대선 본선에서 정동영 후보는 중간적 성향을 보여줬는데, 당시 상황은 중간투표자정리가 작동할 수 있는 조건이 아니었다. 이후 중간투표자정리가 통할 상황에서 정 후보는 오히려 한미 FTA와 대북 정책 등에서 과거보다 더 과격한 입장을 견지했다.

중도와의 연대가 유리한 상황도 있고 반대로 불리한 상황도 있다. 좌 클릭이든 우 클릭이든, 바꿀 때에는 새롭게 얻을 지지자 수와 이탈할 지지자 수를 비교해야 한다. 자신에 대한 지지 증감보다 경쟁자와의 차이 변화를 계산해야 한다.

(5) 후보 단일화

연대가 성사되더라도 연대 전리품을 균등하게 나누기가 쉽지 않은 상황도 있다. 선거를 앞두고 후보를 단일화하는 것이 그런 경우이다. 선거를 앞둔 당내 경선은 정당 후보의 단일화, 즉 여러 정파로 구성된 정당의 후보를 1인으로 결정하는 자리이다. 대체로 경선 패배 후 탈당하여 출마하기는 쉽지 않기 때문에 당내 경선에 참여한 모든 정파가 경선 후에도 하나의 정당으로 유지하는 것이 일반적이다. 물론 당내 경선이 과열되어 단일화는커녕 오히려 결별하는 경우도 있다.

일반적으로 후보 단일화라고 말하면 당내 후보의 단일화가 아니라 서로 다른 정당의 후보들이 단일 후보로 연대하는 현상을 의미한다. 후보 단일화 이전의 개별 후보의 지지를 유지하기 위해 후보 단일화라는 표현 대신에 연대라는 표현을 쓴다. 1997년 대통령 선거를 앞둔 김대중 후보는 김종필 후보의 양보로 얻은 후보 단일화를 DJP연대 또는 DJP연합으로 불렀다.

대한민국 선거에서 대통령 후보 등록 후의 후보 단일화는 제5대 대통령 선거를 앞둔 1963년 10월 2일에 처음 등장했다. 당시 국민의당 허정 후보가 민정당 윤보선 후보를 지지하면서 제5대 대통령 선거 후보직을 사퇴한 것이다. 열흘 후에는 옥중출마했던 자유민주당 송요찬 후보도 사퇴했다. 실제 선거에서 윤보선 후보는 45.1%를 득표하여 민주공화당 박정희 후보(득표율 46.6%)에게 약 15만 표라는, 현재까지 역대 대선 가운데 가장 작은 표차로 패배했다.

그 이후 국민이 직접 선출한 대통령 선거 모두에서 후보 단일화의 시도가 있었다. 먼저, 당선자를 바꾸지 못했지만 후보 단일화는 있었던 선거이다. 1967년 제6대 대통령 선거에서 신한당(윤보선 후보)과 민중당(유진오 후보)이 통합하여 신민당을 창당하면서 후보 단일화를 이뤘고 민주사회당(1967년 3월 대중당으로 개편)의 서민호 후보도 윤 후보의 지지를 선언하면서 사퇴했다. 또 1971년 제7대 대통령 선거에서는 통일사회당의 김철 후보가 정권교체를 위해 후보직을 사퇴한다고 선거 3일 전에 발표했고, 민중당의 성보경 후보 역시 야당 후보 단일화를 위해서라고 말하면서 선거 전날 사퇴했다. 두 선거 모두 당선자는 박정희 민주공화당 후보였다.

2012년 제18대 대통령 선거에서는 문재인 민주통합당 후보가 안철수 무소속 후보와 단일화 협상을 전개했고 안 후보는 후보로 등록하지 않았다. 이정희 통합진보당 후보도 선거 이틀 전 문 후보를 지지하고 사퇴했다. 세 후보가 문 후보로 단일화했지만 선거 결과는 박근혜 새누리당 후보의 당선이었다. 문 후보는 자신의 본래 지지율에 안 후보의 것을 더한 만큼의 득표율을 얻지 못했던 반면에, 박 후보의 지지율은 안 후보의 사퇴 후 증가했던 것이다.

다음으로, 후보 단일화를 아예 이루지 못한 선거이다. 1987년 제13대 대통령 선거에서 김영삼 통일민주당 후보와 김대중 평화민주당 후보는 후보 단일화 협상을 추진하다가 결국 각자 출마하여 노태우 민주정의당 후보에게 패배했다. 1997년 제15대 대통령 선거에서는 한나라당 대통령 후보 경선에서 승리한 이회창 한나라당 후보 그리고 패배한 이인제 국민신당 후보가 각기 출마했고 김대중 새정치국민회의 후보가 당선되었다. 2007년 제17대 대통령 선거에서도 정동영 대통합민주신당 후보와 문국현 창조한국당 후보는 단일화를 해내지 못했고, 또 이명박 한나라당 후보와 이회창 무소속 후보 간에도 후보 단일화가 성사되지 못했다. 2017년 제19대 대통령 선거에서는 문재인, 홍준표, 안철수, 유승민, 심상정 등 원내 2석 이상을 가진 정당의 후보들은 정당 안팎에서 후보 단일화의 압력이 있었지만 후보직을 사퇴하지 않고 선거를 완주했다.

끝으로, 후보 단일화로 결과를 바꾼 선거이다. 1990년 민주정의당, 통일민주당, 신민주공화당의 3당이 민주자유당으로 합당한 것은 1992년 제14대 대통령 선거에서 후보를 단일화하기 위한 사전 전지 작업이었다. 김영삼 통일민주당 총재가 합당 후 민주자유당 이름으로 출마하여 대통령으로 당선되었다. 또 1997년 새정치국민회의와 자유민주연합 간의 이른바 DJP연합도 제15대 대통령 선거의 승리에 일조한 후보 단일화로 평가되고 있는데, 유사한 정파끼리가 아니라 이질적인 정파끼리 후보를 단일화한 사례이다.

후보 단일화를 통해 선거 판세를 뒤집은 것으로 각인되어 있는 대표적 사례는 2002년 제16대 대통령 선거이다. 2002년 월드컵 폐막 직후 4개월 내내 각종 여론조사에서 노무현 새천년민주당 후보는 이회창 한나라당 후보, 정몽준 국민통합21 후보에 이어 3위에 그쳤다. 이에 새천년민주당 내 반(反)노무현 정치인들이 노무현-정몽준 후보 단일화를 주장했다.

2002년 11월 16일 노-정 두 후보는 후보 단일화 방식에 합의했다. 표면적으론, 여론조사로 결정하자는 정 후보의 제안을 노 후보가 수용함으로써 후보 단일화가 이루어진 것으로 알려져 있다. 실은, 단일화 조사 결과를 미리 제대로 예측하지 못한 정 후보의 전략적 실수로 보는 것이 더 정확하다. TV토론 등을 거친 후 실시된 11월 24일 여론조사 결과, 노 후보가 단일화 후보로 확정되었고 결국 대통령에 당선되었다. 당시 노 후보가 권영길 민주노동당 후보와 단일화를 굳이 추구하지 않은 점 역시 주목할 만하다. 노-정 후보 단일화 추진에 대해 이회창 후보도 대응했을 터인데 선거 결과는 이 후보의 전략적 계산이 부정확했음을 말해준다. 노 후보가 자신에 적대적인 당내 계파의 요구대로 단일화를 추진한 것은 전략적 한 수였다.

이처럼 2017년까지 대한민국 국민이 직접 선출한 총 13차례 대통령

• 대한민국 대통령선거 후보의 단일화 역사

1963년 박정희 VS 윤보선(+허정+송요찬) vs 오재영
1967년 박정희 VS 윤보선(+유진오+서민호)
1971년 박정희 VS 김대중(+김철+성보경)
1987년 노태우 vs 김종필 VS 김영삼 vs 김대중
1992년 김영삼(+김종필) VS 김대중 vs 정주영 vs 박찬종
1997년 김대중(+김종필) VS 이회창 vs 이인제
2002년 노무현(+정몽준) vs 권영길 VS 이회창
2007년 이명박 vs 이회창 VS 정동영 vs 문국현 vs 권영길
2012년 박근혜 VS 문재인(+안철수+이정희)
2017년 문재인 vs 심상정 VS 홍준표 vs 안철수 vs 유승민

* 당선자를 맨 앞에 표기했고, 득표율 3% 미만 후보는 생략했음.

선거를 살펴보면, 후보 단일화가 가끔 의도와 정반대로 전개된 때도 있지만 대체로 당선 가능성을 높였다고 할 수 있다. 제6공화국(제10호) 헌법하에서 실시된 대통령 선거의 당선자 노태우, 김영삼, 김대중, 노무현 후보들은 각기 DJ-YS 분열, 3당 합당, DJP 연합(이인제 후보 출마), 노-정 단일화 등으로 상대의 후보 단일화를 막았거나 아니면 자기만의 후보 단일화를 이루었다. 이명박, 박근혜, 문재인 당선자의 경우엔 후보 단일화를 시도하지 않았지만, 상대 진영이 효과적인 후보 단일화를 이루지는 못했다.

후보 단일화 효과는 대통령 선거와 국회의원 선거가 동일하지는 않다. 민주통합당과 통합민주당이 야권 후보 단일화를 적극적으로 실천한 2012년 제19대 국회의원 선거와 제1 야당이 더불어민주당과 국민의당으로 분당해서 각자 후보를 낸 2016년 제20대 국회의원 선거를 비교해보자. 제19대 국회의원 선거에서 여당 새누리당은 전국의 의석 과반을 얻었다. 새누리당 후보는 수도권 112개 선거구 가운데 43곳에서, 야당 후보는 69곳(61.6%)에서는 당선되었다. 반면에 제20대 국회의원 선거에서는 여당 새누리당이 원내 제2당에 그쳤고, 수도권 122개 선거구 가운데 87곳(71.3%)에서 야당 후보가 당선되었다. 특히 야권 후보 단일화를 이룬 지역구에서 여당 후보가 당선되기도 했고, 반대로 야권이 후보 단일화를 이루지 못한 지역구에서는 야당 후보가 당선하기도 했다. 물론 주로 여당 강세 선거구에서 야권 후보 단일화가 시도되기 때문에 단순하게 비교해서는 아니 되지만, 야권 후보 단일화가 성사되면 야당이 승리하고 그 반대이면 야당이 패배한다는 도식과 어긋난 결과임은 분명하다.

평면적으로 보면, 후보를 단일화한 경우의 당선 확률이 단일화하지 않은 경우보다 크지 않다. 그렇다고 후보 단일화가 불리하게 작용한다고 봐서는 아니 된다. 유리한 상황에서는 굳이 후보 단일화를 추진하지 않고, 반대로 불리한 상황에서나 선거 결과를 뒤집으려 후보 단일화를 추진하기 때문이다. 물론 단일화가 지지자 일부를 이탈시키고 또 상대 진영 지지자를 투표에 적극 참여하게 만들어 결과적으로 자기 진영에 불리하게 작용할 때도 있다. 이처럼 후보 단일화의 효과는 입체적이다.

1위 후보를 만드는 것이 후보 단일화의 목표이다. 설사 단일화 후보의 득표율이 단일화 전 후보들의 지지율 합보다 작더라도 경쟁 후보의 득표율보다는 크다면, 성공적인 후보 단일화이다. 후보 단일화 후 선호가 약해진 자신의 잠재적 지지자를 투표에 참여시키고 또 선거 결과의 불확실성으로 인해 투표 참여 의지가 강해진 유권자를 끌어들이는 것이 관건이다.

후보 단일화 방식으로는 당원 경선, 국민참여 경선, 일반인 여론조사, 후보 간 담판 등이 있다. 여론조사만 해도 표본(역선택 방지를 위한 상대 지지자 제외 방식), 질문(지지도 또는 경쟁력), 오차범위(후보 간 작은 차이로 무시할 조사결과) 등을 어떻게 정하느냐에 따라 최종 선택 후보는 달라진다. 후보 단일화 경쟁에서는 거대 조직을 지닌 쪽이 유리하다. 예컨대, 조직화되어 있는 쪽은 조사에 적극적으로 참여하여 표본에서 자신의 의견이 과대 대표되게 할 수도 있다. 유불리가 분명한 단일화 방식일수록 합의가 잘 되지 않는다. 따라서 단일화 협상에서는 여러 경우의 수를 갖고 임해야 한다.

물론 본래 1위를 달리던 후보가 수수방관하지는 않는다. 후보 단일화 과정에서 탈락할 후보에게 출마의 동기를 제공하기도 하는데, 직접 매수하거나 이간질할 때도 있겠지만 대체로 당선될 희망을 주어 후보 단일화를 저지하기도 한다. 아니면 자신에게 패배할 후보로 단일화되도록 노력하거나 또는 자신도 다른 후보와 단일화하기도 한다.

7인의 유권자가 자신과 유사한 입장의 후보에게 투표하는 <일차원 선거구도>의 다자 대결에서 진보 후보인 A와 B는 각각 2표씩 받고 보수 후보인 C는 3표를 받는다고 가정하자. A와 B가 후보를 단일화하면

C에게 4:3으로 승리하게 된다는 것이 후보 단일화의 기본 취지이다. 하지만 늘 그렇지는 않다. <이차원 선거구도>에서 세 후보가 진보−보수(가로축)뿐 아니라 출신지역(세로축)에서도 다르고 특히 A와 B의 지지 기반 지역은 서로에게 대립적이라고 하자. 또 B를 지지하는 O는 A와 C 가운데 지역 연고 때문에 C를 더 가깝게 여긴다고 하자. 만일 B가 사퇴하고 A로 후보 단일화가 이뤄지면 O는 A 대신 C에게 투표할 가능성이 크다. 나머지 유권자의 선택이 그대로이라면 단일 후보 A는 C에게 3:4로 패배한다. 이는 후보 단일화가 효과를 보지 못한 사례이다.

보혁과 지역이라는 기준 외에도 불평등, 안보와 같은 선거 프레임이 존재한다. 특히 개헌 이슈는 보수−진보, 출신지역, 사회경제 정책, 대북 정책 등과 달리 후보들이 자신의 입장을 비교적 자유롭게 바꾸거나 정할 수 있기 때문에 기존 프레임에서 불리한 후보들이 적극적으로 제기하려 할 것이다.

후보 단일화로 당선자를 바꿀 수 있는지는 유권자의 선호 분포에 따라 다르다. 유권자의 선호는 후보 단일화 과정에서 그 방향과 강도가 바뀔 수 있으며, 또 유권자 선호 분포는 선거 프레임에 따라 새롭게 그려

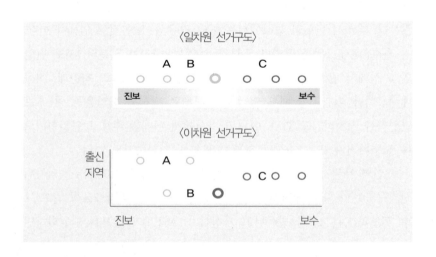

질 수 있다. 유리한 연대 파트너(후보)는 선거 프레임에 따라 달라지고, 또 유리한 선거 프레임도 연대 후보에 따라 달라진다.

대선 시즌의 정계구도는 대선 후보 구도와 다름 아니다. 개별 인물이 아닌 주요 정파만 6개라고 한다면, 이 6개 정파가 둘로 나뉘어 대통령 선거에 임하는 정계구도의 종류만 해도 수학적으론 31가지(5계파 대 1계파의 6가지, 4계파 대 2계파의 15가지, 3계파 대 3계파의 10가지)나 된다. 여러 정계구도, 선거 프레임, 후보 연대 가운데 어떤 조합이 특정 후보의 당선 가능성을 극대화하는지는 복잡하지만 계산할 수 있다. 과거 선거에서는 어설픈 계산으로 1, 2위 후보가 낙선하기도 했고, 진정성이 수반된 정교한 계산은 3위 후보를 당선시키기도 했다. 연대는 다차 방정식이기 때문에 해가 여럿이다. 전략적 후보는 그 가운데 자신에게 유리한 해로 귀결되도록 노력할 것이다.

매 선거마다 같은 당 후보끼리 또 다른 당 후보 간에 연정이니 연대이니 하는 논쟁이 등장한다. 과반이 되지 않더라도 가장 많은 표를 얻으면 당선되는 정치제도 그리고 정당체제를 계속 바꿔야 하는 정치문화에서, 후보 단일화는 전략적 고려 가운데 하나일 수밖에 없다. 후보 단일화의 추진과 저지는 선거가 끝날 때까지 시도될 것이다. 자신의 연대를 멸사봉공(滅私奉公)과 구국(救國)의 결단으로, 상대의 연대는 야합(野合)으로 표현하면서 말이다.

(6) 전략적 쏠림

당사자들의 선택이 아니라 남에 의해 실질적인 연대가 이뤄지는 경우도 있다. 예컨대 선거에서 후보 간 단일화는 이뤄지지 않아도 유권자들이 전략적 투표를 행하여 실질적인 후보 단일화가 이뤄지기도 한다. 대체로 후보들의 다자 대결이 청중, 대중, 유권자 등에 의해 양자 대결로 바뀌는 것에서 파생되는 전략적 쏠림이다. 여기서는 유권자의 전략적 투표로 살펴보자.

선거에서 당선 가능성이 희박한 특정 후보의 지지자들은 당선 가능성이 좀 더 높은 차선의 후보에게 표를 몰아주기도 한다. 이는 그 특정 후보를 실질적으로 사퇴시켜 후보를 단일화하는 것과 다름이 없다. 후보 단일화가 공식적인 대진표를 조정하여 선거 결과를 바꾸려는 후보자의 전략이라면, 전략적 투표는 실질적인 대진표를 조정하여 선거 결과를 바꾸려는 유권자의 전략이다.

후보 단일화가 이뤄지려면 여러 난관을 거쳐야 한다. 다른 후보에게 호감을 드러내는 후보가 거의 없기도 하고, 특정 후보나 특정 집단의 지지 선언은 오히려 감표 요인이 되기도 하기 때문이다. 더구나 후보 단일화를 좋게 보지 않는 유권자도 많다. 2017년 대통령 선거 여론조사에서 더불어민주당 문재인 후보에 맞설 후보의 단일화를 반대하는 비율은 찬성하는 비율보다 높았다.[12] 문 후보를 지지한다는 응답자는 말할 것도 없고,[13] 심지어 국민의당 안철수 후보를 지지하는 응답자 가운데에서도 반대 비율이 찬성 비율보다 더 높았다.[14] 대중은 선거공학으로 보이는 인위적인 후보 단일화를 좋게 보지는 않는다.

설사 그렇더라도 유권자의 결집 현상은 피할 수 없는 현실이다. 민주화 이래 대통령 선거에서 노태우·김영삼 후보의 당선은 반(反)김대중 결집으로, 김대중·노무현 후보의 당선은 반(反)이회창 결집으로, 이명박·박근혜 후보의 당선은 반(反)노무현 결집으로 가능했다고 해도 크게 틀린 것은 아니다. 박근혜 대통령 탄핵 소추 이후 문재인 후보의 지지도 급증과 더불어민주당 후보 경선 직후 안철수 후보의 지지도 급증은 각각 반(反)박근혜 결집과 반(反)문재인 결집과 관련되어 있다고 말할 수 있다.[15]

선거에서 반감 내지 비(非)호감의 효과는 호감 효과와 정반대라고 간단하게 규정할 수 있는 게 아니다. 유권자들이 느끼는 비호감 후보 순위는 호감 후보 순위와 정반대일 때가 있지만,[16] 그렇지 않을 때도 적지 않다. 좋아하는 유권자가 가장 많은 후보라고 해서 싫어하는 유권자가 가장 적은 것은 아니다. 마찬가지로 싫어하는 유권자가 가장 많다고 해서 좋아하는 유권자가 가장 적은 것도 아니다. 2017년 대통령 선거를 앞두고 실시된 여론조사에서 "절대 투표하지 않을 후보"로 가장 많이 응답된 후보는 지지도 1, 2위를 다투는 후보였고, 거부감이 가장 적게 조사된 후보는 지지도 꼴찌를 다투는 후보였다.[17]

호감의 정도로 당선자를 결정하는 방식과 비호감 정도로 당선자를 결정하는 방식은 결과가 늘 일치하지는 않는다. 호감 정도로 선출하는 방식의 예는 토마스 헤어(Thomas Hare)가 제시한 단기이양투표 방식이다. 이 방식은 득표수가 제일 작은 후보를 빼고 다시 투표해서 1인의 후보가 남을 때까지 계속 진행하는 방식이다. 여러 후보에 대한 선호 순서를 한꺼번에 기입하여 투표하면 한 차례의 투표로 당선자를 선출할 수 있다. 비호감 정도에 따라 선출하는 방식의 예는 클라이드 쿰스(Clyde Coombs)가 제시한 투표방식이다. 이는 싫어한다는 표가 제일 많은 후보를 빼고 다시 투표하여 최종적으로 남은 후보가 당선되는 방식이다. 기준이 호감이냐 비호감이냐는 차이 말고는 매우 유사한 헤어 선거 방식과 쿰스 선거 방식은 서로 다른 당선자를 내기도 한다.

가장 혐오하는 후보를 하나 선택하게 한 후 집계하여 선출하는 방식뿐 아니라 각 후보에 대해 호감/비호감을 선택하게(비호감 후보 모두를 고르게) 하여 집계하는 선출 방식도 있는데, 선거 방식에 따라 선거 결과가 달라짐은 물론이다. 중요한 것은 비호감이 적어도 호감만큼 후보 선택에 중요하게 작동하고 또 선거 결과에 영향을 끼친다는 점이다.

2017년 대통령 선거에서 전략적 투표는 주요 화두였다. A를 찍으면 B가 당선된다는 'A찍B'의 3글자로 이뤄진 여러 조어가 사람의 입에 오르내렸다. 선거 후보자뿐 아니라 박지원 국민의당 대표, 김정은 북한 노동당 위원장과 같은 외부의 인물까지 끌어들이는 표현들이 등장했다. B를 싫어하는 A 지지자들이 A 대신 C에게 투표하도록 유도하는 슬로건이다. 사실 이런 전략적 투표를 유도하는 구호는 오래 전부터 있었다. 1997년 제15대 대선 과정에서 나왔던 "이인제 후보를 찍으면 김대중 후보가 당선된다"는 표현이 그런 예이다.

반○○ 결집이나 전략적 투표는 모든 후보의 득표율 합이 100%인 선거의 제로섬적 속성에서 기인한다. 제로섬 관계는 경쟁 진영 간에는 물론이고 진영 내에서도 관찰된다. 상대 진영과 싸울 때 자신이 살아남으려면 자기 진영 내에서 일단 우위를 확보해야 한다. 아프리카 초원에서 초식동물들이 육식동물의 포식에서 벗어나려면 육식동물보다 빨라야 한다기보다 다른 초식동물보다 빨라야 한다.18 실제로 안 후보의 지지도는 반기문 전(前)유엔사무총장의 등장에 따라 낮아졌다가 반기문, 황교

치타에게 쫓기는 가젤은 주변의 다른 가젤보다 더 빠를 때 살아남기 쉽다.
https://cdn.pixabay.com/photo/2016/04/05/08/45/cheetah-1308943_960_720.jpg

안 대통령권한대행, 안희정 충남지사의 불출마 선언 또는 경선 패배 직후 두드러지게 상승했다.

표의 확장성은 같은 진영에서보다 거부감이 없는 근처의 다른 진영에서 더 용이하다. 자유한국당 홍준표 후보와 바른정당 유승민 후보 가운데 안 후보와 지지층을 공유하는 후보는 유 후보이지만, 홍 후보로 단일화하여 유 후보가 사퇴하면 문 후보가 당선되는 반면에, 유 후보로 단일화하여 홍 후보가 사퇴하면 안 후보가 당선된다는 여론조사가 있었다.[19] 안 후보에게는 유 후보의 사퇴보다 홍 후보의 사퇴가 득표에 더 도움이 된다는 내용이었다. 안 후보와 중첩되는 유 후보의 지지층이 이미 얇아져 있어 안 후보가 유 후보로부터 새롭게 넘겨받을 표가 많지 않은 상태에서는 유 후보의 사퇴가 안 후보에게 크게 도움이 되지 않는다는 의미였다.

실제 유 후보 지지자보다 홍 후보 지지자가 더 반(反)문재인적이었다. 문재인, 안철수, 홍준표, 유승민, 심상정 후보의 5자 대결에서 홍 후보를 지지하는 유권자들은 문—안의 양자 대결에서 압도적으로 안 후보에게 쏠렸지만 유 후보의 지지자들은 그 쏠림 정도가 덜함을 여론조사들이 보여주었다.[20] 너무 달라도 또 너무 같아도 후보 단일화의 효과는 크지 않은 것이다. 서로 다른 주머니를 차고 있으면서도 그 주머니를 상대에게 넘길 수 있는 정도로 가까워야 후보 단일화는 성공한다. 양자 대결에서는 중원으로 진출하되 자신의 후방에서 지원해줄 세력을 확보해야 승기를 잡을 수 있다.

단일화된 후보의 지지도는 대체로 단일화 전 후보들 지지도의 합보다 작을 수밖에 없다. 컨벤션, 여론조사 발표, 전략적 투표 독려 등에 의한 결집이 있어야 지지도 증대가 가능하다. 전략적 투표는 사표(死票) 방지 심리에서도 나온다. 선두를 두고 치열하게 경쟁하는 후보에게 투표함으로써 선거 결과를 바꾸고 싶어 하는 유권자들이 많다. 선거에 무관심해 있다가 여론조사에서 떠오르는 후보를 지지하게 된 유권자도 있을 것이고, 또 당선 가능성을 염두에 두고 지지 후보를 이미 바꾼 유권자도 있을 것이다.

유권자는 경험과 학습을 통해 진화해 왔다. 인위적인 후보 단일화를 넘어 유권자의 자발적인 전략적 투표가 발현되기도 한다. 후보들에 대한 선호가 바뀌지 않아도 유권자는 자신의 표심을 다자 대결 또는 양자 대결이냐에 따라 다르게 드러낼 수 있다. 이는 유권자에 의한 실질적인 후보 간 연대로 볼 수 있다.

(7) 로그롤링

한 건을 주고 다른 한 건을 받는 사안별 주고받기 연대는 로그롤링, 투표교환(vote trading), 짬짜미, 결탁 등으로도 불린다. 로그롤링 또는 결탁은 대체로 나쁜 의미로 사용되고 있다. 그렇지만 자기뿐만 아니라 상대와 혜택을 나눠 차선을 추구하는 정치적인 행위라는 점에서 차선 지향의 연대로 해석할 수도 있다. 오늘날 가장 존경받는 정치인 가운데 한 사람인 에이브러햄 링컨(Abraham Lincoln)도 로그롤링을 정치 행위로 보고 실천에 옮긴 바 있다.

링컨이 상대 안건을 서로 밀어주는 이른바 로그롤링을 하여 소수 의견을 통과시킨 대표적인 예는 1837년 일리노이(Illinois) 주도(州都) 이전 표결이다. 2월 28일 표결에서 링컨의 선거구인 스프링필드(Springfield)는 1차 투표에서 20표를 받았으나 4차 투표에서 70표를 얻어 16표만을 얻은 밴댈리아(Vandalia)를 꺾고 새로운 주도로 통과되었다. 교통망 확충과 주립은행 등 표결 중인 여러 안건에서 나눠먹기 식으로 서로를 밀어준 결과였다. 좋게 표현하자면, 링컨이 다양한 이해관계의 집단을 하나로 묶어 다수로 만드는 정치력을 발휘했던 것이다.

미국 스프링필드 일리노이주 의사당 앞의 링컨 동상. 1837년 링컨 의원은 상대 안건을 서로 밀어주는 방식으로 다른 의원들의 찬성표를 모아 일리노이 주도를 스프링필드로 이전하는 데에 성공했다.

https://c1.staticflickr.com/4/3235/2994089786_71fbef6e89_b.jpg

로그롤링은 민주적 회의체 의사결정방식 때문에 가능하기도 하다. 또 하나의 안건에서도 전략적 연대가 발생할 수 있다. 현행 대한민국 국회법에 따라 전략적 투표가 발생하여 묵시적인 결탁이 이뤄지는 예를 소개하면 다음과 같다(김재한 2012, 68~71).

현행 국회법 제95조는 수정동의에 대해 규정하고 있다. 의안에 대한 수정동의는 의원 30인 이상의 찬성자와 연서하여 미리 의장에게 제출하여야 하며, 예산안에 대한 수정동의는 의원 50인 이상의 찬성이 있어야 한다. 수정동의는 원안 또는 위원회에서 심사보고한 안의 취지 및 내용과 직접 관련성이 있어야 하나, 의장이 각 교섭단체대표의원과 합의를 하는 경우에는 그러하지 아니한다. 위원회에서 심사보고한 수정안은 찬성 없이 의제가 되고, 위원회는 소관사항 외의 안건에 대하여는 수정안을 제출할 수 없다.

국회법 제96조는 수정안의 표결 순서를 기술하고 있다. 동일 의제에 대하여 수개의 수정안이 제출된 때에는 의장은 최후로 제출된 수정안부터 먼저 표결하고, 의원의 수정안은 위원회의 수정안보다 먼저 표결하며, 의원의 수정안이 수개 있을 때에는 원안과 차이가 많은 것부터 먼저 표결한다. 수정안이 전부 부결된 때에는 원안을 표결한다. 수정안이 통과되면 원안은 바로 폐기된다.

정당 A가 특정 사안에 대한 원안을 발의했고, 이에 정당 B가 수정안 I을 발의했으며, 정당 C가 수정안 II를 발의했다고 하자. 국회 의석을 각각 ⅓씩 차지하고 있는 정당 A, B, C의 선호도는 다음과 같다고 하자.

> A: 원안 > 수정안 II > 부결 > 수정안 I
> B: 수정안 I > 부결 > 수정안 II > 원안
> C: 수정안 II > 원안 > 부결 > 수정안 I

이 경우 보통 수정안 Ⅱ부터 표결한다. 만일 수정안 Ⅱ가 가결되면 수정안 Ⅱ가 채택되고 그것으로 이 의제는 종결된다. 만일 수정안 Ⅱ가 부결되면, 수정안 Ⅰ에 대해 의결한다. 만일 수정안 Ⅰ이 가결되면, 수정안 Ⅰ이 채택되고 의제 표결은 종결된다. 만일 수정안 Ⅰ이 부결되면, 마지막으로 원안에 대한 투표가 실시된다. 만일 원안이 가결되면 원안이 채택되는 것이고, 만일 원안이 부결되면 어떤 안도 채택되지 않게 된다.

전략적 선택은 역순으로 계산하면 쉽다. 마지막 제3단계, 즉 원안에 대한 가부 투표에서 부결보다 원안을 선호하는 A와 C는 찬성, 원안보다 부결을 선호하는 B는 반대에 투표한다. 즉, 원안 표결까지 가게 되면 원안이 채택됨을 알 수 있다.

제2단계 표결, 즉 수정안 Ⅰ에 대한 찬성 대 반대의 표결은 실제로는 수정안 Ⅰ 대 원안의 대결로 이해해야 한다. 수정안 Ⅰ에 대한 가부 투표에서 원안보다 수정안 Ⅰ을 더 선호하는 B는 수정안 Ⅰ에 찬성투표

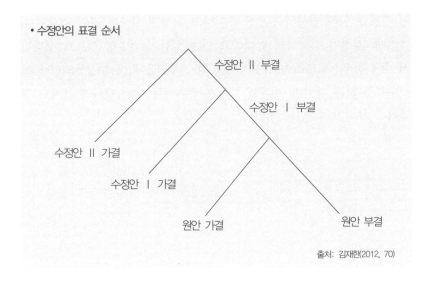

• 수정안의 표결 순서

수정안 Ⅱ 부결

수정안 Ⅰ 부결

수정안 Ⅱ 가결

수정안 Ⅰ 가결

원안 가결

원안 부결

출처: 김재한(2012, 70)

를 하지만, 수정안 Ⅰ보다 원안을 더 선호하는 A와 C는 반대투표를 한다. 제2단계에 이르게 되면 수정안 Ⅰ은 부결될 것이다. 즉, 제1단계에서 수정안 Ⅱ가 부결된다는 것은 곧 원안의 가결을 의미한다.

수정안 Ⅱ에 대해 투표하는 제1단계에서 원안을 가장 선호하는 A는 수정안 Ⅱ에 대해 반대한다. 수정안 Ⅱ를 가장 선호하는 C는 수정안 Ⅱ에 대해 찬성표를 던진다. 여기서는 B의 선택이 전략적 연대 행위이다. B는 수정안 Ⅰ을 가장 선호하기 때문에 제1단계 표결에서 수정안 Ⅱ에 반대표를 던져야 한다고 생각하는 사람들이 있을 것이다. 하지만 만일 수정안 Ⅱ가 부결되면 궁극적으로 B에겐 최악의 결과인 원안이 채택되는 것이기 때문에 B는 차악의 결과인 수정안 Ⅱ에 전략적으로 찬성투표를 한다. 원안을 가장 싫어하는 B는 자신의 최선안인 수정안 Ⅰ을 포기하고 수정안 Ⅱ에 찬성하여 C와 행동을 같이 한다. 즉, B와 C 간의 결탁이 이루어진다.

대부분의 의회에서 수정안부터 의결하고 수정안이 부결되면 원안을 의결하는 방식을 채택하고 있다. 최선의 결과가 실현될 수 없을 때 차선의 결과를 위해 최선의 결과를 포기하고 표결에 임하는 것이 결탁이다. 예컨대, 자신이 심각하게 반대하고 있는 원안이 가결될 것으로 생각될 때 수정동의안에 만족하지 못하지만 원안 부결을 위해 수정동의안에 찬성투표를 하는 것이다. 이처럼 다른 이해관계를 갖는 당사자 간에도 결탁이 이루어질 수 있는 것이다.

III

연대의
결속과 와해

7
연대의 유도

연대는 조건과 전략에 따라 결성되기도 또 결속되기도 한다. 이 장에서는 유전자와 호르몬 등의 생물학적 조건에 따라 연대 현상이 달라지는지, 또 선호와 마음 등의 정서적 관계에 따라 연대 현상이 달라지는지 살펴본다. 연대 유도의 전략으로 되갚기(pay back)와 내리갚기(pay forward) 그리고 의사소통을 다룬다.

(1) 유전자적 요인[21]

연대의 행동은 유전자적 요인으로 설명할 수도 있을 것이다. 연대 행동을 많이 하는 종도 있고 그렇지 않은 종도 있다. 같은 종 사이에서도 연대 행동은 조금씩 다르다. 다만 히틀러(Hitler)식 인종적 편견과 마찬가지로 유전자 중시 태도에 대한 우려가 있으며 유전자 개량으로 사회적 행동을 조율하자는 주장에 대해서도 여러 다양한 의견이 있을 수는 있다(Dawkins 2006; Brockman 2007).

선거 분야에서는 유권자의 유전적 혹은 생물학적 차이에 따른 투표행태의 차이를 설명하는 연구보다 당선/낙선 현상에 대한 생물학적 배경을 드러내는 연구가 더 많다. 즉, 유권자 간 차이(선택)보다 후보자 간 차이(당락)를 설명하는 것이다. 투표참여 여부와 후보 선택에 관한 유전적 분석(Fowler, Baker and Dawes 2008; Fowler and Dawes 2008)은 미국 캘리포니아 지역의 일란성 및 이란성 쌍둥이의 투표 기록을 이용하여 유전적 요인이 존재함을 발견하였고, 투표행위에 관련된 2개의 유전자를 찾아냈다고 주장하기도 했다. 이 유전자들은 신뢰와 같은 사회적 상호작용에 관련된 뇌 영역에 영향을 미치는 신경전달물질 세로토닌의 분비를 조절하는 유전자이다. MAO-A(monoamine oxidase A) 유전자의 높은(high) 다형(多形, polymorphism)을 가진 유권자들 그리고 5HTT 유전자의 긴(long) 다형을 가진 신자(信者)들은 2004년 미국 대통령선거에 더 참여하였다고 한다. 즉, 두 유전자의 대립유전자(allele)가 단백질을 잘 전사(轉寫, transcription)하면 투표에 더 참여한다는 것이다.

서로 다른 유전자라도 그 유전자의 정치행태적 표현은 동일할 수 있다. 예컨대 유전자 요소 w, x, y, z 등이 있을 때 서로 다른 요소인 w와 x는 동일한 정치태도를 가져올 수도 있는 것이다. 또 유전적 혼혈(hybrid)이 정치행동에서도 중간적인 모습을 띠는 것은 아니다. 예컨대 AB혈액형의 정치태도가 A혈액형 정치태도와 B혈액형 정치태도의 중간은 아닌 것이다. 또 A혈액형의 일종인 A/O혈액형의 정치태도가 A/A혈액형(A혈액형)과 O/O혈액형(O혈액형)의 중간적 정치태도를 보여주는 것도 아니다.

뇌과학의 진전으로 사회적 행위의 생물학적 근거를 찾는 노력이 진행되고 있는데, 생물학적 접근은 주로 생물학적 조건에 따라 의식과 행위가 달라지냐는 것이다. 연대는 유전적으로 서로 비슷해야 이뤄지는지 아니면 서로 달라야 이뤄지는지는 분명하지 않다. 전극도 서로 달라야 잘 붙듯이 유유상종(類類相從)이 늘 지켜지는 것은 아니다. 연대 결성에 미치는 유전자적 요인은 밝혀진 게 아직 별로 없다. 연대 행위는 상대가 있는 행동이기 때문에 한쪽만의 유전자적 특징으로 분석되지 않기 때문일 것이다.

대신에 포유류 동물이나 인간의 사회적 소속감을 증진시키는 화학물질에 대해서는 여러 연구가 수행된 바 있다(Kosfeld, Heinrichs, Zak, Fischbacher, and Fehr 2005; Lim and Young 2006; Choleris, Pfaff, and Kavaliers 2013). 신경펩티드 옥시토신은 그 대표적인 호르몬이다. 연대의 뇌과학적 요인은 대체로 호르몬 효과를 말한다고 볼 수 있다. 물론 옥시토신이 인간의 신뢰 행위에 별로 효과가 없다는 소수 의견도 있다(Nave, Camerer, and McCullough 2015).

연대의 유전자적 효과를 설명하는 방식 하나는 진화론이다. 연대에 저항하는 인간은 죽임을 당하거나 하여 도태되고, 반면에 연대에 잘 승차하는 인간은 살아남아 오래오래 진화되었을 수도 있다. 그런 정형화된 행동양식(fixed action pattern; FAP)도 유전자 범주에 속한다고 할 수 있다. 유전자 수준에 입력되어 있는 FAP에 따라 생존 여부가 갈리고 따라서 진화된 FAP는 특정 행동으로 유형화된다. 연대 행동과 관련된 FAP는 특정한 연대 행동을 표출할 가능성이 높다.

종종 다윈(Charles Robert Darwin)의 진화론은 윤리적이지 못하다고 여겨지기도 한다. 사회다원주의, 사회진화론, 사회적 다윈이즘 등의 개념은 인종주의나 제국주의를 정당화하는 나쁜 이론으로 치부되고 있다. 사회다원주의를 설명하는 기준이 각기 다르고, 또 그렇게 분류된 학자 대부분은 그 분류에 동의하지 않음에도 불구하고 그렇게 받아들여지고 있는 것이다.

한편으로 사회적 진화는 사회가 힘의 논리에 따라 변화하는 것이라고 보기도 하지만, 다른 한편으로는 사회가 바람직한 방향으로 변화하는 것을 사회적 진화라고 부르기도 한다. 실은 진화란 옳고 그름을 떠나

다윈을 원숭이로 묘사한 풍자화.

출처: 『라 프티 린』 1878년 8월호 표지

적응해 나가는 변화를 의미한다. 제국주의도 한때 진화된 결과였고 민주주의 역시 진화된 결과이다. 인간 선택에 의존하는 진화는 인간이 어떤 선택을 하느냐에 따라 다른 방향으로 전개될 수도 있는 것이다.

특정 유전자들의 소멸과 번성으로 이뤄지는 생물적 진화는 매우 느린 과정이다. 유전자만 추적하는 사람들에게 생명체는 유전자를 전달하는 운반체에 불과하다. 유전 정보는 DNA 속 30억 개 가량의 염기성 물질이 배열되는 순서라고 볼 수 있는데, 염기 서열의 돌연변이가 다음 세대로 유전되는 것뿐 아니라, 변이 없이 생후 획득한 형질도 DNA 패킹으로 특정 유전자가 발현되지 못하는 방식으로 다음 세대로 유전되기도 한다.

자연 선택과 달리 인간 선택에 의한 진화는 상대적으로 짧은 기간에 이뤄진다. 한 인간의 생존 기간 중에 사회는 어떤 진화가 이루어졌다가 다시 새롭게 진화하기도 한다. 이제까지 사회 문화의 변질보다 더 오래 걸린 개인 유전자의 변질이 앞으로 분자생물학 등의 발달로 짧은 기간에도 이뤄질지는 지켜볼 일이다.

인류사에 있어 진화론적 전개로 부를 수 있는 사건 가운데 하나는 노예해방이다. 노예해방론의 대표적 정치인 링컨과 진화론의 대표적 학자 다윈은 여러 공통점이 있다. 두 사람 모두 생일이 1809년 2월 12일이다. 또 열 살이 채 되지 않았을 때 생모가 죽었고 자녀도 어린 나이에 죽었다. 링컨과 다윈은 턱수염을 기른 50대 초반 무렵부터 자신의 이름을 세상에 떨친 대기만성의 인물이다. 사주나 관상을 보는 사람이라면 각각 그들의 생일이나 턱수염으로 인생역정을 설명할지도 모르겠다.

링컨과 다윈은 자신의 생각을 잘 정리하여 표현할 줄 알았다. '세상을 바꾼 연설' 가운데 하나로 평가되는 게티즈버그 연설을 비롯하여 링컨의 말솜씨는 일품이었다. 다윈의 글 역시 과학적 서술이 아니라 문학적 언술로 봐도 될 정도로 전달력이 뛰어났다. 링컨과 다윈의 말과 글은 상대의 공감을 잘 이끌어냈던 것이다.

링컨은 진화론적 인식을 가졌다. 일리노이에서 링컨과 동업한 변호사 헌든(Herndon 1921)에 따르면 링컨은 전문서적에 별로 관심이 없었는데 유독 진화론 관련 서적만은 잘 읽었으며, 한번은 다음과 같은 말을 했다고 한다. "내 철학에서 우연은 없고 모든 결과는 원인이 있다. 과거는 현재의 원인이고 현재는 미래의 원인이며 이것들 모두가 유한에서 무한으로 가는 끝없는 체인의 연결고리이다." 링컨에게 진화란 이런 체인의 연결에서 나오는 변화였던 것이다. 물론 링컨이 읽었다는 진화론 서적은 다윈의 것이 아니었고, 링컨의 연설문에는 진화라는 단어가 거의 등장하지 않았다.

다윈은 노예제에 대한 혐오감을 여러 곳에서 드러냈다. 예컨대 미국의 식물학자 아사 그레이에게 보낸 1861년 6월 5일자 편지에서 다윈은 노예제를 "폐지해야 할 지구상 최대의 폐해"로 표현했다.[22] 물론 다윈의

링컨 대통령 노예해방선언문의 제1차 독회 모습. 프랜시스 카펜터의 1864년 유화. 노예해방선언은 북부와 노예 간의 진화적 연대로 해석할 수 있다.

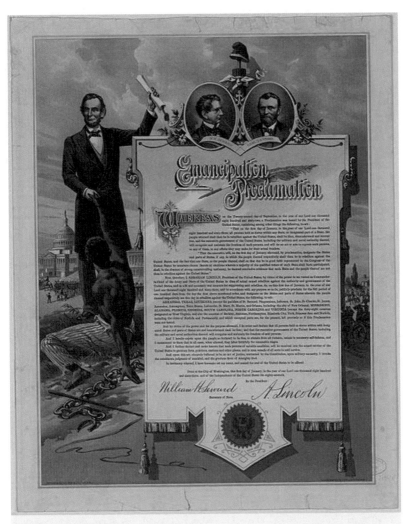

링컨의 노예해방선언문.

노예제폐지론이 링컨의 것과 완전히 일치하지는 않았다.

진화론과 노예제폐지론처럼 다윈과 링컨의 세계관은 특정 시대에 머물지 않고 보편적이었다. 사실 진화론과 노예제폐지론은 상통한다. 인간과 동물의 기원이 서로 다르다는 기존 관념을 부정한 것이 진화론이라면, 노예제폐지론은 백인과 흑인이 같은 인간일 수 없다는 기존 관념에 저항한 것이다.

다윈과 링컨은 큰 변화의 방향을 진화적 관점에서 같은 곳으로 보고, 노예제가 진화의 논리대로 폐지의 수순을 밟을 수밖에 없음을 인지했다. 링컨이 주도한 노예해방 선언, 남북전쟁 승리, 연방 유지 등이 가능했던 이유는 그가 사회 진화의 방향을 인지했기 때문이다. 링컨은 연방에서 탈퇴한 남부 연합의 노예를 1863년 1월 1일자로 해방한다고 선언하여 노예와 일종의 연대를 결성함으로써 남북전쟁에서 승리할 수 있다고 생각했고, 이로써 남북 간의 연대, 즉 연방을 유지할 수 있다고 생각한 듯하다.

(2) 정서적 요인[23]

사회과학에서는 행동을 내생적인 변수로 보는 반면, 선호는 그냥 주어진 외생 변수로 보는 경향이 있다. 좋은 연대를 성사시키기 위해서는 어떤 전략보다 마음을 얻는 것이 더 나을 때가 많다. 상대의 마음을 바꾸게만 할 수 있으면 무엇이든 가능할 것이고, 궁극적으론 자신의 마음을 바꾸면 원하는 것이 무엇이든 이룰 수 있다. 후자의 경우는 마음을 비워서 마음대로 얻는다는 역설적 관계를 포함한다.

남이 잘되는 것을 싫어하는 배아픔 문화에서는 연대가 어렵다. 이솝우화에서 유피테르(Jupiter)신은 서로에 대해 배 아파하는 이웃끼리 잘 지내도록 만들기 위해 약속을 하나 했다. 소원을 하나 들어주고 동시에 그

소원의 두 배만큼 이웃에게 해준다는 내용이었다. 상대에 대해 배 아파하던 자는 결국 상대의 두 눈을 없애기 위해 자신의 한 눈을 없애달라는 소원을 말한다는 이야기다. 주변의 행복에 대해 배 아파하는 자가 있으면 그 상대와의 연대는 어려워진다.

모함과 무고와 같은 행위가 아니더라도 상대의 혐오를 받게 되면 그 상대의 선호에 반영되기 때문에 연대는 어렵다. 연대 파트너가 '그냥 좋아서' 혹은 '그냥 싫어서'라는 단순한 이유에 의해 연대 여부가 좌우되는 경우도 많다.

사마천은 상대 마음 얻기를 신의로 이해한 듯하다. 『사기』 관안(管晏) 열전에서 노나라 장수 조말은 제나라 왕 환공을 칼로 위협해 노나라 땅을 돌려주겠다는 환공의 약속을 받았다. 뒤에 환공이 약속을 지키지 않으려 했으나 관중이 다른 나라와의 관계를 위해서라도 조말과의 약속을 지켜야 한다고 조언했고, 이에 환공은 노나라 땅을 돌려주었다. 이후 다른 제후국들은 관중의 예상대로 제나라에 귀의했다는 이야기이다. 여기서 "주는 것이 얻는 것임을 아는 게 정치(知與之爲取 政之寶也)"라는 말이 등장한다. 제나라가 노나라에 보여준 신의는 다른 제후국들에 그대로 전파되었고, 제나라는 노나라에 양보한 것 이상으로 훗날 더 큰 보상을 받았다.

사마천 『사기』에는 원한에 관한 이야기가 많다. 오자서(伍子胥)열전도 원한의 이야기이다. 초(楚)나라 사람 오자서는 아버지와 형이 평왕에게 처형당한 후, 떠돌다가 오(吳)나라로 가서 합려(闔閭)를 도와 오나라를 강국으로 만들었다. 오나라가 초나라를 함락시킨 후 오자서는 평왕의 묘를 파서 시체에 채찍질하는 굴묘편시(掘墓鞭屍)를 행하였다. 그 이후 오나라는 월(越)나라를 공격하였다가 월왕 구천(句踐)의 반격으로 합려는 상처를 입고 죽으면서 아들 부차(夫差)에게 복수를 유언했다. 부차는 불편한 땔나무 위에서 누워 자는 와신(臥薪)의 생활을 하며 원한을 잊지 않고 결국 월나라에게 대승을 거두었다. 월왕 구천은 항복하였는데, 오자서는 월나라를 지금 멸망시키지 않으면 후환이 있을 것이라고 조언하였지만, 오왕 부차는 오자서의 말을 듣지 않고 오자서를 멀리하였다. 오자서는 자기 아들을 불안한 오나라 대신 제나라에 맡겼다. 이 일로 오자서는 모함을 받고 부차로부터 자결을 명받았다. 오자서는 자신이 죽으면 오나라가 월나라에 멸망하는 모습을 볼 수 있도록 눈알을 동문 위에 걸어달라고 당부하고 자결하였다. 부차가 격노하여 그의 시신을 강물에 던져버렸다. 다른 한편 부차로부터 온갖 모욕을 겪은 구천은 맛이 쓴 쓸개를 핥는 상담(嘗膽)을 하면서 복수심을 불태웠다. 세월이 흘러 결국 오나라는 월나라에 패망하였고, 구천에게 붙잡힌 부차는 오자서의 충언을 듣지 않은 것을 후회하며 자결하였다.

마키아벨리 『군주론』 제17장은 남이 나를 사랑하는 것이 나은지 아니면 남이 나를 두려워하는 것이 나은지를 논하고 있다. 군주는 백성들이 계속해서 충성하게 만들기 위해서는 가혹하다는 불명예를 감수해야 한다고 말한다. 지나친 자비심으로 무질서가 지속되는 것보다 극소수에게 가혹한 처벌로 질서를 유지하는 것이 더 낫다는 것이다. 따라서 사랑받기와 두려움 주기를 둘 다 갖기 어렵다면 두려움 주기를 선택해야 한다고 주장한다. 군주는 사랑을 얻지 못하고 두려움을 주더라도 증오는 피해야 한다고 한다. 시민과 백성의 소유물과 부녀자들에 손을 대지 않는 공포의 군주가 증오를 받지 않기 때문에 성공한다는 것이다.

경멸과 증오의 회피에 대하여 논하고 있는 『군주론』 제19장에서 백성들로부터 미움을 받지 않는 것이 모반의 음모에 대처하는 군주의 강력한 방안이라고 말한다. 군주가 유고일 때 백성이 기뻐하지 않으면 모반을 꾸미려는 사람은 성공하기 어렵기 때문이다. 카라칼라(Marcus Aurelius Antoninus; Caracalla)는 탁월한 자질과 검소한 생활로 백성의 경탄과 군인의 환영을 받았다. 백인대 부대원의 동생을 모멸적인 방식으로 죽였음에도 그 백인대원을 자신의 경호원으로 계속 두었는데 이러한 경솔함이 자신의 죽음을 초래하였다. 군주는 주변 사람들에게 심한 상처를 주지 않도록 주의해야 한다고 했다.

마키아벨리는 로마 키케로의 주장과 달리 덫을 식별하기 위해 여우가 될 필요가 있고 늑대를 물리치기 위해서는 사자가 될 필요가 있으며, 여우와 사자 하나에만 의존하는 군주는 현명하지 못하다고 보았다. 마키아벨리는 증오를 피하는 것과 약속을 지키는 것을 구분했다. 『군주론』 제18장에서 현명한 통치자라면 신의(信義) 준수가 자신에게 불리하게 작용하면 그 신의를 지켜서는 아니 된다고 말한다. 만일 사람들이 모두 신의를 지킨다면 군주 역시 신의를 지켜야 하지만 그런 일은 일어나지 않는다고 보았다. 현명한 지도자는 약속을 지키는 것이 불리하거나 지킬 이유가 없으면 지켜서는 아니 된다고 주장한다. 물론 이러한 배신행위를 잘 윤색하는 위선자가 되어야 한다고 주장했다. 진실을 속속들이 알 수 있는 소수는 다수가 겉으로만 봐서 진실을 잘 알지 못하더라도 그 다수의 의견에 감히 반대하지 못하기 때문에 다수의 대중이 의지하는 군주에게 현명한 소수는 설 자리가 없다는 것이다.

연대는 이익이라는 세속적 의미 대신에 행복이라는 관점에서 유대감 자체로 여겨지기도 하며, 공동이익이라는 표현 대신에 감화(感化)라는 표현이 사용되기도 한다. 손해되는 사랑은 동서양을 막론하고 강조되어 왔다. 이익에는 물질적인 것뿐만 아니라 정신적인 것도 포함된다. 바로 이렇게 마음이 동(動)하면 연대는 매우 쉽다.

현명한 기업주는 연봉 협상에 있어 근로자에게 무조건 적은 연봉으로 타결하려고 하지 않는다. 어떤 경우엔 근로자의 충성심을 위해 근로자가 요구한 액수보다 더 많이 지급한다. 1930년대 프린스턴대학교는 아인슈타인이 요구한 연봉의 4배를 지급했다고 하는데, 이런 정서적 유대감이 연대의 실현 가능성을 높인다.

국가 간의 관계도 마찬가지이다. 두 차례 세계대전의 도발국이자 패전국인 독일이 다시 유럽과 함께 할 수 있다고 생각하기는 쉽지 않았다. 1970년 12월 빌리 브란트 서독 총리가 폴란드 바르샤바 게토(유대인 격리

1970년 12월 7일 빌리 브란트의 바르샤바 게토 방문을 기념하는 바르샤바 게토의 동판.

지역)의 희생자 추모비를 방문했다. 브란트가 추모비 앞에서 억울한 죽음들을 애도할 거라고는 예상됐었는데 더 나아가 축축한 바닥에 무릎을 꿇었다. 이런 브란트의 행동은 서독 내에서 거센 반발을 가져왔다. 브란트의 지지자들조차 무릎 꿇은 행동을 비판했다. 그렇지만 이는 두 번이나 세계대전을 일으킨 독일에 대한 경계심을 누그러뜨리는 데 큰 기여를 했다. 주변국에선 젊은 시절 나치에 저항하다 박해받은 브란트가 나치와 독일 국민을 대신해서 사죄한 것으로 받아들였다. 이런 진정성 있는 사죄가 있었기에 훗날 주변국들은 독일의 재통일을 허용했다. 사실 독일의 입장에선 오늘날 폴란드 서부 접경지역이 역사적으로, 또 국제법적으로 자국 영토라고 주장할 수 있다. 그런데 독일은 이런 정치적 영

독일 뤼베크 홀스텐 성문의 라틴어 문구 '안으로는 화합, 밖으로는 평화'. 화합과 평화가 진정한 연대이다. 브란트가 어릴 때 다녔던 성문 앞길의 현재 도로명은 빌리 브란트 길이다.

유권에 집착하지 않았다. 그 결과 독일은 다시 통일할 수 있었고, 유럽
연합이 확대됨에 따라 과거 독일이 한때 점유했던 지역들은 자연스럽게
독일 경제권역에 포함되었다. 주변국 방문 때 무릎 꿇은 독일 총리는 빌

2012년 12월 바르샤바 게토에 전시된 무릎 꿇은 히틀러, 마우리치오 카텔란의 조각상이다.

리 브란트뿐이 아니다. 앙겔라 메르켈 총리의 폴란드 방문, 그리고 콘라트 아데나워 총리의 프랑스 방문 때도 그런 행위는 있었다. 모두 진정성을 인정받았다.

브란트가 무릎을 꿇은 바르샤바 게토에서는 2012년 12월 다른 독일 지도자의 무릎 꿇기도 있었다. 바로 아돌프 히틀러였다. 실제 살아 있는 히틀러가 아니고 이탈리아 예술가 마우리치오 카텔란(Maurizio Cattelan)이 히틀러 얼굴을 재현해 만든 조각상이었다. 이에 유대인 유족들이 반발했다. 희생자를 모독하는, 상업적 행위에 불과하다면서 작품 철거를 주장했다. 결국 다음 해에 철거되었다. 중요한 것은 무릎 꿇기가 아니라 진정성이다.

상대의 마음을 사기 위해서는 뭔가를 주어야 한다. 그 뭔가는 실리적 물건일 수도 있고, 또 아무런 혜택 제공 없이 상대를 편하게 만들어 주는 말일 수도 있다. 진정성 없이 상대를 존중하는 체할 수도 있다. 생색낼 수 있는 일은 본인이 직접 하고, 남을 아프게 할 일은 다른 남에게 시키기도 한다. 자기 개인의 것이 아닌, 단체 소유의 것으로 생색내기인 계주생면(契酒生面), 그리고 남의 칼로 다른 남을 죽이는 차도살인(借刀殺人) 역시 남의 마음을 의식한 행위이다.

이와 달리 자기를 희생해서 남에게 혜택을 줘도 말로 모욕감을 주면 악의가 없었다손 치더라도 미움을 받아 연대는 어렵게 된다. 연대의 실현 가능성을 높이기 위해서는 상대 마음을 사는 것이 가장 효과적이다. 상대 마음을 사려면 자신의 마음부터 바꾸어야 할 때가 많다. 자신의 마음을 바꾸면 그 바뀐 마음대로 무엇이든 얻게 된다. 마음을 비우는 것이 곧 마음대로 얻게 되는 지름길이다.

(3) 되갚기와 내리갚기

협력(연대)하면 서로 좋을 텐데 그렇지 못할 때가 많다. 연대를 결성
또는 유지하기 위해서는 상대 협력에 협력으로, 상대 비(非)협력에는 비
협력으로 대응하는 이른바 되갚기(pay back), 즉 상호주의(reciprocity)가 효
과적이다(Kim 2005).

지구온난화도 세계 각국이 협력, 즉 온실가스 배출 감축을 하면 해결
될 문제이다. 2005년 2월 16일 지구온난화라는 딜레마를 해결하기 위한
교토의정서가 발효됐다. 세계 대부분 국가들이 지구온난화 방지에 공감
하고 합의했다는 점에서 교토의정서는 세기의 연대라는 평가도 있다. 과
연 지구온난화 문제가 해결됐을까? 설명의 편의상 이 세상에 두 나라만
있고 온실가스 배출을 계속할지, 아니면 감축할지를 각자 결정한다고
하자.

두 나라 모두 자국 경제 침체 대신 성장을 원하고 지구환경 또한 훼
손되지 않기를 원한다. 두 국가의 선택에 따라 네 가지 결과가 나오는
데, 그 결과에 대해 각국이 선호하는 순서는 다음과 같다.

A국: 중간A > 양호 > 훼손 > 중간B

B국: 중간B > 양호 > 훼손 > 중간A

• A, B국의 행동에 따른 지구환경

		B국 행동	
		배출량 유지	배출량 감축
A국 행동	배출량 유지	훼손	중간A (A 성장, B 침체)
	배출량 감축	중간B (A 침체, B 성장)	양호

B국이 기존 배출량을 유지할 때 A국도 유지하면 지구환경이 훼손되고, 이와 반대로 A국만 감축하면 지구환경은 별로 좋아지지 않으면서 A국 경제는 침체된다. 즉, B국이 온실가스 배출을 감축하지 않을 때 A국은 감축하지 않는 것이 자국에 나은 선택이다.

다음 B국이 배출량을 감축할 때를 살펴보자. A국도 감축하면 지구환경이 양호해지지만 A국이 감축하지 않는다면 성장이라는 자국에 최선인 결과를 얻게 된다. 즉, B국이 온실가스 배출을 감축하더라도 A국은 감축하지 않는 것이 자국에 나은 선택이다.

B국이 어떤 선택을 하든 A국은 배출량을 감축하지 않는 것이 자신에게 유리한 전략이다. B국도 동일한 전략적 계산을 할 수 있다. 그렇다면 실제 결과는 쌍방이 배출량을 줄이지 않아 지구환경은 훼손된다. 양국 모두 훼손된 지구환경보다 양호한 지구환경을 더 선호함에도 말이다.

이는 각자 자기 이익에 맞게 행동했지만 모두에게 손해인 결과다. 그래서 이를 딜레마로 부른다. 죄수딜레마 게임이 그런 딜레마의 전형적 스토리다. 노벨 수상자를 포함해 수많은 연구자들이 수십 년 동안 이 딜레마를 해결하기 위한 방안을 연구해왔다.

지속적인 관계 속에서 먼저 협력한 후 '눈에는 눈, 이에는 이(티포태, tit-for-tat)', 즉 되갚기를 하는 전략이 상호 협력을 유도한다는 게 밝혀졌다. 예컨대 A국은 일단 먼저 감축하되 그 이후엔 B국의 선택 그대로 따르는 전략을 구사할 수 있다. 그렇다면 B국은 자신이 온실가스 배출을 감축하면 A와 B 모두가 감축해 양호한 지구환경이 되고, 자신이 감축하지 않으면 A와 B 모두의 비협력으로 지구환경이 훼손된다는 걸 알게 된다. 쌍방의 비협력에 의한 '훼손'보다 상호 협력에 의한 '양호'를 더 선호하는 B국이 온실가스 배출 감축을 선택하게 되는 것이다. 이런 되갚기가 지구온난화 방지에 기여할 수 있는 것이다.

교토의정서 발효 이후에도 지구온난화 방지의 실제 성과는 미미하다. 교토의정서는 강제적 의무가 없고 미사여구로 가득한 문서라 많은 국가가 동의한 것뿐이다. 말로는 어느 나라나 지구온난화 방지를 강조한다. 문제는 말뿐이고 실천이 별로 없다는 데 있다. 교토의정서는 상호 관계가 지속되도록 만들지도 못했고 또 상대방 행동에 따라 보상하거나 보복할 수 있게 만들지도 못했기 때문에 상호 협력이라는 성과를 내지 못하고 있다.

흔히 티포태 혹은 되갚기는 상호주의로도 표현된다. 상호주의는 20세기 후반 게임이론을 비롯한 여러 문헌에서 심도 있게 논의되기 시작했지만, 이미 태초의 인간사회 때부터 사용되어왔다. 구약성서 출애굽기 21장은 "생명에는 생명을, 눈에는 눈을, 이에는 이를, 손에는 손을, 화상에는 화상을, 외상에는 외상을, 타박상에는 타박상으로 대가를 치러야

1997년 일본 교토에서 개최된 기후변화협약 3차 당사국총회의 모습. 국제사회 전체가 기후변화 대응 필요성에 공감하고 합의했지만, 실효성 있는 행동까지 나아가지 못했다.

https://c1.staticflickr.com/3/2566/4080560161_891b57b874_z.jpg?zz=1

한다"고 서술하고 있다. 함무라비법전이나 탈무드에서도 탈리오(보복)에 관한 비슷한 문구를 담고 있다. 고대 한반도에서도 유사한 제도가 시행되었다. 남을 죽인 자는 죽여서 되갚는 것이 고조선 8금법의 첫 조항이었다. 이 모두가 남에게 행한 나쁜 짓 그대로 가해자에게 앙갚음함으로써 나쁜 짓을 억제하려는 방식이다.

이런 되갚음은 감정을 억제시키고 대신 이성으로 해결하려는 역설적인 노력이었다. 이런 법제도가 도입되기 전의 되갚음은 과도했다. 과도한 보복을 자제시키기 위한 취지에서 '눈에는 눈, 이에는 이', 더 정확히 표현하자면 '눈알 하나에 눈알 하나, 이빨 하나에 이빨 하나' 방식이 적절하다고 본 것이었다. 현대 사회가 그런 앙갚음에 대해 대체로 비판적임은 물론이다. '눈에는 눈, 이에는 이' 하게 되면 모두가 이빨 빠진 장님이 된다는 이유에서다. 한쪽 뺨을 맞으면 다른 뺨을 내밀라는 태도가 더 바람직하다는 주장이다.

환경 문제를 두고 세계가 협력하는 것보다 더 어려운 것으로 보이는 남북한 간의 협력이 상호주의로 어떻게 모색될 수 있는지 살펴보자. 이를 위해 남한과 북한이 각각 협조와 제재라는 두 가지 대안 가운데 하나를 선택하는, 간단한 남북한 게임 모델을 만들어보자.

• 협조와 제재의 남북한 게임 상황

		북한	
		협조	제재
남한	협조	①	②
	제재	③	④

출처: 김재한(1995)

협조와 제재 가운데 어떤 것을 선택하는 것이 나은지는 ①, ②, ③, ④ 결과가 어떠하냐에 달려있다. ①은 남북한 모두가 협조하는 결과이고, ④는 쌍방 모두가 상대를 제재하는 결과다. 남한은 남북한이 함께 협력하는 것(①)을 최선의 결과로 인식하고, 북한만 협력하는 것(③)을 차선의 결과로 인식한다고 하자. 그렇다면 남한의 선호도는 ①>③>④>②(일방적 양보를 최악으로 인식하는 상황) 아니면 ①>③>②>④(파국을 최악으로 인식하는 상황)이다. 이 가운데 ①>③>②>④라는 남한의 선호도에서는 북한이 협조하든 아니든 남한은 협조하는 것이 자신에게 유리하다. 이처럼 상대의 선택에 관계없이 늘 유리한 선택은 우위(dominant) 전략으로 불린다.

반면에 북한은 남한만의 양보·협력(②)을 최선의 결과로 인식하고, 또 남북한 대립·파국(④)이나 북한만의 양보·협력(③)보다 쌍방의 양보·협력(①)을 더 선호한다고 하자. 그렇다면 북한의 선호도는 ②>①>③>④(파국을 최악으로 인식하는 상황) 아니면 ②>①>④>③(일방적 양보를 최악으로 인식하는 상황)이다. 이 가운데 ②>①>④>③이라는 북한의 선호도에서는 남한이 협조하든 아니든 북한은 협조하지 않는 것이 자신에게 나은 선택이다.

남북 각각의 2개 선호도에서는 네 가지 선호도 조합이 가능하다. 먼저, 상황 A에서 북한은 협조하지 않는 것이 자국에게 유리하고, 남한은

• 남북한의 선호도 조합

상황	북한의 선호도	남한의 선호도
A	② 〉① 〉④ 〉③	① 〉③ 〉② 〉④
B		① 〉③ 〉④ 〉②
C	② 〉① 〉③ 〉④	① 〉③ 〉② 〉④
D		① 〉③ 〉④ 〉②

협조하는 것이 자국에게 유리하다. 이런 선호도를 서로가 인지하고 있는 상황에서 남한이 최악(④)의 가능성을 열어둔 채 상호주의로 최선(①)을 추구하기는 어렵다. 이미 최선(②)의 결과를 얻은 북한이 남한의 상호주의에 호응하여 상호협력(①)으로 갈 동기는 작다.

상황 B에서도 북한은 일단 협조하지 않는 것이 유리하다. 이를 인지하는 남한은 자신에게 최악(②)의 결과보다 차악(④)을 추구할 수밖에 없다. 만일 이 상황에서 남한이 확고한 상호주의전략을 취할 수 있다면, 상호배반(④)보다 상호협력(①)을 선호하는 북한이 이에 호응할 가능성은 크다.

상황 C의 남한은 북한이 협조하든 아니든 상관없이 자신은 협조하는 것이 유리하다. 이를 인지하는 북한은 협조하지 않음으로써 차선(①) 대신 최선(②)의 결과를 얻을 수 있다. 북한은 최선의 결과를 얻을 가능성이 큰 상황에서 굳이 상호주의에 호응할 동기는 작다.

상황 D는 상대 선택과 관계없이 유리한 우위 전략이 존재하지 않는 상황이다. 만일 남한이 확고한 상호주의 대응을 고수할 수 있다면 북한은 남한의 상호주의에 호응하여 최악(④)을 피하고 상호협력이라는 차선(①)을 받아들이려 할 것이다.

대북 정책을 강경하게 할지 아니면 온건하게 해야 할지 국민적 합의에 잘 이르지 못한다. 상황인식이 다르기 때문에 바람직한 대북 정책에 대해 합의가 되지 않을 때도 있지만, 종종 상황인식이 다르지 않음에도 대북 정책은 서로 다르게 주장되기도 한다. 상황이 A, B, C, D 혹은 기타 가운데 어떤 것인지는 사안에 따라 달라지겠지만 사람들 간에는 별 이견 없이 명확하게 정리된다고 볼 수 있다. 이렇게 공유된 상황인식 그리고 논리적 추론이 대북 정책 방향에 대한 합의를 가능하게 한다.

상호주의 효과를 보려면 상호주의적 대응의 정도가 반드시 상대 행동과 동일하게, 즉 등가(等價)적으로 할 필요는 없다(Kim 2005). '이빨 하나에 이빨 하나' 대신에 '이빨 열 개에 이빨 하나'처럼 비례적으로 대응해도 상호협조가 가능하다. 또 반드시 바로 대응해야 하는 것도 아니다. 반응에 시차가 있더라도 상대 행동에 따라 행동한다는 일관성만 갖추면 상호협력의 결과가 가능하다.

상호주의는 철저한 이행이 중요하다. 유연하게 운용되는 상호주의는 상호협력이라는 상호주의 본연의 효과를 얻지 못하게 만들기도 한다. 나의 상호주의 대응이 확고하다고 상대가 인식할 때 상대는 자신의 협력이 곧 상호협력이고 또 자신의 배반은 곧 상호배반이며 따라서 협력을 선택하려 한다.

상호주의는 자칫 갈등을 심화시킬 수도 있다. 적절한 타협선에 대한 생각이 다를 때, 즉 양보로 행한 행위를 상대는 양보로 간주하지 않고 오히려 배신으로 보는 경우, 서로가 상대를 제재하여 갈등이 증폭될 수 있는 것이다. 그래서 이론의 여지가 없는 일방적 양보로 상호주의를 시작하는 것이 필요하다.

상호주의는 상대 마음을 바꾸는 전략이 아니다. 상대 행동에 영향을 주려는 시도이다. 감흥을 통한 상대 마음 바꾸기는 상호주의보다 일방적인 양보로 더 가능하다. 친구와도 깨질 수 있고 또 적이라도 이해관계가 맞으면 성사될 수 있는 것이 연대이다. 적대적 관계에서는 좋다고 또 미안하다고도 말하지 않는다. 적대적 관계에서 사과는 일종의 굴복으로 받아들여진다. 적대적 상대에게 요구할 것은 과거 행위에 대한 사과보다 미래 행위에 대한 안전장치다. 과거 나쁜 행동을 저지르지 않았다고 강변하는 상대에게는 앞으로 그런 오해를 받지 않도록 행동하게 만드는 것이 더 중요하다.

상호협력에는 상호주의가 효과적임은 부인할 수 없는 사실이다. 물론 상호주의가 상호협력을 가져다주지 못하는 상황도 있다. 상호주의로 연대를 실현하거나 유지하려면 무엇보다도 당사자들이 지금 당장의 이득뿐 아니라 미래에 얻을 이득도 중시해야 한다.

되갚기가 적대적인 상대와의 양자 연대(협력)에 도움 된다면, 우호적인 다자 연대에는 내리갚기(pay forward)가 효과적이다. 내리갚기는 누군가로부터 혜택을 받으면 다른 누군가에게 혜택을 베푸는 것이다. 같은 종교를 믿는 신자들 간에 내리갚기 행위는 종종 관찰된다. 연대감이 없어도 내리갚음을 통해 연대감이 새롭게 형성되기도 한다. 무료로 식사하되 다른 사람의 식사 값을 지불하는 카르마(업보) 식당 그리고 무료로 커피를 마시되 다음 사람의 커피 값을 지불하는 릴레이 커피숍은 내리갚기에 의해 일종의 연대감이 형성되는 예이다.

내리갚기는 일종의 연대인 네트워크화를 유도한다. 예컨대 A는 B에게 가치 1개를 제공하면서 언젠가 다른 C에게 그대로 갚으라고 했다고 하자. 파트너 모두가 확실히 내리갚음을 하면 1개의 호의만으로 파트너 모두가 그 혜택을 볼 것이다. 만일 내리갚을 확률이 50%밖에 되지 않는다고 하더라도, 1개의 호의는 전체적으로 2개(= 1개 + 0.5개 + 0.25개 + ⋯)의 효과를 갖는다. 만일 1개의 호의를 받아 성공한 후 여유가 생겨 2개를 제공하는 파트너가 많아지면, 그 효과는 배가(倍加)되는 것이다. 남의 호의적 행동으로 혜택을 얻거나 또는 그 호의적 행위를 관찰만 하더라도 그렇지 않은 경우보다 제3자에게 더 호의적으로 행동한다고 밝혀졌다 (Christakis and Fowler 2009). 마찬가지로 남의 악의적 행위를 관찰한 집단은 그렇지 않은 집단보다 악의적 행동을 더 행한다는 연구 결과도 있다 (Gino, Ayal, and Ariely 2009).

죄수딜레마 게임처럼 연대하는 것이 연대하지 않는 것보다 나은 상황에서, 되갚기와 내리갚기는 연대를 유도하는 효과적인 전략인 것이다.

(4) 의사소통

무리 활동에는 의사소통이 필수적이다. 1973년 노벨 생리의학상 공동 수상자인 카를 리터 폰 프리슈와 그의 후학들은 이른바 8자 춤이 꿀벌들의 의사소통이라는 점을 1944년에 밝힌 바 있다. 먹이원을 발견한 꿀벌은 벌통으로 돌아가서 두 원, 즉 8자를 그리는 모양으로 춤을 춘다. 두 원의 가운데를 지나는 방향과 길이로 동료들에게 먹이원의 위치를

태양

0.75초=1km

벌통으로 돌아온 꿀벌은 8자의 동선으로 움직이다가 2개의 원 중간 구간에서 지그재그의 엉덩이춤을 춘다. 수직(태양) 기준으로 엉덩이춤 방향에 먹이원이 있고, 또 엉덩이춤을 0.75초 동안 추면 먹이원이 약 1km 떨어져 있다는 메시지이다.

알려준다. 벌통의 수직 방향을 태양 방향이라고 전제한 채 엉덩이춤을 추는 방향에 먹이원이 있다고 말하는 것이다. 예컨대 수직에서 오른쪽으로 30° 기울어진 방향으로 날개와 엉덩이를 흔들고 나아가면, 태양을 기준으로 오른쪽 30°의 각도(1시 방향)에 먹이원이 있다는 의미이다. 또 엉덩이춤의 동선이나 시간이 길면 길수록 먹이원이 멀리 있다고 말하는 것이다. 예컨대 1cm 또는 0.75초의 엉덩이춤 동작은 약 1km 떨어진 곳에 먹이가 있다는 뜻이다.

프리슈의 꿀벌 연구는 많은 후속 연구를 가능하게 했다. 꿀벌은 먹이가 벌집에 가까이 있을 때 낫형의 춤을, 더 가까이 있을 때에는 원형의 춤을 추는데, 그런 춤 유형의 전이는 단 하나의 유전자가 결정한다는 사실 등이 밝혀졌다. 또 벌통의 온도에 따라 그 곳에서 자란 꿀벌의 8자춤 빈도가 다른데, 차가운 벌통에서 자란 꿀벌 집단은 학습의 빈도가 낮고 이에 따라 먹이 위치가 잘 전달되지 않아 먹이가 더 적게 공급되며 따라서 그 벌통 온도가 높게 유지되지 못하는 악순환에 빠진다. 최근에는 꿀벌의 먹이활동 의사소통에서 후각이 8자 춤보다 더 중요하다는 연구가 제시되기도 했다.

꿀벌이 고대 그리스의 아리스토텔레스 이래 자주 문헌에 등장하는 이유는 사회적 동물이기 때문이다. 무리 짓기는 진화의 결과이기도 하다. 혼자보다 뭉치는 게 생존에 더 나음은 여러 동물들의 행태에서 나타난다. 희생양, 역사적으론 희생염소(scapegoat)가 고대 의식 후 혼자 황야에 버려졌을 때 생존하기는 어려웠다. 그래서 '희생'이라는 단어가 붙었다. 아프리카 초원의 초식동물 대부분은 무리를 짓고 살아간다. 큰 무리를 구성하고 있으면 포식자가 주눅들 수 있고, 또 포식자가 많이 몰려도 그것 이상으로 초식동물 개체가 많기 때문에 자신이 공격받을 확률은 그만큼 낮아 생존 가능성이 높다. 포식자도 마찬가지이다. 혼자서는 사냥이 어려워 집단생활을 하게 되었다. 수사자가 일대일로 싸워 이기지 못하는 동물들도 있다. 그럼에도 불구하고 사자는 무리 생활 때문에 백수의 왕으로 불린다.

개체 차원에서 관찰되지 못하는 효능이 집단 차원에서 관찰되면 이는 떼지능 또는 집단지능으로 부른다. 누구나 읽거나 잘못을 고칠 수 있는 위키피디아 등 여러 인터넷 사이트는 집단지능의 예이다. 더 나아가 집단이 하나의 개체처럼 행동하는 것은 초(超)유기체로 불리기도 한다. 물론 집단을 위해 스스로 죽음을 선택한다는 초유기체적 설명은 더 이상 잘 인정되지 않는다.

꿀벌과 같은 무리에게서 집단지능이 발현되려면 의사소통은 필수적이다. 꿀벌 사회의 의사소통은 본 대로 보고하는 방식이다. 8자 춤은 바깥세상을 다녀온 정찰벌이 동료에게 던지는 메시지이다. 만일 자신이 본 대로 공개적으로 보고하지 않고 대신에 다른 정찰벌의 입장에 동조하거나 아니면 아예 공개적인 보고를 하지 않다가는 집단을 잘못된 장소로 이끌 수 있음을 보여주는 컴퓨터시뮬레이션 연구도 있다(List,

동물을 연구하는 아리스토텔레스. 1791년 경 작가 미상의 그림. 동물 사회성에 대한 관심은 고대부터 있었지만 엄격한 관찰과 분석은 현대에 와서야 이뤄졌다.

http://4.bp.blogspot.com/-xLw3x4hJLn0/UUOsomA_Cci/AAAAAAAAALI/n1fpS6rrU0I/s1600/Aristotleanimals.jpg

영국 왕정 체제를 벌집으로 묘사한 가브리엘 트레기어의 1837년 그림.

Elsholtz, and Seeley 2009). 집단 내 의사소통에서 정보의 독립, 공개, 공유가 중요한 이유이다.

꿀벌 사회에서는 여러 개체가 각각 전달하는 메시지가 대부분이고 지도적 개체의 명령하달 식 메시지는 별로 없다. 여왕벌이 던지는 메시지는 선(腺)분비물을 통해 건재를 알려 새로운 여왕을 키우지 않도록 하는 정도뿐이다.

의사소통은 메시지를 전달하는 것에 그치지 않고 생각이 서로 통함을 의미한다. 꿀벌 집단이 분봉(分蜂)할 때 새로운 정착지를 정하는 결정은 한 곳으로만 정해야 하는 승자독식의 의사결정이다. 이사할 장소에 관한 여러 정찰벌의 다양한 정보를 접한 후 꿀벌 집단은 다수결 방식으로 한 장소를 선택한다. 처음에는 다양한 장소가 제기되더라도 시간이 지나면 하나의 장소로 합의되는 방식이다.

꿀벌의 8자 춤은 꽃밭이나 새로운 보금자리의 질에 따라 그 강도가 달라진다. 좋은 곳을 정찰한 꿀벌의 8자 춤은 오래 여러 바퀴를 도는 반면, 좋지 않은 곳을 다녀온 정찰벌의 8자 춤 횟수와 시간은 적고 짧다. 이들의 춤을 본 다른 꿀벌은 추가로 해당 지역을 정찰한 후 8자 춤을 춘다. 중립적인 개체들이 특정 정찰벌의 8자 춤을 따라 추면서 합의는 무르익는다. 초기 정찰벌의 8자 춤 빈도는 갈수록 현격히 줄어든다. 집단의 결정으로 선택된 좋은 대안의 최초 정찰벌조차 지속적으로 8자 춤을 추는 경우는 없다. 최초 주창자보다 동료의 지지 행동에 의해 집단 전체의 결정으로 받아들여지는 것이다. 승자이든 패자이든 누구나 자신의 의견을 끝까지 고집하지 않기 때문에 합의가 가능한 것이다.

하늘에서 떼로 나는 새 그리고 바다 속에서 떼로 헤엄치는 물고기를 관찰하면 일사불란한 움직임에 감탄하게 된다. 보이지 않는 무언가에 의해 하나의 방향으로 간다는 해석이 한때 지배적이었다. 신경전달물질 세로토닌이 뇌에 분비되면서 메뚜기가 집단성을 띤다는 연구도 있다.

로마 하늘을 나는 찌르레기 무리를 고성능 카메라로 관찰한 결과, 실제로는 바로 옆 동료의 이동 방향에 매우 민감하게 반응한다는 사실이 밝혀졌다(Cavagna et al. 2014). 더 센 반대 방향의 움직임을 만나면 방향을 바꾸는 방식이다.

이는 대체로 다수결 방식으로 부를 수 있다. 붉은 사슴 집단은 60% 정도의 개체가 일어서면 이동을 시작하고, 고릴라 집단은 60% 정도의 개체가 소리치면 이동하기 시작하며, 아프리카 물소 무리 또한 다수가 쳐다보는 방향으로 이동하는 것으로 관찰된 바 있다(Conradt and Roper 2003). 인도네시아 술라웨시에 서식하는 톤키안마카크(Tonkean macaque) 원숭이 무리는 다수가 줄 선 쪽으로 함께 이동한다고 관찰되었다(Thierry et al. 1994).

그렇다고 집단지능이 늘 최선의 결과를 보장하지는 않는다. 인공지능이든 집단지능이든 어떻게 알고리즘을 짜느냐에 따라 그 성능이 달라진다. 바둑 게임에서 세계 최고의 프로기사에게 이기는 인공지능도 있지만 그렇지 못하는 인공지능도 있다. 잘못된 집단지능은 종종 참변의 결과를 가져다주기도 한다. 해변에서 떼로 죽은 동물 무리가 그런 예이다. 집단을 위해 자살을 선택한다고 한때 알려진 나그네쥐의 떼죽음도 오늘날에는 선도자의 잘못된 인도의 결과로 밝혀져 있다. 심지어 메뚜기는 너무 많아지면 동족을 먹어 치운다.

집단 선택의 결과가 효과적이지 못함은 공공선택론(public choice) 등 여러 학문분야에서 밝혀진 바 있다. 1972년 노벨 경제학상 수상자인 케네스 애로(Kennth Arrow)는 여러 개인으로 구성된 집단이 파레토최적 등의 효율적 결과를 얻으려면 집단의 최종 결정과 동일한 선호를 가진 특정인이 존재해야 함을 증명했다. 프리드리히 니체 역시 집단의 문화와 행동을 부정적으로 평가했다. 독일 나치와 중국 문화대혁명 모두 부정적 집단행동의 예이다.

연대나 협력은 생각이 다를 때보다 같을 때 더 쉬움은 당연하다. 분봉할 때 좋은 장소로 이사하는 것에 모든 꿀벌의 이해관계는 일치한다. 같은 이해관계를 갖고 있음에도 불구하고 방법론에서 갈등을 겪는 상황에서는 효과적인 의사소통이 해결책이다.

만일 집단 구성원의 이해관계가 서로 다르다면 의사소통만으로 갈등을 해결할 수는 없다. 거짓과 배신의 행동은 인간뿐 아니라 동물에게서도 관찰할 수 있다. 제비 수컷은 자신의 짝이 혼외정사를 할 때 포식자가 출현했다는 경고음을 내어 다른 수컷이 도망가게 만들었다는 관찰 연구도 있다. 경고음은 짝짓기 시기에 많았던 반면에 포란 시기에는 적었다. 둥지 짓는 시기의 경고음은 포란 시기보다 많았지만 짝짓기 시기보다는 훨씬 적었다. 거짓 경고음이 빈발하면 경고음에 대한 동물들의 반응, 즉 신뢰성이 떨어짐은 여러 관찰 연구에서 밝혀졌다. 거짓과 불신의 행위 또한 이기심과 마찬가지로 진화의 결과인 것이다.

꿀벌 사회의 이해관계와 달리, 인간사회의 이해관계는 구성원끼리 늘 일치하지는 않는다. 집단 내 다른 구성원과 대립된 이해관계를 가진 자도 있고, 우두머리를 교체하려는 욕심을 지닌 자도 있으며, 집단적 불행 속에 일신의 영달을 꾀하는 자도 있기 마련이다. 오늘날 인간사회에서 의사소통이 문제라고 지적된 사안 가운데 일부는 소통의 문제가 아니다. 이미 확고한 서로 다른 목표를 갖고 있을 때에는 의사소통이 실현되기 어렵고 만일 실현되더라도 그 효과는 미미하다. 그런 경우에는 집단의 분리가 더 나은 선택일 수 있다.

무리를 이루면 훨씬 나은 영향력을 갖는다. 집단이 효율적으로 존속하려면 집단 내 의사소통이 활성화되어야 한다. 조직 구성원의 목표가 동일할 때에는 자신이 아는 대로 다른 구성원에게 알리고 지도자를 포함한 모두가 다른 구성원의 의견을 존중한다면 합의는 자연스럽게 이뤄진다. 이해관계가 서로 다를 때에는 무리를 짓지 않는 것 또한 선택할 수 있는 대안이다. 기존의 집단에서 이탈하면 누구나 어려움을 겪는다. 다만 기존 집단에서 벗어나 새롭게 얻을 기대이득이 크다면 기존 집단에 연연치 않고 새로운 집단을 구성할 뿐이다. 주지가 싫으면 절을 떠나야 할지 아니면 주지를 내쫓아야 할지는 갈등을 겪는 모든 국가, 사회, 집단의 고민이다.

8
연대의 와해

공고한 연대를 와해시키기는 쉽지 않다. 연대 와해의 출발점은 여럿이다. 먼저, 연대 내부이다. 만일 연대 구성원이 사회적 이익에 반하는 연대의 내부 사정을 고발한다면 연대는 와해될 수 있다. 내부 고발의 동기와 그 제도적 장치에 대해 설명한다. 연대 와해의 두 번째 방안은 낙인이다. 연대의 주도 세력이 나쁜 이미지를 갖고 있다면 나머지 연대 구성원에게 그 주도 세력의 꼭두각시라는 낙인을 찍어 연대의 효과를 없앨 수 있다. 끝으로, 연대는 표준화를 통해 공고화될 수 있는 반면, 견고한 연대도 프레임 또는 판을 바꿈으로써 와해가 가능하다.

(1) 내부 고발

연대나 협력의 유지는 상호주의를 기반으로 하면서 동시에 내부 신뢰가 있어야 가능하다. 어떻게 협력을 구현할 수 있을까 하는 것이 개인

주의를 전제로 하는 미국과 유럽 사회의 오래된 문제의식이었다면, 동아시아에서는 거꾸로 어떻게 담합을 깰 수 있을까 하는 것이 중요한 화두다. 사업자가 다른 사업자와 짜고 물건의 생산량과 가격을 조정하여 나머지 사람들에게 피해를 주는 경우는 많다. 나쁜 범죄를 저질렀지만 서로 연대해서 처벌받지 않는다면 사회적으론 바람직하지 않다. 범죄자의 연대를 와해시켜 처벌을 받게 하고 그래서 범죄가 덜 발생하도록 만들자는 취지에서다.

협력 유지에는 내부의 신뢰가, 담합 와해에는 내부 고발(whistle-blow-ing)이 매우 효과적이다(金哉翰 2000). 내부 고발 제도를 도입하여 동기를 부여하고 동시에 상충하는 이해관계를 노출시킴으로써 연대를 무너뜨리는 것이 가능하다. 사실 협력이나 담합은 일회성 접촉에서 잘 이뤄지지 않고 지속적 접촉에서나 가능한 일이다. 의리는 그런 지속적 관계에서 발생하는 협력이고 말로 행하는 것이 아니라 행동으로 실천하는 것이다. 사회정의가 이 사람 저 사람 차별하지 않는 탈(脫)공간적 협력 가치라면, 집단 의리는 이 사람 저 사람을 차별해 배타적이고 대신에 특정 시기에 국한되지 않는 탈(脫)시간적 협력 가치다(金哉翰 2000). 지속적인 관계에서는 배반보다 의리가 더 보편적인 현상이다.

최근 의리라는 수식어가 붙은 복합어의 뉘앙스는 대체로 부정적이다. 의리 축구, 의리 야구, 의리 쇼트트랙, 의리 산악회, 의리 인사 모두 부정적 어감이다. 소셜네트워크서비스(SNS) 발달로 한국 사회가 더 투명해졌고, 집단 의리를 사회정의보다 우선시하는 경향도 약해졌다고 볼 수 있다.

예컨대 2014년 소치 겨울올림픽 쇼트트랙에서 한국 남자대표의 부진과 러시아 대표 빅토르 안(안현수)의 선전 이후 전개된 한국 사회 여론은 소집단의 담합을 문제 삼았다. 당시 여론은 안현수가 한국 대표 선발전 시기와 방식을 포함해 불공정한 과정의 피해자라는 것이었다. 안현수가 러시아 대표로 한국 선수와 레이스를 펼칠 때 적지 않은 한국인들은 안현수를 응원했다. 이런 여론에 한국 정부도 가세해 '비정상의 정상화'라는 슬로건하에 스포츠계 변화를 추진하기도 했다.

안현수는 파벌에 의존한 선수가 아니었다. 안현수는 내부 고발성 글을 사이버공간에 올리기도 했다. 안현수 부친도 내부 고발을 여러 차례 시도했다. 소속팀 성남시청 빙상팀이 해체되고 국가대표로 선발되지 못한 안현수는 러시아 귀화를 선택했다. 한국에 계속 있더라도 앞으로 국가대표로 선발될 가능성이 거의 없다고 판단한 안현수의 선택이었다. 한국 빙상계를 내부 고발하려는 의도가 없었다 하더라도 러시아 귀화는 일종의 내부 고발로 작동했다.

내부 고발이 배반으로 낙인찍히지 않고 정의로운 행동으로 인정받으려면 수혜자가 아닌 피해자였고 집단의 내부 절차가 부당함을 증빙해야 한다. 소치 올림픽은 결과적으로 3관왕 선수 대신에 노메달 선수들을 한국 대표로 선발한 절차가 부당했음을 증명했다.

의리 체육계 내에서야 병역 특혜 같은 여러 혜택을 고루 나눈다는 원칙으로 대표 선수를 선발했다고 스스로 정당화하겠지만 이는 국가적 기준에서는 부당한 행위이다. 현행 법령은 체육 병역혜택의 근거로 국위 선양을 들고 있는데, 군필자나 미필자를 구분하지 않고 최우수 선수들로 국가대표를 구성한 후 국위 선양의 성적을 내면 미필자에게 그 특기를 활용해 병역 의무를 수행하게 한다는 취지이다. 실력 있는 군필자보다 실력 없는 미필자를 우선 선발하는 행위는 군필자를 차별하는 동시에 국위 선양에도 맞지 않다.

군필자에 대한 차별보다 더 추악한 담합도 있다. 실제로 집단의 비윤리적 가치관과 행동에 동참하지 않아 따돌림을 당할 때도 있다. 왕따를 당하면 심리적 충격을 받는다. 그런데 콤플렉스는 남을 따돌리는 사람들의 것이 더 크다. 혼자서 남을 지배할 수 없으니 나쁜 짓을 해서라도 무리에 기대어 그 콤플렉스를 해결한다.

양심선언과 내부 고발처럼 조직에 대한 배반이 사회적으론 오히려 긍정적인 경우가 많다. 그렇지만 지속적인 담합 구도에서 이득을 얻는 자가 이탈할 동기는 크지 않다. 대신 담합으로 피해를 본 자의 고발이 훨씬 더 현실적이다. 고발 내용이 외부에 알려질 때 담합에서 오는 혜택 또한 줄기 때문에 담합은 약화된다.

소집단의 이익 때문에 전체 이익이 훼손되지 않게 하려면 내부 고발 자를 제도적으로 보호해서 내부 고발의 불이익을 줄여 주어야 한다. 담합 사실을 스스로 신고하면 과징금을 면제 또는 감면해 주는 리니언시(leniency), 그리고 사건 규명과 범인 체포에 기여한 공범에게 형량을 감면

에밀 졸라의 "나는 고발한다" 기고문. 반(反)드레퓌스 연대를 깨는 행동이었다.

출처: 『로로르』 1898년 1월 13일자 1면

하거나 기소하지 않는 플리바기닝(plea bargaining)도 그런 제도이다.

사회적 고발이 성공한 사례 하나는 1898년 에밀 졸라가 '나는 고발한다'라는 제목으로 『로로르』에 기고한 글이다. 드레퓌스를 희생양으로 하여 연대해 있던 당시 프랑스 사회 일각을 고발한 것이다. 졸라의 고발은 반(反)드레퓌스 연대를 와해시키기는 데에 기여했지만 졸라에게 여러 박해를 가져다주기도 했다.

지구온난화 방지처럼 모두가 참가하는 것이 좋은 연대도 있고, 또 패거리처럼 다수에게 피해를 줘 와해돼야 할 연대도 있다. '눈에는 눈, 이에는 이'는 죄수딜레마 상황에서의 연대 협력을 유도하는 방안이고, 내부 고발은 연대를 와해시키는 방안 가운데 하나임은 분명하다.

군중에게 둘러싸여 위협당하는 에밀 졸라를 묘사한 앙리 드 그루(1866~1930)의 그림. 졸라는 고발 후 여러 고초를 겪었다.

(2) 꼭두각시 낙인

자신이 직접 나서서 일을 추진하는 것보다 누군가가 자신을 대신해서 해주는 게 훨씬 효과적인 상황이 있다. 주인(principal) – 대리인(agent) 간의 연대는 수평적이지 않고 수직적인 연대이다. 이런 주인-대리인 연대를 와해시키는 대응 가운데 하나는 꼭두각시로 낙인찍는 것이다.

분단 이래 북한의 여러 매체들은 대한민국 정부 및 당국자를 '괴뢰'로 호칭하면서 비난하여 왔다. 괴뢰는 남이 조종하는 대로 움직이는 꼭두각시를 의미한다. 괴뢰 정부의 효능은 근대 이후에 더 커졌다. 근대 이전에는 조공 관계처럼 다른 나라의 내정에 직접 개입할 수 있었기 때문에 굳이 꼭두각시 정부를 세울 필요가 없었다. 이에 비해 내정 불간섭의 근대국가체제에서는 역설적으로 실제 타국 내정에 간섭하기 위해 꼭두각시 정부의 필요성을 더 느끼게 된다. 즉, 꼭두각시는 일방적인 연대 관계의 한 형태이다.

근·현대의 국가는 독립국임을 전제로 한다. 그렇지만 외세의 관여는 있을 수밖에 없다. 따라서 특정 정권이 꼭두각시 정권인지 아닌지는 늘 논란의 대상이다. 예컨대 제2차 세계대전 당시 독일의 프랑스 침공 후 수립된 프랑스 비시 정권은 나치 독일의 꼭두각시 정부라는 견해가 많지만 다른 한편으로 온건한 민주 정부였다는 평가도 있다.

이에 비해 논란의 여지없이 괴뢰국으로 받아들여지는 나라도 있다. 1932년 3월 1일에 건국된 만주국이 그렇다. 만주국이 괴뢰국으로 공인되는 이유는 국제연맹의 유권해석 때문이다. 중국의 제소에 의해 발족된 국제연맹 리튼위원회는 만주국이 일본의 괴뢰국이며 만주국 지역은 중국의 주권 관할 지역이라고 1932년에 보고한 바 있고, 이에 일본은 이듬해 국제연맹에서 탈퇴했다.

만주국은 오족협화(五族協和)와 왕도낙토(王道樂土)를 내세웠다. 5족(만주족,

한족, 몽골족, 조선족, 일본족) 공생 국가를 표방하여 아시아판 미국을 지향했다. 또 공화정 대신에 왕정제, 그 가운데에서도 패도가 아닌 왕도를 표방했다. 만주국 경제는 일본의 지원으로 급속히 성장했고 인구도 가파르게 증가했다. 관동군의 개입을 비판하고 만주국의 독립을 주장하던 일본 내 목소리도 있었다. 만주국은 1945년 패망할 때까지 독일과 이탈리아를 포함한 여러 나라로부터 국가승인을 받았다.

그렇지만 만주국이 기치로 내세운 다민족 왕도정치는 전혀 실천되지 못했다. 헌법에 상응하는 조직법은 입법원을 설치한다고 했지만 실제론 국무원 산하의 총무청이 거의 모든 정책을 결정했다. 만주국은 총무장관, 총무청 차장, 관동군 헌병대사령관, 남만주철도 총재, 만주중공업개발 사장 등 이른바 2키(도조 히데키, 호시노 나오키) 3스케(기시 노부스케, 아야카와 요시

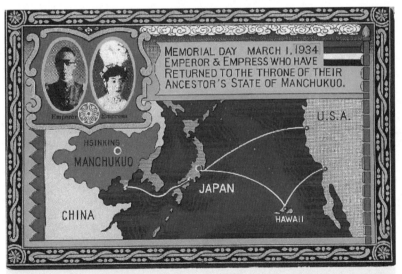

남만주철도주식회사(滿鐵)가 푸이의 만주국 황제 즉위를 기념하여 발행한 그림엽서. 즉위 연도를 1933년에서 1934년으로 정정하는 스티커가 붙어 있는데 그만큼 즉위 시점이 불명확했다. 만주국이 오래전부터 있었던 왕조였음을 강조하는 문구가 적혀있다.

스케, 마쓰오카 요스케)로 대표되는 일본인이 지배한 병참기지에 불과했다.

만주국으로 이득을 본 일제는 내몽골, 난징, 베트남 등에도 왕족이나 고위관리를 통해 각각 꼭두각시 정부를 세웠다. 이에 따라 중국의 분열은 심화되었고 이는 일제가 의도했던 바이다. 당시 국제정세는 특정 국가가 중국을 독점할 수 없도록 중국 침공을 서로 견제하던 분위기였다. 다른 한편으로는 민족자결과 민주주의라는 국제여론이 힘을 받고 있었다. 이런 상황에서 직접 타국을 병합하거나 압박을 가하는 것보다 꼭두각시 국가나 꼭두각시 정부를 내세우는 것이 더 유리한 접근이었다.

일본의 만주국 건설 배경에는 한반도를 효과적으로 통치하기 위한 목적도 있었다. 당시 만주는 조선 독립운동의 배후기지로 활용되고 있었기 때문에 만주국 건설은 일제의 효과적 한반도 장악에 도움이 되었다. 한반도에서 조선총독부는 수탈할 때 조선인을 내세웠다. 완장을 차면 완장을 채워준 자의 기대 이상으로 악랄하게 행동하는 자는 어디에나 있게 마련이다. 앞잡이를 세우든 괴뢰국을 세우든 이는 간접 통치에 해당한다. 간접 통치는 직접 통치보다 전략적이다.

실제 종전 후 만주국을 상대로 제기한 여러 소송에서 일본은 만주국이 일본과 관계없는 독립국이라며 자신은 책임 없다고 대응했다. 극동국제군사재판에서도 일본은 만주국 황제 푸이가 중국 동북지역 침략을 주도했다고 주장했다. 물론 푸이는 자신이 일제의 피해자라고 항변했다.

푸이가 만주국 황제로 즉위한 날은 1934년 3월 1일이다. 만주국 황제 즉위는 일제뿐 아니라 1906년생 푸이의 선택이기도 했다. 유아 시기 2세(1908년)부터 6세(1912년)까지 청나라 마지막 황제로 재위했던 푸이는 재위 기간 내내 그리고 복벽사건으로 잠시 황제에 재추대됐던 11세(1917년) 때조차 섭정이 이루어졌다. 아무런 실권도 없던 자신이 왕조 패망의 책임자로 여겨지는 상황에 불만을 가졌을 것이다.

이런 상황에서 푸이가 만주국 황제 자리를 굳이 받지 않을 이유는 없었다. 만주국 황제 자리는 만주족과 청 왕조를 부흥시킬 수 있거나 자신의 정치적 위상을 제고시킬 수 있다는 측면에서 더 나은 대안이었다. 만주국 황제로 취임하더라도 더 나빠질 것이 없다고 판단했을 것이다.

차도살인(借刀殺人)은 남의 칼을 빌려 다른 남을 죽인다는 뜻이고, 차시환혼(借尸還魂)은 남의 시신을 빌려 다른 혼을 불러온다는 뜻이다. 칼(刀)을 빌린 자와 대신 칼부림한 자는 일종의 연대를 맺은 것이다. 그런데 칼을 빌린 자나 칼부림한 자 모두가 혜택을 보는 경우도 있고, 또 칼부림한 자가 다치고 칼부림을 사주한 자는 혜택을 보는 경우도 있다. 일제가 푸이에게서 빌리고자 한 것은 칼보다 정통성이었다. 푸이는 1924년까지 청나라 황제의 칭호를 유지했는데, 일제는 푸이라는 청왕조의 시신(尸)을 빌려 동북부 중국을 지배하려 했다.

차도살인이나 차시환혼의 연대를 깨려면 꼭두각시 낙인이 효과적이다. 시신이나 칼을 빌려준 자가 적의 꼭두각시로 간주되면 시신이나 칼의 효능은 급격히 떨어진다. 중국에서는 만주국을 가짜 만주라는 뜻의 위(偽)만주국 혹은 줄여서 위만으로 부른다. 만주국이 일제의 괴뢰국으로 지칭되면서 일제가 얻는 효과는 반감됐다. 특히 꼭두각시로 받아들여지는 당사자는 비록 시신이더라도 채찍질을 받는, 이른바 굴묘편시(掘墓鞭屍)를 당하게 된다. 일본이 전쟁에서 패배하자마자 만주국은 패망했고, 정치적 영향력이 더 이상 없던 푸이도 소련과 중국의 수용소에서 십년 넘게 고초를 겪었다.

하늘 아래 함께 살 수 없는 불구대천의 원수가 조종하는 대로 움직이는 꼭두각시라는 낙인은 치명적이다. 실제 적과 내통하지 않았더라도 곤욕을 치를 수밖에 없다. 남북한이 체제우위를 경쟁하던 시절 정통성을 확보하기 위해 상대를 괴뢰로 불렀다. 물론 남한이 북한을 더 이상 체제경쟁의 대상으로 여기지 않고 또 북한이 주변국의 압력에도 불구하고 핵개발을 추진하면서, 북한은 더 이상 북괴(북한괴뢰)로 불리지 않고 있다.

꼭두각시를 내세우는 전략은 제국주의자나 군국주의자만이 구사하는 것은 아니다. 민주국가도 꼭두각시 파트너를 선호한다. 괴뢰국가나 독재국가일수록 대가를 받고 외국의 정책적 요구를 수용할 가능성이 더 높기 때문이다. 만일 파트너가 국민 이익에 충실한 민주국가라면 그 파트너를 통제하기 어렵다.

민주화 지수를 이용한 통계분석은 민주국가나 유엔의 개입이 현지국의 민주화에 도움 되지 않고 오히려 악화시켰음을 보여준다(Bueno de Mesquita 2014). 미국의 개입만 평균적으로 현지국의 민주화 지수를 높였지만, 실상은 미국의 개입조차 민주화에 도움 되지 않았다. 미국이 개입한 국가들의 다수는 민주주의 수준이 더 나빠질 수 없을 정도로 비민주적인 국가들이었다. 즉, 표본 편중에서 오는 착시효과이다. 그런 사례들을 빼고 계산하면 미국 개입도 평균적으로 민주화를 후퇴시킨 것으로 나온다.

대외원조 효과도 마찬가지다. 대외원조를 많이 받은 나라일수록 민주화가 이뤄지지 않았음을 여러 정치통계는 보여주고 있다(Bueno de Mesquita 2014). 원조 공여국은 원조 수혜국의 정책적 양보를 원하기 때문에 정책적 양보가 더 용이한 독재국가들이 더 많은 원조를 받게 되며 따라서 정권연장도 독재국가가 더 쉽다. 즉, 대외원조를 받음으로써 더 오래 유지되는 나쁜 정부로 인해 빈국의 빈곤층은 삶이 오히려 더 피폐해지는 것이다.

만일 공여국 국민이 수혜국의 민주화 혹은 빈민구제를 진정으로 원한다면, 공여국 자신의 이익에 부합하는 특수한 정책을 수혜국 정부에게 강요하기보다, 수혜국의 민주화 혹은 빈민구제 진전 등 인류애에 부합하는 보편적 가치 실천을 요구해야 한다. 민주국가의 국민이라고 해서 독재국가의 국민보다 반드시 더 착한 것은 아니다. 인성과 정치체제는 별개의 문제이다. 정부정책에 다수 국민의 입장이 반영되면 민주주의이고, 그렇지 못하면 독재일 뿐이다.

어떤 면에서는 동맹조차 남의 힘이나 명분을 빌리는 일종의 차도살인 혹은 차시환혼이다. 민주 정권이든 독재 정권이든 누구나 남의 힘 혹은 명분을 빌리는 것이 필요할 때에는 빌리려 한다.

차도살인이든 차시환혼이든 빌려 하나로 묶이는 것이 반드시 유리하지는 않다. 연대 파트너 때문에 심각한 피해를 입는 경우도 있다. 제1차 세계대전 때 독일은 오스트리아 때문에 패전의 구덩이로 들어간 것으로 평가되고 있다. 잘 숨어있던 초식동물은 동료의 어설픈 행동으로 포식자의 눈에 띠어 죽음의 위기를 겪기도 한다. 주변사람의 바이러스나 담배연기 등 각종 유해물질로 인해 건강이 손상되는 것처럼, 화(禍)를 부르는 자의 옆에 있다 화를 당하기도 한다.

그래서 옆에 있되 피해를 보지 않으려 희생양을 만들기도 한다. 피뢰침은 그 대표적 방법이다. 피뢰침 설치에서 제일 중요한 작업은 접지이다. 구리선을 주위와 절연(絶緣)하면서 땅속에 잘 묻어야 낙뢰 피해를 피할 수 있지, 접지가 제대로 되지 않은 피뢰침은 낙뢰 피해 가능성을 오히려 키운다.

몸통과 희생양은 서로 붙어있되 동시에 절연되어 있어야 한다. 몸통에 붙어있지만 몸통과 언제든지 분리될 수 있는 깃털이 효과적인 희생양이다. 희생양의 원리도 가깝되 절연되어야 낙뢰로부터 보호된다는 피뢰침 원리와 유사하다.

꼭두각시를 세워 일방적인 연대 파트너를 만드는 것, 남의 꼭두각시가 되어서라도 연대에서 이득을 좇는 것, 경쟁자를 꼭두각시로 낙인찍어 상대 연대를 무력화시키는 것, 이 모두가 바람직하지는 않지만 실존하는 행위이다.

(3) 표준화와 판 바꾸기

이미 패권적 위치를 점한 연대 세력에 대응하기란 쉽지 않다. 판을 바꿔야 승리가 가능하다. 동일한 상황을 두고도 각기 다른 판을 그릴 수 있음은 천체의 움직임을 그리는 다양한 방법으로 설명해보자.

천체의 움직임을 태양 중심으로 그리는 방법은 지동설로 불리고, 지

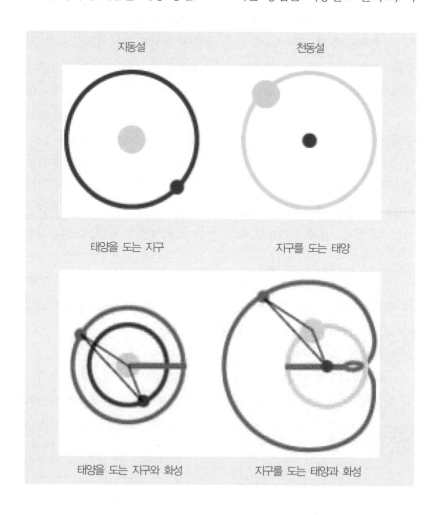

지동설   천동설

태양을 도는 지구   지구를 도는 태양

태양을 도는 지구와 화성   지구를 도는 태양과 화성

구 중심으로 그리는 방법은 천동설로 불린다. 태양 중심의 지동설과 지구 중심의 천동설은 그림이 서로 전혀 다르지만 별들의 위치는 동일하다. <지동설 그림>에서 태양(황색)은 한가운데에 고정되어 있고, 지구(청색)와 화성(적색)이 각자 일정한 속도로 또 태양과 일정한 거리를 유지한 채 태양을 돈다. <천동설 그림>은 지구를 중심으로 하여 이를 다시 그린 것인데, 태양이 지구와 일정한 거리를 유지한 채 지구를 돌고, 또 화성도 태양(지구가 아님)과 일정한 거리를 둔 채 지구를 조금 복잡하게 돈다.

지동설 그림과 천동설 그림에서 태양~지구(황색 점과 청색 점 사이)의 거리는 서로 같고, 또 태양~화성(황색 점과 적색 점 사이)의 거리도 서로 동일하다. 흑색 삼각형으로 표시된 태양~지구~화성 간 거리 및 각도 역시 두 그림이 일치한다. 또 녹색 선분으로 표기된 태양~지구~화성(황색-청색-적색)의 관계도 두 그림이 동일하다. 천동설 관점에서 본 세 별 간의 위치 관계는 어떤 시점에서도 지동설 그림과 일치한다.

천동설이라고 해서 별 궤도를 부정확하게 그린 것은 아니다. 천동설은 지구가 움직이지 않는다고 전제하고 하늘에 보이는 대로 정확히 그리고자 했다. 지구를 고정시킨 상태에서 나머지 별들의 움직임을 그렸던 것이다. 같은 상황이 태양 중심이냐 지구 중심이냐에 따라 다르게 그려지는 것이다. 태양 중심의 그림에서 화성의 궤도는 원 모양이지만, 지구 중심의 그림에서는 사과 모양의 궤도가 된다. 보는 관점에 따라 화성의 궤도가 뒤바뀌는 것이다. 자기 관점에서 보이는 게 다가 아니고 또 사실이 아닐 수 있다. 다른 모순된 요소 때문에 천동설은 결국 폐기되고 말았다.

지동설의 연대론적 의미는 관점을 바꿈으로써 상황 자체를 바꿀 수 있다는 점이다. 인식이 대상의 속성에 따라 좌우되는 것이 아니라 인식에 따라 대상의 속성이 달라짐을 임마누엘 칸트는 '코페르니쿠스적 전환'으로 불렀다.

누구나 자기중심적 입장에서 바라보게 된다. 지구 위에서는 지구가 움직이고 있다고 느끼기 어려운 상황에서 지구를 중심에 두고 태양 등의 움직임을 살펴보는 것은 지극히 자연스러운 인식 방식이었다. 이에 달리 태양 혹은 태양계 밖에서 3개의 별을 관찰했다면 지동설 그림을 먼저 받아들였을 것이다. 지동설은 자기(지구)가 아닌 태양을 중심에 두고 자신을 포함한 여러 행성의 운동을 바라본 것이다. 그런 점에서 지동설은 기준점을 지구에서 태양으로 바꿔본 일종의 역지사지(易地思之)의 관점이다.

앞의 그림들에서 중심은 집단따돌림을 당하는 위치라고 가정해 보자. 그렇다면 청색(지구) 점은 이 상황에서 벗어나기 위해 태양 중심의 판을 짜려고 노력하는 반면, 황색(태양) 점은 태양 중심의 상황을 대체할 다른 판을 그리려 할 것이다. 판을 어떻게 짜느냐에 따라 따돌림을 당하는 자가 뒤바뀐다. 별들의 움직임을 관점에 따라 다르게 그릴 수 있듯이, 선호 스펙트럼에 따라 개별 구성원 위치들을 다르게 그릴 수 있다. 연대의 양태도 스펙트럼, 즉 기준점에 따라 달라지는 것이다.

물론 관점을 대체하려거나 혹은 확산시키려 한다고 해서 반드시 이뤄지는 것은 아니다. 관점에 충실한 사실들이 수반되어야 관점은 받아들여진다. 더구나 정치나 연대에서 중요한 타이밍의 계산은 경험적 관찰에 근거한 지동설과 같은 정돈된 그림에서 쉽지, 천동설과 같은 복잡하고 주관적인 그림에서는 어려운 작업이다.

국제관계와 사회관계에서는 역지사지의 관점이 필요하다. 함께 살아가야 하는 곳에서 아전인수(我田引水)의 관점은 갈등을 유발한다. 자기중심적 관점에서는 남들이 모두 자신과 멀게만 보인다. 타자의 관점에서 보면 남과 함께 갈 수 있는 공통분모를 쉽게 찾을 수도 있다.

이미 표준으로 자리를 잡아 고착된 연대적 현상은 바꾸기 어렵다. 표준은 그만큼 자체 생명력을 지닌다. 어떤 것을 추진하는 측에서는 그

것을 표준으로 만들어 그 해체 비용을 높일 수 있다. 물론 반대하는 측에서는 그 표준화를 잘못된 대못질로 부르지만, 뭐라고 불리든 박힌 대못을 뽑는 데에는 적지 않은 비용이 소요된다. 표준 구축은 이미 다른 표준이 있을 때보다 아예 없을 때에 더 쉽다. 그래서 표준은 변경보다 선점(先占)으로 추구한다.

이른바 국회선진화법의 변경이 어려운 이유도 일종의 표준이 되었기 때문이다. 2012년 5월 제18대 국회 마지막 본회의의 국회선진화법

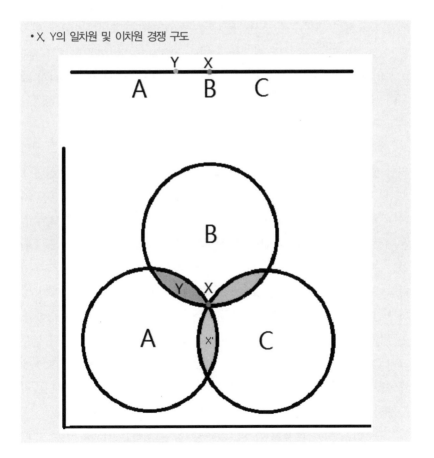

• X, Y의 일차원 및 이차원 경쟁 구도

통과로 국회 의결에 50% 초과가 필요하던 것이 실제론 60% 이상으로 바뀌었다. 60% 룰이 표준으로 정해진 결정은 50% 룰에 의해서였지만, 다시 50% 룰로 환원시키려면 60%의 동의가 필요하게 된 것이다. 이를 자기구속적 표준화로 부를 수 있다.

난공불락의 연대를 공략하는 것도 코페르니쿠스적 전환으로 가능하다. 입체적으로 접근하면 해체도 가능하다. 좌우의 일차원적 스펙트럼에서는 철옹성 같은 승자의 위치가 존재할 수 있다. 일차원 공간에서 A, B, C의 3인 투표자는 후보 X와 Y 가운데 거리가 자신에게 가까운 후보에게 투표하고 과반수로 당선자를 선출한다고 하자. 그렇다면 B에 위치한 후보 X는 다른 후보와 경쟁해서 절대 지지 않는다. 예컨대 Y가 A와 B 사이에 위치한다면, A만 Y에게 투표하고 B와 C는 X에게 투표하기 때문에 X가 승리한다. 즉, B에 위치한 X라는 표준적 승자를 교체하기가 어렵다.

이제 세로축의 스펙트럼이 추가되어 경쟁 구도가 이차원으로 배열되어 있다고 하자. 이 경우에는 지배적 위치를 흔들 수 있다. 예컨대 X가 A, B, C 한가운데에 위치한다고 하자. A를 중심점으로 하여 X를 지나는 원 둘레는 A의 무차별곡선이다. X를 포함한 원 둘레 위의 모든 점은 A로부터 같은 거리에 있기 때문이다. 즉, A가 X보다 더 선호하는 위치는 A 중심의 원 내부이다. B와 C에서도 X를 지나는 원을 그릴 수 있다. A 원과 B 원이 겹치는(A와 B가 X보다 더 선호하는) 붉은 색 부분에 Y가 있다고 하자. Y는 A와 B의 지지를 받아 C 지지만 얻은 X에게 승리한다. 이 외에도 B 원과 C 원이 중첩되는(B와 C가 X보다 더 선호하는) 푸른 색 부분 그리고 A 원과 C 원이 겹치는(A와 C가 X보다 더 선호하는) 노란 색 부분도 X에게 이기는 위치다. X가 X′를 포함한 어디에 위치하더라도 X를 무너뜨릴 수 있는 위치는 곳곳에 존재한다. 이것이 입체적 해체 전략이다.

표준의 구축과 해체처럼, 새로운 연대를 결성하는 작업과 기존 연대를 바꾸는 작업은 서로 다르다. 그림을 지운 후 그 종이에 다시 그리기보다는 기존 그림 종이를 버리고 새롭게 그리는 것이 더 쉬움은 물론이다. 일체형 부품이 대량생산되는 시스템에서는 일체형 부품을 통째로 바꾸는 것이 고장 난 부품만을 수리하는 것보다 훨씬 경제적이다. 기존 판에서보다 판을 새롭게 하여 공고한 연대를 와해하는 게 더 용이하다.

2011년 10월의 서울시장 보궐 선거에서 박원순 후보와 나경원 후보 간의 경쟁이 새로운 이슈의 추가로 어떻게 변화하는지 살펴보자.

일차원 경쟁 구도는 나 후보의 억대 피부과 출입 의혹 등장 이전, 두 후보와 10명 유권자의 입장을 가로축 위에 드러낸 것이다. 이 선거판에서는 유권자 40%(①,②,③,④)가 박 후보를 더 가깝게 느꼈던 반면에, 60%(⑤,⑥,⑦,⑧,⑨,⑩)는 나 후보를 더 가깝게 생각했다. 즉, 나 후보가 박 후보에게 6 : 4로 승리할 판세였다.

이차원 경쟁 구도에서는 억대 피부과 이슈가 등장함으로써 기존의 가로축 외에 세로축인 1 대 99의 이슈가 추가되었다. 그 새로운 이슈에서의 유권자 입장이 드러났다. 물론 기존 가로축에서의 유권자 입장에

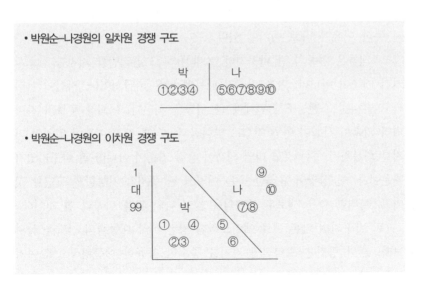

• 박원순–나경원의 일차원 경쟁 구도

• 박원순–나경원의 이차원 경쟁 구도

는 아무런 변화가 없다. 그렇지만 이 새로운 선거판에서는 유권자 60%
(①,②,③,④,⑤,⑥)가 박 후보를 더 가깝게 느꼈다. 따라서 박 후보는 40%(⑦,
⑧,⑨,⑩)의 지지를 얻는 나 후보에게 6 : 4로 승리하게 되었다.

당시 여론조사들은 안철수와의 단일화로 급상승한 박 후보의 지지
도가 이후 조금씩 하향하는 추세였고 나 후보의 지지도는 조금씩 상승
하는 추세였는데 그런 추세들이 억대 피부과 이슈 등장과 함께 뒤바뀌
었음을 보여준다.

억대 피부과 이슈는 일종의 스캔들이다. 그런 이슈를 단순히 감표
요인으로만 보는 것은 단선적인 생각이다. 드물긴 하지만 그 기준만으
로 불리할 것 같았던 이슈의 도입이 판을 바꾸어 결과적으로 더 나은
결과를 가져다주기도 한다. 억대 피부과 이슈는 나경원과 박원순 간의
양자 대결의 판을 바꾼 것이기도 했다. 기존 판에다 극소수 특권층 대
나머지, 즉 1 대 99라는 새로운 이슈를 추가한 것이다. 그 스캔들은 그
흠결의 크기만큼 지지율 감소를 초래했다기보다, 1 대 99와 같은 새로운
이슈의 추가로 판이 바뀐 것으로 이해할 수 있다. 나 후보가 피부클리닉
에 지불한 액수가 수백만 원에 불과하다고 해명했지만 지지도를 회복하
지 못한 이유가 바로 여기에 있다.

스캔들은 일종의 판 바꾸기다. 스캔들은 그 흠결만큼 지지를 감소시
키기 때문이 아니라, 판을 바꾸기 때문에 매우 파급적이다. 사실이 아니
라고 밝혀진 스캔들조차 판세에 큰 영향을 끼친다. 이회창 후보의 자녀
병역 의혹이 사실이 아닌 것으로 밝혀진 후, 의혹 제기 이전에 얻었던 지
지를 회복하지 못한 것도 병역 의혹이 흠결 기준이 아니라 판 바꾸기였기
때문이다. 현 상황이 유리한 측은 어떻게 판 유지가 가능할까 고민할 것
이고, 불리한 측은 새로운 프레임을 들고 나와 판을 바꾸려 할 것이다.

판 바꾸기의 다른 예로 에이브러햄 링컨 미국 대통령의 전략을 살펴
보자. 흔히 링컨은 도덕적인 가치를 중시한 훌륭한 대통령상으로 여겨

지는데, 오히려 그는 실행가능성을 우선에 둔 현실주의적 정치가였다. 링컨은 의사 정족수에 미달시켜 다수 의견의 통과를 저지했으며, 새로운 의제를 잘 설정하여 열세를 딛고 우세한 후보에게 이겼고, 적절한 선언으로 상대의 동원력을 무력화했다. 연대와 관련하여 링컨이 구사한 전략을 하나씩 예시해보면 다음과 같다.

먼저, 표의 과반을 확보한 상대 진영을 와해하기 위해 시도한 방법이다. 링컨이 의사 정족수 미달의 전략을 사용한 예는 1840년 말 일리노이주 의회 휴회 표결이다. 당시 일리노이 주립은행은 교통망 확충 사업 때문에 재정 문제가 발생했고 주 법률이 주립은행의 상환 의무를 주의회 회기 기간에 한해 유예해주고 있었다. 일리노이주 의회 제1당인 민주당은 공화당 전신인 휘그당이 주도한 주립은행에 지원을 중단하기 위해 휴회를 의결하려고 했다.

이에 휘그당은 휴회 의결을 저지시키려고 소속 의원들을 의사당 안으로 들여보내지 않았으며, 따라서 의사 정족수는 채워지지 못했다. 정기회기 이틀 전 원내대표 링컨을 비롯한 3인의 휘그당 의원들은 민주당이 호명 투표를 제대로 진행하는지 감시하고 또 민주당이 좌절하는 모습을 구경하기 위해 의사당 좌석에 앉았다. 그러다가 자신들이 의사 정족수에 포함되고 있음을 뒤늦게 깨달았다. 민주당이 의사당 출입문을 봉쇄하자 창문 밖으로 뛰쳐나왔다. 하지만 이미 정족수에 포함되어 휴회로 의결되고 말았다. 이 사건은 민주당이 휘그당을 조롱할 때 자주 사용하는 소재가 되어 링컨에게 모멸감을 주기도 했지만 동시에 링컨이 다수당에 저항한 한 단면이다.

둘째, 기존 연대를 무너뜨릴 대표적인 판 바꾸기는 의제 설정이다. 링컨이 의제 설정의 전략을 사용한 예는 일리노이주를 대표하는 연방 상원의원직을 두고 민주당 소속의 스티븐 더글러스(Stephen Douglas) 현역 의원과 벌인 이른바 '1858년 대토론'이다. 8월 프리포트에서 열린 2차

토론에서 링컨은 더글러스에게 미국 국민이 주 경계선을 넘어 노예제 폐지를 강요하는 것이 법적으로 가능한가 물었다. 만일 더글러스가 불가능하다고 대답하면, 노예 자유를 받아들인 일리노이주에서는 링컨 자신이 연방 상원의원으로 선출될 것이라고 예상했다. 만약 더글러스가 가능하다고 대답하면, 더글러스는 노예제에 찬성하는 남부 주들의 심기를 건드려 민주당 대통령 후보로 지명되기 어려운 상황이었다.

실제로 더글러스는 주 경계선을 넘은 노예제 폐지 결정이 가능하다고 대답했다. 덕분에 상원의원으로 다시 선출되었지만, 1860년 11월 대통령 선거에서는 낙선하였다. 링컨은 강력한 대통령 후보인 더글러스가 노예제 폐지에 찬성한다는 입장을 남부 주들에게 공표하게 만들어 남부 민주당이 다른 후보를 공천하게 했던 것이다. 더글러스가 링컨의 영리

프리포트 대토론 100주년 기념 포스터.

https://i.ebayimg.com/images/g/fbMAAOSwk-1aGZAE/s-l1600.jpg

한 덫에 빠진 것으로 오늘날 회자되는 사건이다. 정치학자 윌리엄 라이커(Riker 1986)는 링컨의 프리포트 토론이 다수의 지지를 받고 있는 상대를 꺾은 가장 우아한 전략의 예라고 소개한 바 있다.

끝으로, 링컨의 노예해방선언 또한 판 바꾸기였다. 링컨은 일찍이 의원 시절 무조건적인 노예제 폐지가 노예를 실질적으로 해방시키지 못한다고 말하면서 노예제의 즉각적 폐지에 반대한 바 있다. 1863년 1월 1일자로 천명된 노예해방선언은 당장 노예를 해방시키지는 않았다. 남부 연합의 노예가 해방 대상이었고 그것도 점령한 북부 사령관에 의해 실행되어야 가능한 일이었다. 링컨이 노예해방선언으로 바로 얻은 효과는 노예 해방이 아닌 군사·외교적 승리였다. 흑인의 이탈로 남부 연합의 전력이 약화되었고, 남부 연합을 지원하려는 유럽 국가들의 참전 명분 역시 사라졌다.

1858년 8월 프리포트 대토론의 모습을 풍자한 이미지. 링컨은 현역 상원의원 더글러스에게 노예제 문제를 질문하여 더글러스의 다수 지지 확보를 뒤흔든 것으로 평가되고 있다.

독립하려는 상대를 놓아주지 않고 통합을 강제적으로 유지하려는 링컨의 모습은 반(反)자유주의자로 얼핏 비판 받을 수도 있다. 그러나 링컨의 행동은 자연과 인간의 선택을 인지하여 결과적으로 도덕을 실천하려는 전략적 행동으로 이해할 수 있다.

우리는 연대 행위에서도 선한 지도자를 찾는 경향이 있다. 지도자가 정치적 이해관계를 따지면 비난을 받게 된다. 링컨의 노예해방선언이 상대의 연대를 와해시키고 자신의 연대를 강화하는 차원에서 나왔다고 해서 폄하되지는 않는다. 국가지도자는 단순히 선하다고 해서 될 일이 아니라 선한 결과를 만들 전략적 사고를 갖추어야 한다. 진화적 관점에서 미래를 내다보면서 위기를 헤쳐 나갈 지도자여야 한다. 무능한 지도자로 인해 국민이 치러야 할 대가는 결코 작지가 않다.

IV

연대 현상의
20개 법칙

연대를 인간사회의 보편적인 행위로 보고 연대 현상의 20개 법칙을 추출하였다. 각각의 법칙과 해당 사례를 소개하는 본문의 장·절은 다음과 같다.

연대 현상의 20개 법칙

법칙 1 [축소지향의 승리 연대]
승리하기 위해 가급적 큰 연대를 모색하지만, 동시에 승리에 불필요한 구성원을 제거하는 작은 승리 연대를 지향한다.(사례: 제1장)

법칙 2 [배분의 황금비]
구성원 일부가 더 큰 몫을 위해 본래의 승리 연대에서 이탈하여 새로운 승리 연대를 결성했을 경우 그 이탈자를 제외한 나머지 구성원이 자신의 본래 몫을 확보한 채 제3의 승리 연대를 결성할 수 있다면, 본래 연대는 이탈자 없이 잘 유지되는 경향이 있다.(사례: 제2장 1절)

법칙 3 [비경합적 연대 전리품]
전리품을 나눌 연대 구성원이 많다면, 소비가 경합되지 않고 또 아무도 배제되지 않는 공공재로 연대 구성원을 만족시킬 수 있다.(사례: 제2장 2절)

법칙 4 [배제적 연대 전리품]
연대에 참여하지 않은 자도 전리품을 누릴 수 있다면 위험 부담이 있는 연대의 결성은 어렵다. 연대 전리품을 무임승차가 불가능한 클럽재로 만듦으로써 연대를 결성할 수 있다.(사례: 제2장 3절)

법칙 5 [오월동주]
외부의 강한 위협은 숙적끼리도 연대하게 만든다.(사례: 제3장)

법칙 6 [원교근공]
지리적으로 가까이 위치한 위협·경쟁 세력을 견제하기 위해서는 지리적으로 먼

세력과의 연대가 하나의 방법이다. 힘이 미약한 자가 자신의 몫을 너무 지키려고만 하면 이이제이는커녕 먹잇감 위치에서 벗어날 수 없다.(사례: 제4장)

법칙 7 [대중과의 연대]
대중과 연대하여 얻을 게 많은 세력은 대체로 엘리트 집단보다 1인 지배자이다.
(사례: 제5장)

법칙 8 [이질적 연대]
연대 구성원이 서로 동질적일 때보다 이질적일 때에 보완 효과가 크다.
(사례: 제6장 1절)

법칙 9 [역할 분담]
두 세력이 하나로 통일되어 행동할 때보다 각자의 역할이 적절하게 분담되어 있을 때 쌍방 모두에 더 나은 결과를 얻을 수 있다.(사례: 제6장 2절)

법칙 10 [개방]
넓은 외부 세계와의 연대로 전리품을 장기적으로 크게 만들 수 있다.
(사례: 제6장 3절)

법칙 11 [중도와의 연대]
양자 대결에서 중도 또는 제3자와 연대하게 되면 승리할 수 있다.
(사례: 제6장 4절)

법칙 12 [후보 연대]
과반 지지를 얻지 못하더라도 가장 많은 표를 얻으면 당선되는 정치제도에서 후보 단일화는 선거 결과에 영향을 준다.(사례: 제6장 5절)

법칙 13 [전략적 쏠림]
최선의 결과가 실현되기 불가능할 때 차선의 결과를 추진하면 이는 그 결과를 최선으로 여기는 세력과 실질적으로 연대한 것이 된다.(사례: 제6장 6절)

법칙 14 [로그롤링]
합치지 않더라도 상대 안건을 서로 지원해주어 실질적인 연대 효과를 얻을 수 있다.
(사례: 제6장 7절)

법칙 15 [유전자와 선호도]
연대는 유전자와 선호도에 의해 좌우되기도 한다. 호르몬과 감흥 등을 통해 연대 현상을 바꿀 수 있다.(사례: 제7장 1~2절)

법칙 16 [되갚기]
연대가 서로에게 좋지만 자신만 협력하면 최악의 결과를 가져다주는 상황에서는 상대 협력에 협력으로, 상대 비협력에는 비협력으로 대응하는 되갚기가 연대 결성을 가능하게 한다.(사례: 제7장 3절)

법칙 17 [내리갚기]
이기주의적 되갚기뿐 아니라 이타주의적 내리갚기 역시 다자간 연대를 공고화한다.
(사례: 제7장 3절)

법칙 18 [신뢰와 의사소통]
연대가 효율적으로 존속하려면 집단 내 신뢰 또는 의사소통이 활성화되어야 한다.
(사례: 제7장 4절)

법칙 19 [내부 고발과 낙인]
내부 고발과 꼭두각시 낙인은 각각 담합 정서의 연대와 주인─대리인 관계의 연대를 와해시킬 수 있다.(사례: 제8장 1~2절)

법칙 20 [표준화와 판 바꾸기]
표준화는 연대를 공고하게 만들 수 있고, 판 바꾸기는 패권적 또는 표준적 연대를 와해시킬 수 있다.(사례: 제8장 3절)

The following twenty laws of coalition as a universal act are deductively and inductively reasoned.

20 Laws of Coalition as a Universal Act

Law 1 [Minimal Winning Coalition]
A coalition is likely to form in a size big enough to surely win the game. Simultaneously, the coalition needs to be small enough to exclude un—necessary members for the winning.

Law 2 [Golden Ratio of Distribution]
Some of the winning coalition members may exit from the coalition to form a new winning coalition with a greater share. The original coalition is likely to be maintained without leaving if the remaining members, taking their original shares, may form a third winning coalition excluding the defectors.

Law 3 [Nonrival Benefits of Coalition]
If there are many members of the coalition to distribute the spoils, they can be efficiently satisfied with public goods that are neither rival nor ex—cludable in consumption.

Law 4 [Excludable Benefits of Coalition]
When persons who do not participate in a coalition can also enjoy its spoils, a coalition that accompanies great risk is difficult to form. It is possible to form a risky coalition by making its spoils a sort of club goods that are excludable but nonrival.

Law 5 [Bitter Enemies in the Same Boat]
A strong threat from the outside leads the enemies to cooperate.

Law 6 [Befriending Distant Power]

A geographically close threat may be held in check by forming a coalition with a geographically distant power.

Law 7 [Solidarity with the Masses]

Generally, a top ruler has more incentives to get together with the masses than does the elite group.

Law 8 [Heterogeneous Coalition]

A coalition has a larger complementary effect when its members are not homogenous but heterogeneous.

Law 9 [Role Sharing]

Both parties can achieve better results when their roles are appropriately shared rather than when they are unified.

Law 10 [Solidarity with the World]

You can make your spoils bigger by opening a door to the outside world.

Law 11 [Solidarity with Moderation]

You can win in a bilateral confrontation if you form a coalition with a middle or third party.

Law 12 [Single Candidacy]

A single candidacy agreement affects election results when the voting sys−tem is a plurality system that does not require majority.

Law 13 [Strategic Gathering]

When the best results are unattainable, people may pursuit second−best results. This action is also a substantial coalition with the forces that regard the suboptimal outcome the best.

Law 14 [Logrolling]

Even if members of the assembly do not form a coalition, they can support each other's agenda and achieve a real coalition effect.

Law 15 [Genes and Preferences]

Coalitions are also dependent on genes and preferences. Hormones and inspiration can change the relationship of the coalition.

Law 16 [Pay Back]

If cooperation is better for both parties than non−cooperation but un−reciprocated cooperation is the worst, tit−for−tat in which one echoes whatever the opponent did in the previous move improves the possibility of cooperation.

Law 17 [Pay Forward]

In addition to egoistical pay−back, the pay−forward of altruism also consolidates the multilateral solidarity.

Law 18 [Trust and Communication]

For a solidarity to be effective, trust or communication within the group must be activated.

Law 19 [Whistle−blowing and Stigmatization]

Internal whistle−blowing and puppet stigmatization can break the solid−arity of collusion and principle−agent coalition, respectively.

Law 20 [Standardization and Replacement]

Standardization can make solidarity solid, and replacement can break a hegemonic or standard solidarity.

주석 | ANNOTATION

1 김재한(2012, 88)의 내용을 요약한 것이다.

2 서울주재 미국 대사관이 미 국무장관 앞으로 보낸 "한국 군부 내 파벌주의" 기밀전문, 1962년 8월 17일 작성, 『신동아』 2010년 4월호.

3 『경향신문』 1963년 12월 16일 2면.

4 민주자유당에 관한 부분은 김재한(1994)의 내용을 옮긴 것이다.

5 일부 내용은 김재한(2013)에서 옮겨온 것이다.

6 http://www.independent.co.uk/news/evita−and−madonna−1325780.html

7 http://www.nissan−global.com/GCC/Japan/Annual/ar_fy99.pdf

8 미군의 감시가 철저했던 제10수용소(부평)는 47명의 포로가 탈출 과정에 사망하여 가장 많은 희생자를 내었다. 또 제6수용소(논산)는 탈출하지 못한 포로가 3,000명을 넘어 미(未)탈출자가 가장 많은 곳이었다(국방군사연구소 1996).

9 FRUS vol.15, p.1609, Draft telegram from Nixon, 13 November 1953.

10 DDE Library, Ann Whitman File, NSC Series, 175hNSC Meeting, 15 December 1953.

11 이 절의 일부 내용은 김규현·김재한(2015, 34~45)에서 따온 것이다.

12 찬반 31.6% : 53.9%, 2017년 4월 7~8일 전국 2,300명으로 대상으로 전화조사, 『조선일보』 2017년 4월 10일 A4; 41.2% : 43.3%, 2017년 3월 28~29일 1,000명 대상으로 전화조사, 『동아일보』 2017년 3월 31일.

13 15.0% : 71.4%, 『조선일보』 2017년 4월 10일 A4.

14 39.2% : 51.5%, 『조선일보』 2017년 4월 10일 A4.

15 한국갤럽의 2017년 3월 21~23일 조사에서 10%에 그친 안철수 후보의 지지도가 4월 4~6일 조사에서 35%로 치솟은 것도 유권자 차원의 후보 단일화였기 때문이다.

16 한국갤럽의 2017년 4월 4~6일 조사.

17 "절대 투표하지 않을 후보"로 응답된 비율은 문재인(27.5%), 홍준표(21.0%), 안철수(3.1%), 유승민(1.5%) 심상정(0.5%)의 순이었다. 『동아일보』 2017년 3월 31일.

18 이 표현은 오래 전부터 김재한(1998) 등 여러 문헌에서 등장해왔지만 아마 처음 활자화된 문헌은 "가젤이 더 앞서려는 상대는 치타보다 다른 가젤"이라는 리들리(Ridley 1993)의 것인 듯하다.

19 2017년 4월 4일 서울신문·YTN 조사, 2017년 4월 4~5일 중앙일보 조사, 『조선일보』 2017년 4월 7일 A3.

20 문―안 양자 대결에서 홍 후보의 지지자는 문, 안 후보에게 각각 2.0%, 74.7%가 쏠렸지만, 유 후보의 지지자는 19.0%, 47.1%였다. 『동아일보』 2017년 3월 31일.

21 이 절의 일부는 김재한(2008)의 내용을 요약하여 옮긴 것이다.

22 https://www.darwinproject.ac.uk/letter/DCP―LETT―3176.xml

23 이 절의 일부 내용은 김재한(2012; 2013)에서 옮긴 것이다.

다음 면에 수록된 이미지의 출처는 위키미디어임.
19, 20, 21, 24, 26, 28, 30, 37, 38, 53, 59, 62, 72, 74, 75, 79, 81, 82, 89, 105, 111, 113, 114, 116, 120, 121, 126, 127, 128, 141, 145, 159, 161, 186, 188, 230, 236, 238, 261, 277

참고문헌 | REFERENCE

- 국방군사연구소(편). 1996. 『한국전쟁의 포로』, 국방군사연구소.
- 국사편찬위원회(편). 2013. 『한국사 42』, 국사편찬위원회.
- 김규현·김재한 2015. 『비무장지대를 넘는 길』, 아마존의 나비.
- 김영하. 2014. "신라의 '통일'영역 문제"『한국사학보』제56호.
- 김재한. 1993. "양당제하의 선거" 이남영 편 『한국의 선거 I』, 나남.
- 김재한. 1994. "한국 거대여당 체제의 등장과 쇠퇴" 김재한 편 『정당구도론』, 나남.
- 김재한. 1995. 『게임이론과 남북한 관계』, 한울.
- 김재한. 1998. 『합리와 비합리의 한국 정치사회』, 소화.
- 金哉翰. 2000. "協力としての政治的成功 對 共謀としての政治的失敗"『公共選擇の硏究』第34号.
- 김재한. 2008. "B형액형 유권자의 2008년 국회의원선거 투표행태"『현대정치연구』제1권 2호.
- 김재한. 2010. 『동서양의 신뢰』, 아카넷.
- 김재한. 2012. 『정치마케팅의 전략』, 한림대학교출판부.
- 김재한. 2013. "인접국 갈등과 협력의 기승전결(하)"『영토해양연구』Vol.6.
- 김재한. 2014~2018. "세상을 바꾼 전략"『중앙선데이』.
- 김재한·아렌트 레입하트. 1997. "합의제와 한국의 권력구조"『한국정치학회보』제31집 제1호.
- 사마천. 『사기세가』(정범진 외 역. 2010. 까치).
- 사마천. 『사기열전』(정범진 외 역. 1995. 까치).
- Adams, Sherman. 1961. *Firsthand Report: The Story of Eisenhower Administration*. New York: Harper & Brothers.
- Alford, John, and John Hibbing. 2004. "The Origin of Politics: An

Evolutionary Theory of Political Behavior." *Perspectives on Politics* 2.

- Arrow, Kenneth. 1951. *Social Choice and Individual Values*. New York: John Wiley.

- Axelrod, Robert. 1970. *Conflict of Interest*. Chicago: Markham.

- Bochin, Hal. 1990. *Richard Nixon: Rhetorical Strategist*. New York: Greenwood Press.

- Brafman, Ori, and Rom Brafman. 2009. *Sway: The Irresistible Pull of Irrational Behavior*. New York: Doubleday.

- Brewer, Marilyn. 2000. "Superordinate Goals Vs. Superordinate Identity as Bases of Cooperation." Dora Capozza and Rupert Brown (eds), *Social Identity Process*. London: Sage.

- Brockman, John, ed. 2007. *What is Your Dangerous Idea? Today's Leading Thinkers on the Unthinkable*. Harper Perennial.

- Bueno de Mesquita, Bruce. 2014. *Principles of International Politics*, 5th edition. Thousand Oaks: CQ Press (김우상·김재한·황태희 외 역. 2015. 『세계정치론』. 카오스북).

- Bueno de Mesquita, Bruce, David Newman, and Alvin Rabushka. 1985. *Forecasting Political Events: The Future of Hong Kong*. New Haven: Yale University Press.

- Bueno de Mesquita, Bruce, and Alastair Smith. 2012. *The Dictator's Handbook: Why Bad Behavior is Almost Always Good Politics*. New York: Public Affairs (이미숙 역. 2012. 『독재자의 핸드북』. 웅진하우스).

- Bueno de Mesquita, Bruce, Alastair Smith, Randolph Siverson, and James Morrow. 2003. *The Logic of Political Survival*. Cambridge: MIT Press.

- Byrne, Donn. 1971. *The Attraction Paradigm*. New York: Academic Press.

- Cartwright, Dorwin. and Frank Harary. 1960. "A Note on Freud's Instincts and Their Vicissitudes." *International Journal of Psychoanalysis* 40.

- Cavagna, Andrea, et al. 2014. "Information Transfer and Behavioural Inertia in Startling Flocks." *Nature Physics* 10(9).

- Choleris, E., D. W. Pfaff, and M. Kavaliers. 2013. *Oxytocin, Vasopressin and Related Peptides in the Regulation of Behavior.* London: Cambridge University Press.

- Christakis, Nicholas, and James Fowler. 2009. *Connected: The Surprising Power of Our Social Networks and How They Shape Our Lives.* New York: Little, Brown and Company (이승호 역. 2010. 『행복은 전염된다』. 김영사).

- Conradt, Larissa, and T. J. Roper. 2003. "Group Decision–making in Animals." *Nature* 421.

- Dawkins, Richard. 2006. *The Selfish Gene,* 30th Anniversary ed. Oxford: Oxford University Press.

- Dröscher, Vitus. 1994. *Tietisch Erfogreich.* München: Wilhelm Goldmann Verlag (이영희 역. 2003. 『휴머니즘의 동물학』. 이마고).

- Dugatkin, Lee Alan. 2009. *Principles of Animal Behavior,* 2nd ed. New York: Norton & Company.

- Easton, David. 1965. *A Framework for Political Analysis.* Englewood Cliffs: Prentice–Hall.

- Easton, David. 1965. *A Systems Analysis of Political Life.* New York: Wiley.

- Eimerl, Sarel, Irven deVore, and the Editors of *Life.* 1965. *The Primates.* New York: Time.

- Fowler, James, and Christopher Dawes. 2008. "Two Genes Predict Voter Turnout." *Journal of Politics* 70(3).

- Fowler, James, Laura Baker, and Christopher Dawes. 2008. "Genetic Variation in Political Participation." *American Political Science Review* 102(2).

- Gino, Francesca, Shahar Ayal, and Dan Ariely. 2009. "Contagion and Differentiation in Unethical Behavior: The Effect of One Bad Apple on the Barrel." *Psychological Science* 20.

- Haidt, Jonathan. 2006. *The Happiness Hypothesis.* New York: Basic Books.

- Herndon, William, and Jesse Weik. 1921. *Herndon's Lincoln: The True Story of a Great Life.* Springfield: Herndon's Lincoln Publishing Company (https://archive.org/details/herndonslincolnt01herndon).
- Houchard, T. J. Jr., and Matt McGue. 2003. "Genetic and Environmental Influences on Human Psychological Differences." *Journal of Neurobiology* 54(1).
- Hulbert, Homer B. 1906. *The Passing of Korea.* New York: Doubleday, Page & Company.
- Jennings, M. Kent, and Richard Niemi. 1968. "The Transmission of Political Values from Parent to Child." *American Political Science Review* 62.
- Jennings, M. Kent, and Richard Niemi. 1991. "Issues and Inheritance in the Formation of Party Identification." *American Journal of Political Science* 35.
- Kassin, Saul. 1997. "False Memories Turned Against the Self." *Psychological Inquires* 8.
- Kim, Chae-Han. 1991. "Forecasting New Regional Order in Northeast Asia: Realignment, Denuclearization and Cross-Recognition." *Korean Journal of International Studies* 22(4).
- Kim, Chae-Han. 2005. "Reciprocity in Asymmetry." *International Interactions* 31(1).
- Kim, Chae-Han. 2007. "Explaining Interstate Trust/Distrust in Triadic Relations." *International Interactions* 33(4).
- Kosack, Steven, and Mark Groudine. 2004. "Gene Order and Dynamic Domains." *Science* 22.
- Kosfeld, Michael, Marcus Heinrichs, Paul Zak, Urs Fischbacher, and Ernst Fehr. 2005. "Oxytocin Increases Trust in Humans." *Nature* 435.
- Lakoff, George. 2008. *The Political Mind.* New York: Penguin Group.
- Lijphart, Arend. 1977. *Democracy in Plural Societies: A Comparative Exploration.* New Haven: Yale University Press.

- Lim, M. M., and L. J. Young. 2006. "Neuropeptidergic Regulation of Affiliative Behavior and Social Bonding in Animals." *Hormones and Behavior* 50.
- List, Christian, Christian Elsholtz, and Thomas Seeley. 2009. "Independence and Interdependence in Collective Decision Making." *Philosophical Trans R Soc London B Bio Sci* 364.
- Machiavelli, Niccolo. 1532. *Il Pricipe* (박상섭 역. 2011. 『군주론』. 서울대학교 출판문화원).
- Manjoo, Farhad. 2008. *True Enough*. Hoboken: John Wiley & Sons.
- Martin, N. G., L. J. Eaves, A. C. Heath, R. Jardine, L. M. Feingold, and H. J. Eyesenck. 1986. "Transmission of Social Attitudes." *Proceedings of the National Academy of Sciences* 15.
- Mercier, Hugo, and Dan Sperber. 2011. "Why Do Humans Reason?." *Behavioral and Brain Sciences* 34.
- Mueller, John. 1973. *War, Presidents, and Public Opinion*. New York: John Wiley.
- Nave, Gideon, Colin Camerer, and Michael McCullough. 2015. "Does Oxytocin Increase Trust in Humans? A Critical Review of Research." *Perspectives on Psychological Science* 10(6).
- Nixon, Richard. 2013. *RN: The Memoirs of Richard Nixon*, centennial edition. New York: Simon and Schuster.
- Orbell, John, Tomonori Morikawa, Jason Hartwig, James Hanley, and Nicholas Allen. 2004. "Machiavellian Intelligence as a Basis for the Evolution of Cooperative Dispositions." *American Political Science Review* 98.
- Owen, Guillermo. 1982. *Game Theory*, 2nd edition. New York: Academic Press.
- Peterson, Steven. 1983. "Biology and Political Socialization: A Cognitive Developmental Link?." *Political Psychology* 4(2).
- Pettigrew, T. F. 1997. "Generalized Intergroup Contact Effects on Prejudice."

Personality and Social Psychology Bulletin 23.

- Plomin, Robert. 1990. "The Role of Inheritance in Behavior." *Science* 13.
- Ridley, Matt. 1993. *The Red Queen: Sex and the Evolution of Human Nature.* New York: Viking Press.
- Riker, William. 1962. *The Theory of Political Coalitions.* New Haven: Yale University Press.
- Riker, William. 1986. *The Art of Political Manipulation.* New Haven: Yale University Press.
- Schlesinger, Arthur, Jr. 1973. *The Imperial Presidency.* Boston: Houghton Mifflin Company.
- Sherman, Adams. 1961. *Firsthand Report: The Story of Eisenhower Administration.* New York: Harper & Brothers.
- Shipman, Pat. 2015. *The Invaders: How Humans and Their Dogs Drove Neanderthals to Extinction.* Cambridge: Harvard University Press.
- Sigelman, Lee, and Susan Welch. 1993. "The Contact Hypothesis Revisited: Black−White Interaction and Positive Racial Attitudes." *Social Forces* 71.
- Thierry, B., J. R. Anderson, C. Demaria, C. Desportes, and O. Petit. 1994. "Tonkean Macaque Behaviour from the Perspective of the Evolution of Sulawesi Macaque." J. J. Roeder, et al. (eds.), *Current Primatology,* Vol.2, Strasbourg: Louis Pasteur.
- Tullock, Gordon. 1994. *The Economics of Non−Human Societies.* New York: Pallas Press.
- Van Oudenhoven, Jan Pieter, Francoise Askevis−Leherpeux, Bettina Hannover, Renske Jaarsma, and Benoit Dardenne. 2002. "Asymmetric International Attitudes." *European Journal of Social Psychology* 32.
- Wall, Frans de. 2007. *Chimpanzee Politics.* Baltimore: Johns Hopkins University.

찾아보기 | INDEX

연대 현상의 이해

초판발행	2018년 9월 5일
지은이	김재한
펴낸이	안종만
편 집	한두희
기획/마케팅	송병민
표지디자인	김연서
제 작	우인도·고철민
펴낸곳	(주) **박영사**
	서울특별시 종로구 새문안로3길 36, 1601
	등록 1959. 3. 11. 제300-1959-1호(倫)
전 화	02)733-6771
f a x	02)736-4818
e-mail	pys@pybook.co.kr
homepage	www.pybook.co.kr
ISBN	979-11-303-0611-7 93340

정 가	23,000원